AF325743

AUGUSTE BALUFFE

MOLIÈRE INCONNU

SA VIE

TOME PREMIER

1622-1646

PARIS

LIBRAIRIE ACADÉMIQUE DIDIER

PERRIN ET Cie, LIBRAIRES-ÉDITEURS

35, QUAI DES AUGUSTINS, 35

1886

MOLIÈRE INCONNU

AUGUSTE BALUFFE

MOLIÈRE INCONNU

SA VIE

TOME PREMIER

1622-1646

PARIS

LIBRAIRIE ACADÉMIQUE DIDIER

PERRIN ET Cie, LIBRAIRES-ÉDITEURS

35, QUAI DES AUGUSTINS, 35

1886

Tous droits réservés.

A

ARSÈNE HOUSSAYE

On a publié beaucoup de livres sur Molière. Peut-être trop.
Tout n'est pas dit, néanmoins, sur sa vie. Il s'en faut — et
d'autant plus que, sauf pour quelques détails, parfois insigni-
fiants, ces livres ne se multiplient que pour se répéter. Ils se
suivent et se ressemblent.

L'auteur du présent ouvrage a voulu innover dans un genre
d'études où l'initiative de l'érudition et de la critique combi-
nées peut, malgré tout, ne pas désespérer d'accomplir une
tâche vraiment nouvelle. Ce travail vient après trop d'autres ;
mais, j'ose le croire, il n'est fait d'après aucun.

Est-ce à dire qu'il n'a visé à se distinguer qu'en différant
des travaux qui l'ont précédé ? J'aurai atteint une partie de
mon but si l'on reconnaît, non pas le mérite, mon ambition
est plus modeste, mais l'absolue légitimité de cette différence.

Plusieurs années d'incessantes recherches opérées dans les
archives publiques et privées de Paris et des départements,

et aussi, et surtout, jusque dans les coins perdus de notre littérature nationale et de nos littératures provinciales, m'ont permis d'ajouter aux invariables notions acquises un assez nombreux contingent de vérités inédites. Mais en élargissant l'ancien cadre et en renouvelant le fonds banal de la biographie courante, je me suis efforcé de rester scrupuleusement fidèle à l'exactitude historique.

Il en est qui entendent l'étude de la vie de Molière à la façon des archéologues, et qui seraient tentés de supposer que j'invente quand je me borne à ne pas trop paraître inventorier. Je n'ai pas assez dédaigné leurs suffrages, sinon leurs procédés, pour ne pas être rigoureusement précis, parfois à leurs dépens, à coups de point sur les *i*.

Au surplus, cet ouvrage-ci n'est qu'une Introduction à l'Histoire de Molière telle que je la conçois.

Sainte-Beuve disait, dès 1828 : « Les vies complètes, poétiques, pittoresques, *vivantes*, en un mot, de Corneille et de Molière restent à faire. » Les a-t-on faites depuis ? Il n'y paraît pas.

Je m'y essaie, en ce sens que, à défaut des moyens d'y réussir, j'indique peut-être une manière de s'y prendre et de l'entreprendre.

A. B.

MOLIÈRE INCONNU

I

1622 — 1641

Les Poquelin, les Mazuel et les Cressé. — Halles et salons bleus. —
Enfance de Molière ; son éducation ; ses amis. — Gassendi et l'école
gauloise. — Théâtres et cabarets. — Initiation et débuts comiques
de Molière.

L'humanité a ses mystères, parce qu'elle a ses côtés
divins. Le génie garde le secret de ses origines. Et
comment s'étonner qu'il soit ignoré à sa naissance,
quand il est si souvent méconnu à sa majorité même ?
— L'époque exacte où la vocation du théâtre s'est
révélée chez Molière échappe aux précisions de l'histoire : tout au plus la peut-on pressentir en recher-
chant les antécédents dramatiques du grand homme.
Une telle recherche fera l'objet de ce livre, consacré
aux obscurs et longs commencements d'une destinée
glorieuse entre toutes, et qui offre cette antithèse
inouïe d'être encore à moitié anonyme en étant
immortelle.

Il en est de Molière comme du Nil. Nul n'a pu
remonter à son point de départ. L'intrépidité curieuse

des explorateurs s’est lassée d’aller à la découverte.
Saura-t-on jamais et nommer et nombrer les infiniments petits ruisseaux qui font la grande rivière, le
Fleuve sacré ? N’importe. L’érudition est engagée
d’honneur à poursuivre ; et l’on va de l’avant. D’ailleurs, ce n’est pas en vain qu’on s’efforce de gravir
les hauts plateaux biographiques de l’intelligence
humaine. Plus on monte, plus on y voit au loin : à
chaque pas de l’ascension s’élève d’un degré de plus
le domaine de la vérité, et s’éclaire d’un rayon de
plus l’horizon de la poésie! Dissiper un peu de cette
ombre qui cache l’enfance et la jeunesse d’un sublime
esprit, c’est ajouter, si peu soit-il, aux conquêtes de
la pensée. Ce livre a donc pour but de faire la lumière
— le plus de lumière possible — sur la vie de Molière
d’abord, sur son œuvre ensuite : si tant est que les
deux n’aillent pas ensemble, car lorsqu’il s’agit de
l’homme qui fut l’incarnation même de son art,
l’œuvre est-elle autre chose qu’une fonction de la vie
— la fonction admirable d’une vie supérieurement
douée? Les grands essors vont de soi chez les grands
esprits, comme chez les aigles.

C’est — comme par prédestination — c’est en plein
cœur de Paris, entre le Louvre et les Halles, que
naquit celui qui devait être Molière. Ses parents oc-
cupaient une maison à la jonction des rues Saint-Honoré et des Vieilles-Étuves, dans ce quartier de bonne
renommée auquel un incomparable groupe d’aristocratiques demeures — hôtels de Soissons, de Brion,
de Brissac, d’Epernon, de Rambouillet, de Schomberg, et le Palais Royal — faisaient une sorte de
brillante ceinture dorée. Dans ce coin de la grande
Ville, la moitié des illustrations de la France semblait
avoir élu domicile. Noblesse de race et noblesse d’es-

prit s'étaient donné rendez-vous là ; et par les intérêts quotidiens de son commerce, à cette élite sociale
se mêlait, avec le juste respect des distances, la vieille,
honnête et laborieuse bourgeoisie marchande, élevant
parfois la distinction de son bon sens aiguisé au niveau même du plus pur sang, du plus haut rang. On
se polissait, on s'affinait dans ce milieu unique au
monde, où toute une génération, qui allait être
comme le personnel de gloire du XVIIe siècle, vivait
au contact des plus éclatantes élégances intellectuelles et mondaines, sans trop dévier de sa foncière
droiture, ayant, au besoin, pour la tenir en équilibre,
ce contraste et ce contrepoids : le voisinage des Halles opposé au voisinage des salons bleus d'alentour.
De la maison natale de Molière, on pouvait, à la
même heure, presque voir Mme de Rambouillet à sa
fenêtre, et presque entendre mainte harengère à son
étal ! Vue de l'une, voix de l'autre, ce spectacle et cet
écho allant de pair et de concert prévenaient contre
les excès de ce qui était, ici, moins que la ville, et là,
plus que la cour. Entre le bas peuple et l'aristocratie
quintessenciée, entre ces deux extrêmes qui ne se touchaient pas, Molière vint dans une condition intermédiaire qui touchait aux deux, — et des deux il tira
son originalité et sa force. Des meilleurs dons de la
nation française, de la virile énergie d'en bas et des
grâces exquises d'en haut, il se fit en lui et à son
profit une merveilleuse moyenne. Là, le jeune cerveau de Molière put se former, se développer, grandir, sous l'heureuse et lumineuse influence de toutes
les qualités parisiennes et gauloises centralisées —
polarisées. Magnifique phénomène qui, à ce même
degré, ne devait plus se renouveler jamais ! — Le
milieu aide à comprendre l'homme.

Quel jour, au juste, Molière est-il né ? On n'a pu le fixer. On sait, du moins on croit savoir le jour de son baptême. C'est le 15 janvier 1622 — sauf erreur — qu'il fut tenu sur les fonts baptismaux par son aïeul, « Jean Pouguelin, porteur de grains », et par Denise Lescacheux, veuve de Sébastien Asselin, vivant marchand tapissier ». L'acte de l'église Saint-Eustache, qui passe pour son acte de baptême, le déclare « fils de Jean *Pouguelin* (ou Poquelin), tapissier, et de Marie Cressé, sa femme ». Mais par une anomalie qui attend son explication logique, le nouveau-né, qui devait s'appeler *Jean-Baptiste*, est inscrit sous le prénom de « Jean ». De consciencieux biographes assurent qu'un « second fils » de Jean Poquelin et de Marie Cressé « ayant été baptisé sous « le nom de Jean, le fils aîné *adopta* et porta naturel- « lement le nom du premier saint Jean, qui est Jean- « Baptiste (1) ». Ce second fils était « né en 1624 »; et il ne paraîtrait pas naturel que l'aîné cessât de porter ce prénom de Jean, quand on donne à entendre que le plus jeune le recevait, parce qu'il « était particulièrement en usage dans la famille Poquelin ». De toute façon, n'était-ce pas à l'aîné à le garder, et parce qu'il était l'aîné, et parce qu'il l'avait déjà ?

Faut-il cependant douter de l'identité absolue de Jean dit Jean-Baptiste et de Molière ? Pas pour si peu. Il n'était pas rare, alors, que deux frères portassent le même prénom. C'était le cas, par exemple, du père et de l'oncle du philosophe Malebranche, qui tous deux vont reparaître au chapitre

(1) *Molière, sa vie et ses ouvrages*, par M. L. Moland. Paris, Garnier frères, éditeurs, 1885, in-8, page 27. A vrai dire, ce second enfant était le troisième ; il y avait, entre lui et l'aîné, « Louis, baptisé le 6 janvier 1623. »

suivant avec la famille Béjart : tous deux se prénommaient Nicolas. — On peut croire qu'en un temps où les noms propres eux-mêmes, qui n'eurent jamais d'orthographe, en avaient à coup sûr moins que jamais, les prénoms n'en avaient pas davantage. Les seuls actes d'état-civil étaient les registres des paroisses, et ceux qui les ont compulsés savent avec quelle lamentable négligence ils étaient généralement tenus. Le nom patronymique de Molière y passa alors par toute une série de variations orthographiques : *Pouguelin, Pocguelin, Pocquelin, Pouquelin, Poclain, Poclin,* et même *Rocquelain* pour *Poquelin.* La moitié du véritable prénom, intentionnellement donné par ses parrain et marraine à Molière, aurait pu rester au bout de la plume de celui qui avait à l'enregistrer. Le prénom de Jean-Baptiste n'était pas, d'ailleurs, moins de tradition chez les Poquelin que celui de Jean. On le retrouve à l'état de transmission perpétuelle dans les diverses branches de leur famille. De patients érudits ont essayé de dresser une généalogie complète de cette autre dynastie, et les Jean-Baptiste et les Jean s'y succèdent sans interruption, si bien que ce n'est certes pas cette simultanéité des mêmes prénoms employés de part et d'autre, en partie double et triple, avec une égale constance, qui motivera jamais l'hypothèse longtemps accréditée et en vertu de laquelle les parents de Molière n'auraient eu d'autre rapport que leur communauté d'origine avec les autres Poquelin. — Fidèles au passé de leur vieille maison, tous ces Poquelin, issus de marchands, étaient restés marchands, qui dans la draperie, qui dans la mercerie ou la tapisserie ; et quand on allègue comme cause de rupture de leurs relations une sorte de dérogeance des parents de Molière, vis-à-vis des autres

branches, dérogeance encourue par leur « pauvreté »,
on se fait un argument d'une erreur.

La fortune des uns n'avait rien à reprocher à la
prétendue pauvreté des autres. A les juger capables
de ne s'estimer qu'argent comptant, ils se valaient,
car les parents de Molière étaient dans une position
prospère. Ceux-ci, dans leur profession, étaient des
premiers et des plus honorés. S'il ne s'agissait que de
flatter la vanité des autres Poquelin pour rester amis,
cette amitié devait leur être acquise : les parents de
Molière faisaient figure dans leur partie au-delà des
exigences qu'eût put montrer à leur endroit un sot
orgueil. La vérité sur ce point, c'est qu'on a trop radicalement jugé d'après de fausses apparences, et qu'à
force d'embrouiller les choses, les érudits ont trouvé
commode de brouiller les gens. Ces Poquelin des
deux côtés étaient meilleurs que la réputation qu'on
a risqué de leur faire. Déjà enrichis ou en train de
s'enrichir, c'étaient des arrivés, non des parvenus.
C'étaient des négociants, comme on en voit heureusement beaucoup dans le commerce parisien, natures
vives et actives, chez qui le sens pratique n'oblitère
pas les délicatesses innées d'un goût spirituel et fin,
et qui à leur manière font de l'art, de l'art industriel,
mais de l'art, de l'art toujours, où leurs spéciales aptitudes ne recherchent pas les satisfactions d'argent
sans honneur. Organisations d'artistes à leur façon,
et souvent très déliées, très élevées : ne les calom-
nie-t-on pas quand une rhétorique banale, pour les
besoins d'une antithèse littéraire, les réduit au rôle
indigne de repoussoirs métaphoriques du génie ? Ne
nous hâtons pas, pour honorer les grands hommes,
d'insinuer qu'ils furent les seuls hommes d'esprit de
leur famille !

Il était de mode, naguère, pour rehausser le prestige de l'illustration acquise et conquise à prix d'efforts et à force de luttes, d'y opposer l'humilité primitive de la condition sociale. Ce procédé de mise en relief n'a été que trop pratiqué aux dépens du père et de l'aïeul de Molière. Même après les décisives et concluantes révélations de M. Eudore Soulié, on ne se décide pas vite à revenir des anciennes légendes qui faisaient de Jean Poquelin père, non un marchand tapissier, mais je ne sais quel « fripier » besogneux et misérable. Et c'est presque mieux pour le grand-père, dont, par une méprise occasionnée par sa qualité de « porteur de grains, » on avait imaginé de faire pitoyablement un malheureux portefaix ! On sait ce qu'il en est, et pour le grand-père et pour le père ; mais il faut compléter l'enquête.

Pour le grand-père, d'abord, « porteur de grains » était le titre d'un monopole dont on louait à beaux deniers les droits et qui même produisait de notables revenus. De réelle et certaine profession, l'aïeul de Molière n'en avait jamais exercé d'autre que celle de marchand drapier. Chez lui, du reste, l'art avait eu ses libres entrées, ne fût-ce que par son mariage avec Agnès Mazuel, fille de Guillaume Mazuel, « violon du roi. » Les biographes, à bout de raisons pour diviser et désunir les Poquelin, ont essayé d'y voir là un prétexte à leur thèse, en y découvrant une « mésalliance ». (1). S'il est vrai qu'on disait « mauvais violon, » comme on dit aujourd'hui « triste sire », il est certainement faux que « les violons du roi », surtout, fussent regardés comme des espèces de gens sans aveu. On invente et on exagère des préju

____

(1) Edouard Fournier, *Études sur Molière*, page 25.

gés après coup. L'expression populaire de « triste
sire » ne prouve pas que la dignité royale soit universellement mal famée ; et il en était de même des
violons. Le temps était proche d'ailleurs, où d'éloquents démentis allaient être infligés à ces préventions rétrospectives. On allait voir, même en province, où les scrupules sont, certes, plus que tenaces,
intraitables, on allait voir des villes se faire honneur
de la naissance d'un violon du roi : à plus forte raison les familles n'avaient-elles pas à s'offusquer et
s'offenser de leur alliance. — Par exemple, et les historiens du Languedoc et même le *Dictionnaire* de
Moréri le confirment, — on citait « Mathelin, roi des
violons de France », comme une des quatre merveilles de Toulouse. De là ce dicton :

> La Bazacle, Saint-Sernin,
> La Belle-Paule, Mathelin.

En outre, les faveurs, la prédilection de Louis XIII
n'allaient pas tarder à se porter ostensiblement sur
« les ordinaires de sa musique. » C'est ainsi que
Blaise Berthold, secrétaire de la Chambre royale et,
dit Guichenon (1), estimé de toute la France par sa
merveilleuse voix », jouissait de la véritable importance d'un homme d'État. Berthold eut même
expressément une ambassade en Piémont. Alors,
comme aujourd'hui, comme toujours, la supériorité
du talent était, après tout, un titre à la considération, un moyen de fortune. L'aïeul de Molière n'en
jugeait pas autrement, et cela ne fait point tort à
l'idée qu'on aime à s'en faire. Mais il y a mieux, et
à y regarder de plus près, on trouve qu'Agnès Mazuel,
fille du violon Mazuel, l'aïeule de Molière, n'était

---

(1) *Histoire de la Bresse et du Bugey.*

pas de moins bonne maison que son mari. Par sa
grand'mère, à elle, « par Étiennette Lhuillier, » la
constante et célèbre amitié de Molière et de Chapelle
pouvait dans la suite reporter et faire remonter son
principe jusqu'à un degré de parenté lointaine, mais
certaine. Nous constaterons bientôt que cette amitié
des deux poètes, si le relâchement des liens domestiques la rend moins probable que la camaraderie
de collège, eût pu être suscitée d'ailleurs et de
bonne heure par les relations des deux familles avec
des amis communs. Au surplus, quelque réserve
qu'il convienne de mettre dans les conséquences
à tirer de certaines affiliations dont l'éloignement
permet de contester ou l'authenticité ou l'efficacité
ultérieure, au point de vue de Molière, n'oublions
pas de remarquer encore que toute la parenté des
Mazuel resta en intimes rapports avec les Poquelin de la branche moliéresque. Au baptême de Guillaume Poquelin, oncle du poète, figure comme parrain un Jean Mazuel (avril 1603). La marraine fut
« Estelle Tabouret », mère du notaire, puis financier
Tabouret, l'un des sept futurs associés de Léonard
Aubry dans l'entreprise du « pavé de Paris », et dont
le fils à son tour nous sera représenté, en 1660,
comme débiteur de Madeleine Béjart.

Le cosmopolisme n'avait pas fait encore de Paris
une ville ouverte, où l'incessant mouvement des étrangers détend, relâche et rompt le réseau des amitiés et
connaissances. Dans une même paroisse, voire dans
la populeuse paroisse Saint-Eustache, plus susceptible
qu'une autre de cette sorte d'effilage des sympathies,
les anciennes familles pouvaient entretenir un mutuel
échange de bons procédés, comme cela se pratique en
province, jusque dans de grandes villes, où l'on voi-

sine, où l'on se voit. Plus on remonte dans les annales domestiques des vieux Parisiens d'alors, et plus se serrent leurs rangs, plus l'existence les rapproche, et mieux on devine la naturelle familiarité de certaines rencontres de noms, d'abord incomprises. Très nombreuse et très répandue, la parenté de Molière prêtait plus qu'une autre à ces assemblages et à ce chassé-croisé de personnes, que les actes notariés nous ont révélées, et dont la liaison cesse d'être énigmatique dès qu'elles cessent de nous paraître les unes aux autres indifférentes. Le cercle a beau s'élargir ainsi et comme accessoirement autour de Molière : la circonscription morale, l'espèce d'atmosphère psychologique où il va vivre, où il vit déjà, ne perd rien de son intérêt immédiat. On le cherche dans les autres; la curiosité rétroactive demande en quelque sorte de ses nouvelles à tous ceux qui l'ont pu connaître. Et c'est surtout dans le manque si absolu et si regrettable des souvenirs positifs de son premier âge, qu'on éprouve le besoin de reconstituer, par voie de transition et de transmission d'âme à âme, le caractère que l'ancêtre fait revivre dans l'enfant. Volontiers on dirait des aïeux de Molière ce que Montaigne dit des siens : « Quel contentement me serait-ce d'ouïr quelqu'un qui me récitât les mœurs, le visage, la contenance , les plus communes paroles et les fortunes des ancêtres ! »

Le grand-père Jean Poquelin avait son magasin de marchand tapissier dans la rue de la Lingerie, l'une des neuf rues qui aboutissaient aux Halles. Il y mourut en 1626, et cette date coupe court à la légende qui lui attribuait l'honneur d'avoir tourné les idées du jeune Molière vers la carrière du théâtre. Sa femme, Agnès Mazuel, lui survécut jusqu'en 1644. C'est à elle, sans doute, à défaut de sa mère morte jeune, que Molière enfant fut essentiellement redevable de la direction de son esprit et de son cœur. Faut-il voir, comme on l'a proposé, un indirect mais tendre hommage du poëte à la noble aïeule dans la conception et jusque dans l'homonymie de cette fraîche et poétique figure d'Agnès de l'*École des Femmes* ? Molière n'a pas laissé le journal de ses impressions et de ses souvenirs d'enfance, et le rôle bienfaisant de sa grand'mère dans son éducation reste problématique, quoique probable. Cette Agnès Mazuel qui eut de qui tenir, étant fille d'artiste, ceux qui admirent Molière se sentent portés d'instinct à l'aimer ; on en voudrait de celle-là, surtout, évoquer une fidèle image. Mais c'est à peine si son nom rappelle sa vague mémoire. Toutefois, rien n'interdit de l'associer par une mention honorale à l'histoire de la jeunesse de Molière. Les documents positifs qui ont entraîné le sacrifice de la légende de l'aïeul Jean Pocquelin conduisant par la main le tout jeune Jean-Baptiste aux spectacles, n'en proscrivent pas, d'ailleurs, l'application, sinon, comme on le fait, à l'autre aïeul, à l'aïeul maternel, du moins à Agnès Mazuel, sauf légère variante. On peut assez naturellement imaginer que la fille de l'ancien violon du roi, traversant parfois la rue des Écus pour aller de la rue de la Lingerie à la rue des Vieilles-Étuves, dut, avec la complaisance ordinaire aux aïeules, surtout avec le secret amour-propre d'une Parisienne qui connaît les célébrités du temps, dut, dis-je, se prendre à désigner au jeune Molière qui la suivait, à ses côtés, les musiciens en renom, les comédiens en vogue, lorsque deux fois par semaine ils se rendaient, l'après-midi, aux fêtes, concerts, bals, ballets ou comédies de ce somptueux hôtel de Soissons,

dont Molière entrevoyait la façade du seuil même de
la maison paternelle (1). Le beau monde, le grand
monde s'empressait et se pressait à ces réceptions
princières. « J'allais, nous dit Mlle de Montpensier
en ses *Mémoires*, j'allais aux assemblées que Mme la
comtesse de Soissons faisait faire à l'hôtel de Brissac
deux fois par semaine (1638) ; leurs divertissements
ordinaires étaient les comédies. » Par goût et par habitude du temps de sa jeunesse, la fille de Guillaume
Mazuel n'était pas sans doute, malgré l'âge, demeurée
étrangère aux choses de l'art ; parmi ces musiciens,
plus d'un, et pourquoi non ? devait être l'élève de
son père. Et ramenée vers le passé par ces acteurs et
ces artistes « en visite », peut-être faisait-elle éclater,
dans l'épanchement affectueux de ses confidences,
les enthousiasmes d'autrefois et la généreuse et toujours chaleureuse passion d'une âme vibrante, aux
yeux extasiés de l'enfant, dont l'imagination s'exalte
à son tour !

Ne croyez pas, du reste, qu'arrivé à la maison,
l'enfant dût laisser à la porte l'expansive expression
des sentiments nouveaux qui venaient de l'agiter
soudain, comme dans un rêve enchanté. Son père,
quoiqu'on en dise encore, n'était pas cette grossière,
épaisse et lourde nature de boutiquier qu'on nous
peint comme insensible à tout ce qui ne touche pas
à son commerce. Il n'était pas plus un stupide marchand, endurci, encroûté dans son négoce, qu'il n'é-
tait un « pauvre fripier. » Sa riche clientèle le classe
déjà, à elle seule, hors de pair dans son état. Les Sou-
vré, les La Rochefoucauld, les Liancourt, d'autres non
moins illustres grands seigneurs friands de tentures

(1) Le musicien *Louis Molier* était alors un des habitués de l'hôtel et comme artiste et comme « écuyer de la comtesse de Soissons »

et de meubles de prix, l'ont pour fournisseur préféré;
et que, demain, par l'entrée de son frère Nicolas au
service de l'un de ces gentilhommes, que demain la
charge de « tapissier, valet de chambre du roi », de-
vienne disponible, certes, elle ne sortira pas de la
famille ! Il s'est fait connaître à la cour par maintes
expertises confiées à sa spéciale et magistrale compétence. Délégué, juge, consul de sa corporation, ses
preuves sont faites ou vont se faire. Il a qualité
« d'honorable homme », et sa réputation est établie
sans conteste. Néanmoins, ce marchand industrieux,
bien noté, haut coté, qui n'est pas un tapissier ordinaire, des biographes l'ont voulu transformer en
homme au-dessous de l'ordinaire. Cervelle étroite,
âme sèche, ladre et sordidement égoïste, — tel on
nous a montré le père de Molière. Cela n'a qu'un
défaut, c'est de vouloir être le portrait du père de
Molière. Le fils ne l'aurait pas reconnu.

Que le marchand tapissier, logé à l'enseigne des
Cinges, fût un homme pratique, tout le passé com-
mercial de sa famille porte à le croire. Qu'il eût les
idées de son état et qu'il mît son ambition dans ses
succès professionnels, qui donc s'en peut étonner ?
Mais c'était le fils d'un homme qui paraissait avoir
reçu une éducation sérieuse et soignée ; lui-même
n'était très probablement pas moins instruit, puisqu'il
remplissait des fonctions exigeant plus que du sa-
voir-faire, du savoir, — et pourquoi lui dénier toute
libérale ouverture d'esprit ? Ne soyons pas dupe d'un
anachronisme de sentiments et ne lui imputons pas
à crime ce qui de son temps était une vertu. Sa philosophie bourgeoise, qui en valait une autre au fond,
sa morale domestique même l'avaient évidemment
habitué à penser que, par dessus toute science, ce qu'un

honnête homme doit savoir le mieux, c'est son métier. Et ces principes de correction individuelle dans
les affaires, il les appliquait, il les enseignait, autour
de lui, dans sa maison. Quoi de plus naturel et de
plus juste ? — Le jour où vint au monde son premier
fils Jean dit Jean Baptiste, sans doute, il ne songea
pas un instant que cet enfant, dans l'avenir, eût mieux
à faire qu'à rester fidèle aux traditions de la vieille
famille marchande des Poquelin, et à être à son tour
ce que ses aïeux, son père et lui-même s'étaient fait
honneur d'être. Tout au plus, à cet égard, sa jeune
femme, personne absolument distinguée de naissance, de caractère et d'intelligence, tout au plus
Marie Cressé, en nature d'élite, pouvait-elle apporter
un correctif à ce programme et viser à plus et à mieux
dans le secret de ses rêves maternels ! Mais chez elle
encore, cette sorte d'échappée de vue au-delà de la
boutique n'était point le symptôme d'un ridicule
mépris de petite bourgeoise prétentieuse pour une
condition au-dessus de laquelle il lui a pris envie de
s'élever. Cela comportait réflexion et sagesse ; car
elle était une femme d'ordre, et son intérieur l'attes-
tait bien à sa mort, en même temps qu'une femme
d'imagination. On a dit que Molière tenait d'elle surtout, et c'est possible. — Elle avait de qui tenir, elle
aussi.

Les Cressé, dont un homonyme et parent fut médecin de quelque notoriété, étaient de bourgeoisie
aisée et éclairée. Marie Cressé avait pour oncle Pierre
Nivelle, imprimeur à Troyes, et pour oncle aussi
l'évêque de Luçon. Son mariage avec Jean Poquelin
n'avait été pour elle que la mise en pratique de son
éducation de jeune fille. Et si l'opinion qu'on se fait
de Jean Poquelin était fondée, il aurait dû s'ensui-

vre, pour la jeune femme, la cruelle mésaventure
d'être victime d'une de ces unions mal assorties,
comme, au début de l'*École des Maris*, les maximes
rêches et revêches de Sganarelle en doivent faire craindre aux aimables personnes tombées aux mains d'un
« sauvage. » Or, le pied d'élégance luxueuse sur lequel était montée la maison des époux Poquelin-
Cressé, en 1632, d'après l'inventaire publié par M.
Eudore Soulié, n'est-il pas, en faveur du père de
Molière, le plus honorable des témoignages sur le
compte de ses mœurs et de son humeur ? Qu'a-t-il
d'un « loup-garou », ce bourgeois cossu, chez qui,
riche mobilier, beau linge, vaisselle, argenterie, bijoux de dame, tentures, livres in-folio (ce Plutarque
à mettre les rabats), tableaux (cinq tableaux) et un
miroir de Venise ; chez qui, mieux que le confortable
de l'aisance, la recherche dans le choix, et comme
une pointe de curiosité dans les moindres choses,
trahissent à la fois et un si bon ton et un si bon air ?
Y a-t-il là rien qui rappelle l'âcre morosité, l'aigreur
insociable d'un ladre atrabilaire, grondant, grinçant,
grincheux ? Tout respire, dans cet intérieur, le calme
heureux de la prospérité saine ; le bien-être s'est
comme ingénié à poétiser jusqu'aux plus humbles
détails du ménage ; et il n'est pas jusqu'à la quantité
et à la qualité de ces bracelets, bagues, boucles, col-
liers, évalués à 12,000 francs de notre monnaie actuelle, qui n'indiquent de la part de l'homme les
prévenances attentives, mêlées de tendresse, d'un
mari encore et toujours aux petits soins, même après
dix ans de mariage. — Marie Cressé avait eu peut-
être un père doux et bon, disant comme Ariste :

> Elle aime à dépenser en habits, linge, nœuds ;
> Que voulez-vous ? Je tâche à contenter ses vœux ;

Et ce sont des plaisirs qu'on peut, dans nos familles,
    Lorsque l'on a du bien, permettre aux jeunes filles.

En passant d'une maison à l'autre, Marie Cressé n'avait pas changé d'habitudes ; elle n'avait que changé de nom. Disons tout à l'honneur de Jean Poquelin : il n'avait pas regardé à la dot. Sa fiancée ne lui apportait que 2,200 livres ; mais il savait sans doute de quel trésor les qualités de cette maîtresse femme allaient enrichir sa maison. — Ils ne soupçonnaient, certes, ni l'un ni l'autre, l'incalculable mise de fonds que leur mutuel amour allait ajouter — mieux qu'à leur avoir — à la merveilleuse fortune, au splendide capital du génie français !..

Leur amour ! Les biographes de Molière n'en parlent jamais. Comment se fait-il que souvent l'histoire de ce poète soit écrite par des archéologues ? Molière eut des parents qui furent jeunes, dont l'âme et le cœur ne furent fermés ni aux fantaisies de la jeunesse et de l'amour, ni aux élévations morales du sublime égoïsme à deux. Et toujours, et quand même, il n'est à propos d'eux question que de chiffres, chez les érudits, jamais de leurs sentiments, — comme si un poète, un Molière, pouvait être banalement le fils de deux êtres méthodiques, froids, étroits et plats ; — comme si le plus vivant des poètes pouvait se faire — à la manière d'une addition ! Ah ! pardieu ! il avait des entrailles, et du sang rouge, et une poitrine gonflée de forte et chaude sève gauloise, ce couple qu'on momifie autour d'un comptoir ! Ce n'était pas, ce ne pouvait pas être un courtaud de boutique sans muscles et sans nerfs, cet homme ! Ce ne pouvait pas être et ce n'était pas une chétive créature à corps et âme de mijaurée, cette femme ! Et c'est à une

autre toise que celle des marchands quelconques
qu'il faut les mesurer — si l'on veut savoir ce qu'en
vaut l'aune ! Rien ne sort de rien ; et Molière est
sorti d'eux. Il se peut qu'un mystérieux dessein pro-
videntiel eût réservé à ces deux nouveaux mariés
l'inconscient honneur de dépenser en une fois, et de
placer en un seul être, sans récidive possible, les
économies accumulées d'imagination latente de deux
races fécondes ; mais le résultat dépendait d'eux —
et le résultat fut prodigieux. Qu'il ait fallu à la Nature une double lignée séculaire d'inconnus, pour
préparer cette suprême partie, ou qu'elle ait, par un
impénétrable caprice, risqué cette sublime conception
dans un simple jeu du hasard et de l'amour, — toujours est-il que la Nature avait besoin de mieux que
des deux premiers venus pour en arriver à Molière !
Quand Dieu s'en mêla et que le Christ vint au monde,
si l'extrême effort de l'humilité divine fut poussé
jusqu'à le faire naître dans l'étable d'un charpentier,
pour la sûreté du sacré dépôt, il ne choisit pas moins
que les flancs d'une descendante des rois. Tenez pour
certain que Marie Cressé n'était pas une femme
ordinaire.

Et à ce propos, des pensées d'émancipation bio-
graphique me viennent saisir. Dans l'inextricable
confusion des races et des rangs, dans l'insondable
croisement des sangs et des sèves produits par les
tragiques tourmentes de l'histoire de France, seul, le
grand brasseur des mondes sait peut-être quel lait
sans mélange a coulé de la sainte mamelle des plus
chastes mères. Mais de cette histoire, où comme en
un torrent roulent pêle-mêle des couronnes et des gi-
bets, des épées et des outils, pourquoi et comment se
fait-il que les chroniques dites nationales aient cru

de l'intérêt des peuples de repêcher, pour les étaler
aux yeux, tant de faits et gestes de reines sinistres, et
jusqu'à l'horrible détail de leurs portées honteuses,
— et que nous en soyons encore à ignorer à peu près
tout de la mère adorable et vénérable du plus grand
peut-être de tous les Français? Sans doute, elle a
vécu trop près de nous pour que la difficulté de pé-
nétrer l'incognito d'une telle existence attire et tente
l'application des savants, de ceux, par exemple, qui
mettent leur gloire à voir clair dans les ténèbres d'un
lointain passé, très lointain. Ces savants-là, à coup
sûr, ont fait merveille en ce genre d'études; et, tenez!
qu'il soit question de savoir par le menu les scanda-
les abjects du temps de Mérovée ou de Clotaire, et
demain, sur leurs indications circonstanciées, un médecin amateur pourra ouvrir dans l'antique Lutèce
une véritable clinique rétrospective d'accouchements
clandestins à l'usage des princesses mérovingiennes !
Mais qu'il s'agisse tout uniment de nous représenter,
dans son intérieur, sous ses traits véritables, la digne
et vaillante femme qui nous donna Molière; qu'il
s'agisse de faire revivre, pour l'exemple peut-être
d'une nation qui se dépeuple, cette figure d'honnête
jeune mère allaitant un tel enfant — et la science
grave, non moins prise au dépourvu que prise de
scrupules, répondra avec l'accent de la dignité offensée:

> .... Cachez ce sein que je ne saurais voir !

— Voilà pourtant des choses qu'il faudrait nous
montrer ! Et voilà, certainement, ce que je regrette
de ne pouvoir montrer moi-même tout le premier.
Les vertus domestiques ont leur poétique grandeur
— par, pour et chez les Poètes.

Que sait-on, que suis-je parvenu à savoir de Marie

Cressé, à grand'peine et après bien du temps ? Ses relations, d'après les actes qui les consignent, étaient choisies et honorables. Dans un baptême, le 15 septembre 1631, elle eut pour compère « maître Antoine Forget, commissaire de l'artillerie », dont un oncle, messire François Forget, avait été chambellan du duc d'Orléans. Antoine Forget était un lettré, ami de Gassendi et du conseiller Lhuillier, père de Chapelle (1). Sa famille, comme celle des Poquelin, était originaire de Beauvais. Son père, Pierre Forget, chevalier, « sieur de Beauvais » et de la Picardière, était conseiler du roi et « l'un de ses maitres d'hôtel. » Poëte à ses heures, Pierre Forget avait publié, en 1630, un poëme, *Les sentiments universels de messire Pierre Forget,* qui eurent deux éditions. La préface fut écrite « à Lyon », où l'auteur allait quelquefois à cause de ses visites de parenté aux Forget du Beaujolais. On sait que de là était venu François Forget de *Molière,* mort en 1622, auteur du fameux roman de *Poléxandre,* et qui, on le voit par ces rapprochements, était peut-être entré en personne par l'amitié dans le cercle intime des Poquelin, avant que son nom y entrât comme pseudonyme de théâtre. Jean dit Jean-Baptiste ne devait pas le connaître autrement que de réputation ; mais il trouva son souvenir vivant chez les amis de sa famille, et, par eux, jusqu'au sein du foyer paternel même. Cette circonstance, jointe à d'autres qui seront signalées en temps et lieu, ne fut peut-être pas étrangère au choix de ce nom de|*Molière* qu'il devait immortaliser. Nous touchons donc déjà au monde littéraire par les Forget,

(1) Le conseiller Lhuillier écrivait à un de ses amis, de Toul, le 19 septembre 1643 : — « Faites-moi savoir par M. Gassendi des nouvelles de M. Forget. »

comme nous touchions tout à l'heure au monde des arts par les Mazuel. — Il y avait ainsi renouvellement d'idées chez les Poquelin, grâce à ce double courant, sans compter l'air de la cour qu'y apportaient le frère de Jean Poquelin, Nicolas Poquelin, « tapissier, valet de chambre du roi », et le chirurgien Lirot, aussi valet de la même chambre, qui fut parrain de la sœur de Molière, Marie, baptisée le 13 juin 1628. Marie fut l'avant dernier enfant de Marie Cressé, qui en avait eu six en tout, quatre garçons et deux filles. C'était assez de ses diverses relations pour rappeler à la sollicitude maternelle de Marie Cressé, quand le temps vint de s'occuper de l'instruction de son fils aîné, la nécessité de lui assurer par l'étude un avenir conforme à ses prétentions particulières, de plus en mieux justifiées par la prospérité croissante de la maison Poquelin.

Cette tâche si chère au cœur des mères tendrement éclairées, il ne lui était pas réservé de l'accomplir. Tous les biographes de Molière, en s'accordant à répéter que Jean dit Jean-Baptiste ne fut envoyé à l'école, au collége, qu'à l'âge de quatorze ans, lui attireraient le reproche posthume d'être morte sans y avoir songé. Mais une pareille omission était inconciliable avec la distinction de son esprit. Dût le jeune Molière n'avoir pas chance de rencontrer dans ses classes le prince de Conti, à défaut de toute attestation de cette négligence inadmissible, il n'y a pas à douter qu'elle ne fut pas commise. Marie Cressé était incapable, d'accord avec son mari, de trop tarder à élever ce fils comme tous les fils de bonne famille. Tout au plus, la délicate santé de l'enfant eût-elle fourni une excuse à un ajournement provisoire ; mais c'est là une raison qui n'est alléguée par aucun. Or, à user des conjectures, les plus rationnelles ont droit à la priorité. — Je n'insisterai pas davantage pour faire accorder la préférence à celle qui suppose que Marie Cressé avait fait commencer de son vivant l'instruction de Molière. — On sait qu'elle mourut le 10 mai 1632.

Cette mort offre aux biographes une nouvelle occasion pour différer d'apprendre à lire à Jean dit Jean-Baptiste. Il y a préméditation arrêtée de ne l'envoyer qu'à la seule école buissonnière jusqu'à l'âge de quatorze ans. Il en a déjà plus de dix, n'importe ! Au fond, il entre, d'après de trop ingénieux érudits, il entre, dans les projets machiavéliques de son père — l'avare, dur et méchant homme déjà peint — de le laisser croupir dans l'ignorance. Qu'il coure les rues avec les petits vauriens de son quartier et de son âge ; qu'il polissonne ici et là, à travers cette tumultueuse paroisse Saint-Eustache où à chaque pas un spectacle s'offre aux passants et attire les badauds ; qu'il vive en précoce vagabond que le hasard des rencontres et des dissiptions prédispose, s'il ne l'y jette déjà comme une proie, à la bohème des alentours des Halles, n'importe ! Son père ne daigne pas, d'après les anecdotiers, se souvenir s'il existe. Et comme il faut que Molière donne raison aux critiques littéraires qui le gratifient, de leur autorité privée, en bonne et due forme, « d'instincts de mauvais sujet (1) », afin de s'y prendre assez tôt pour l'initier, à titre d'apprentissage et d'essai, et sauf mieux, aux péripéties du roman comique parisien, d'ores et déjà on traîne — ô Marie Cressé ! — son oisive enfance pervertie devant les tréteaux des opérateurs, des charlatans, des saltimban-

____

(1) Le mot est de M. J.-J. Weiss.

ques et des farceurs, du Marais au Pont-Neuf ; et
c'est par des stations quotidiennes aux parades des
pîtres enfarinés qu'il travaille à réaliser, avec les in-
fernales combinaisons paternelles, les bizarres hypothèses de ses cruels historiens ! Heureusement, pour
Molière, que la vérité est indépendante du parti pris
de ceux qui l'arrangent ou la dérangent ; heureusement qu'elle finit par se faire jour et par triompher.
— Elle échappe, elle ressort des récits trop imagi-
naires : la fausser, la forcer trop, c'est la faire éclater.
Elle éclate.

Comptez et contrôlez tous les dires sur cette période de quatre années de l'enfance de Molière. Il y
a unanimité à peu près absolue pour lui faire perdre
tout ce temps. Pourquoi ? C'est ainsi. Donc, Molière
vague, rode et baguenaude à loisir et à plaisir. Si, par
manière d'amendement discret, la pensée vient à
un biographe de l'occuper un peu, on l'introduit
parmi les ouvriers de la maison Poquelin, et on l'u-
tilise comme apprenti tapissier, voire comme garçon
de magasin : ce qui est une économie pour le père —
terriblement avare, bien entendu. C'est déjà là une
variante. Mais en voici d'une autre et de bien d'autres ! — Quelqu'un se souvient ou découvre que le
père Poquelin possède par héritage « deux loges et
demie ou environ », à la foire Saint-Germain, et à
présent le vilain petit bohême de tout à l'heure ne reçoit plus sa première éducation dramatique qu'en
« accompagnant son père » à cette « foire ». Les spectacles forains lui sont rationnés. C'est que, vraiment,
on ne peut pas laisser aller ainsi, en pareil endroit,
un enfant tout seul : il se perdrait ! Le scrupule arrive
à propos. — Il y a mieux. D'un document sur l'Hôtel de Bourgogne, où se représente la tragédie (nous

passons au sévère!) il résulte la possibilité homœopa-
thique d'un soupçon de rapports personnels, par suite
de rapports professionnels, entre le père Poquelin,
tapissier, et un nommé Dubout, également tapissier,
mais en outre doyen des Confrères de la Passion,
lesquels Confrères de la Passion sont propriétaires
dudit Hôtel de Bourgogne. Vite, pour tirer profit de
tout, on en déduit : 1° que dans une loge plus que
douteuse, dans la loge gratuite réservée au doyen Dubout, il doit y avoir place pour les amis et connaissances ; 2° que le père Poquelin est des amis et sans
doute a sa place dans la loge comme un autre ; 3° enfin
que, s'il va dans cette loge, ou s'il y va à son défaut
un autre de ses parents, il est d'autant plus naturel
d'y amener l'enfant que l'entrée ne coûte rien. Et
c'est ainsi que Molière reçoit à l'Hôtel de Bourgogne,
non moins qu'à la foire, sa première éducation dramatique, sous la garde, conduite et surveillance de
son père ou de quelque autre parent. Il faut bien le
distraire un peu, cet enfant ! La précaution est prise
à point... A la façon dont toutes ces histoires s'accordent, on peut en apprécier l'exactitude.

Eh ! bien, j'en reviens à mon système. Après la
mort de Marie Cressé, sa mère, Molière continua
d'aller à l'école, au collège. On avait commencé de
l'élever comme un fils de famille : il n'y a pas de
plausible motif de suspendre ses études. C'est dommage pour la légende qui tient à en faire un petit
mauvais garnement jusqu'à sa quinzième année !
Entre temps, les jours de congé, s'il plaît au jeune
collégien d'aller faire une escapade sans conséquence
à la foire, même à une autre foire que celle de Saint-
Germain, il n'éprouve ni le besoin de savoir si son
père y possède « deux loges et demie ou environ »,

ni même le besoin d'attendre qu'il y aille pour y aller alors seulement « en l'accompagnant ». Et probablement aussi lui est-il possible d'aller quelquefois aux représentations de l'Hôtel de Bourgogne, sans toutes ces subtiles complications aboutissant à épargner « vingt sols » à un marchand tapissier qui peut faire la dépense. Où est, je vous le demande, la nécessité de composer à Molière inconnu une histoire exceptionnelle, vétilleuse, absurde, et de le placer par là en marge de l'histoire habituelle des écoliers de tous les temps et de tous les pays ? De compte fait, surtout, quand nous déciderons-nous à attribuer à Jean Poquelin père un rôle, une attitude, des sentiments conformes aux données authentiques ?

Ce père qu'on fait agir, malgré son caractère, comme un avare chagrin et dénaturé, jusqu'à astreindre son fils aux répugnantes besognes d'un manœuvre, le voilà, un beau jour, subitement, représenté comme pris d'une fringale d'affection imprévue pour cet abandonné de la veille. Il le met au collège, et désormais, cet homme qui liardait avec une si odieuse âpreté sur l'éducation de son fils, il n'est aucuns frais qu'il ne fasse pour ses études. Ses classes achevées, il l'enverra à la faculté de droit pour qu'il ait son diplôme d'avocat ; sans lui donner le temps de respirer, il lui assurera même, ce qui est du luxe, et afin qu'il n'ait rien à envier à un groupe de camarades, les inestimables leçons de philosophie de Gassendi ; d'aucuns même, sans doute, pour se rattraper en renchérissant après coup, veulent que Molière ait suivi simultanément « les cours de théologie de la Sorbonne ». Nul sacrifice ne lui coûte plus. Et pourquoi ce changement ? C'est le même homme. Une répartition mal conçue, erronée, de l'emploi du temps pendant l'adolescence de Molière a fatalement provoqué cette surcharge des études finales et produit cette évidente incohérence dans la conduite de Poquelin père. Les choses furent concertées d'autre sorte. A huit ou neuf ans, comme c'était et c'est l'usage, Molière entra à l'école primaire pour delà, au bout de deux ans, passer au collège de Clermont, tenu par les Jésuites. A ce collège, les classes, grammaire, humanité, philosophie, prenaient six à sept années. Molière quitta les bancs aux vacances de l'année 1639 — à seize ans et demi. Cet élémentaire calcul concorde d'ailleurs parfaitement avec l'unique témoignage contemporain relatif à cette particularité.

> ... En quarante ou quelque peu devant,
> Je sortis du collège et j'en sortis savant.

Ainsi s'exprime l'*Elomire Hypocondre*, et sur ce point il n'est pas indigne de foi. « En 1640 ou quelque peu devant », c'est bien en août 1639. Aucun texte formel ne prévaut d'ailleurs contre cette chronologie, car de texte, on n'en connaît pas. Les objections et contestations basées sur l'autorité des anciens biographes ne sauraient prouver qu'une erreur traditionnelle n'est pas une erreur. Remarquez que tous sont préoccupés de l'importance que devait avoir, à leur sens, la protection du prince de Conti dans les destinées de Molière ; pour eux (et pour combien d'autres encore et malgré tout ?) cette protection avait découlé d'une camaraderie de collège. Or, camaraderie et protection n'ont rien de commun. Cette prétendue protection, s'il est permis de qualifier ainsi le privilége accordé, durant deux ans, à *L'Illustre Théâtre*, de se dire au plus « la troupe des comédiens ordinaires de son Altesse Mgr le prince de Conty »,

cette soi-disant protection eut absolument la valeur
d'un incident plus ou moins heureux, mais d'un incident après tout, dans le cours des douze années
passées par Molière en province. Elle ne présuppose
aucune liaison antérieure ; elle n'est nullement la
conséquence d'une cause spéciale et déterminante.
De fortuites circonstances en décidèrent. Du reste,
dans l'histoire des œuvres du poëte, elle ne compte
pas, car elle commence au lendemain de l'*Etourdi*
pour finir la veille du *Dépit amoureux*. Elle n'est
marquée par le clou d'or d'aucune date mémorable.
Ce n'est qu'un épisode secondaire entre deux grandes
journées, deux grandes victoires. Les biographes ne
peuvent plus ignorer désormais que Molière, au service de Conti, fut accueilli en entrant comme 'un
inconnu et traité en sortant comme un ennemi. La
rétroactivité d'argumentation et l'espèce d'effet en
retour qui remontaient au collège comme à un point
d'attache ne portent plus ; et la légende de cette camaraderie classique ne tient plus même à une illusion
de vraisemblance.

Dès l'instant que la question de savoir si Molière
et le prince de Conti furent jamais condisciples devient une question sans intérêt, il est superflu de s'y
arrêter beaucoup. En fait d'amitiés de collège, elle
est assurément la moins probable, comme la plus
inutile, de toutes celles que Molière eut alors, dit-
on, l'occasion de contracter. La moins probable, car
elle n'est possible qu'à la condition arbitraire de
corriger l'écart d'âge de sept années — la durée d'une
éducation entière — existant entre le prince et le fils
du tapissier. Il faut que les biographes qui veulent
y mettre de la complaisance fassent commencer les
classes à Conti trop tôt, à Molière plus tard, pour

qu'il y ait chance de rencontre. Au contraire, une disproportion d'âge trop marquée ne fait point obstacle, dès le collège ou immédiatement après — le point est à fixer — à la liaison de Chapelle, Bernier, Hesnault, Cyrano de Bergerac et d'autres condisciples devenus célèbres. Et cette liaison vraisemblable, issue de l'ordre naturel des confraternités scolaires, a le mérite en outre d'être confirmée dans la suite par des faits qui la légalisent en quelque sorte. N'a t-on pas vu, d'ailleurs, de tout temps, les bons élèves d'un même collège — et ce groupe était un groupe d'élite — se sentir désignés à une sympathie mutuelle par leurs succès mêmes, et après le désir instinctif de se connaître éprouver le plaisir de s'aimer ?

Molière dans le cours de ses études classiques, qu'il fit excellemment, avait montré une remarquable prédilection pour la philosophie et les poètes — Lucrèce surtout. A ce compte, la transition des leçons du collège aux leçons particulières de Gassendi était effectuée d'avance. L'illustre philosophe avait une égale passion pour la science, qu'il professait avec tant d'éclat, et pour les poètes latins, qu'il relisait sans cesse. Gassendi, au témoignage de Bernier, savait « six milles vers latins, sans compter Lucrèce tout entier », dont il « récitait trois cents vers tous les jours », régulièrement. Mais ce n'était pas là le seul trait d'affinités personnelles créant un lien entre le maître et le disciple préféré. Il y avait entre eux conformité d'humeur et d'aptitudes, une même tournure d'esprit agréablement ironique, et, dans leur langage, comme le ton de la comédie par insinuation. C'est que justement les premiers essais littéraires de Gassendi, vers l'âge de « treize ans », avaient été, pour citer Bernier encore, « des espèces de comédies

« en prose et en vers qui se récitaient en carnaval
« entre les enfants chez les premiers de la ville de
« Digne, en Provence, de sorte que, dès ce temps-là,
« on l'appela le petit Docteur ». Du même coup,
avec l'influence dirigeante et décisive de Gassendi
sur l'esprit de son élève, cette anecdote non suspecte
nous fournit la clef des débuts comiques de Molière.
L'association des « enfants de famille », qui ne tar-
dera pas à se former à Paris avec et par Molière,
n'est donc point un fait isolé et sans précédents. Les
mœurs contemporaines l'expliquent, sans qu'on ait
à recourir à la casuistique d'une érudition transcen-
dante. Est-il nécessaire, au demeurant, de rien ajouter à l'éloquence de si caractéristiques analogies, et
dans le tempérament individuel, et dans les premières velléités affirmatives d'un talent précoce ?

S'il fallait dès à présent indiquer la saison entre
toutes, où la fleur poétique de l'imagination noua,
chez Molière, et commença de faire soupçonner un
premier fruit de jeunesse, c'est bien cette époque des
leçons de Gassendi que je fixerais hardiment. Dans
tous les cas, je ne sais aucune date plus complètement propice à la fécondation de cet esprit, tout efflo-
rescent, tout effervescent, ouvert aux effluves d'un
printemps superbe. Cette nature d'artiste et de poète
d'une si ferme et si puissante unité organique, malgré ses exubérances en tous sens, je ne me crois pas
autorisé à la soumettre aux procédés multiples et bizarres de cette sorte d'hybridation morale qui consiste
à faire influencer la jeunesse de Molière par une in-
nombrable variété d'aventures hétéroclites, et contra-
dictoires le plus souvent. De ce genre d'expériences
quelques échantillons nous ont été fournis, il n'y a
qu'un instant, par certains érudits dont la fantaisie au-

toritaire tyrannise l'histoire de Molière, au point de ne
pas lui permettre d'être simple. Il sied cependant de n'a-
buser d'aucune permission, pas même de la permission
de greffer par approche toutes sortes de frondaisons
artificielles sur un arbre suffisamment beau de lui-
même, s'il pousse en liberté. Les fruits n'en seront
peut-être pas moins bons pour être venus naturellement. Puis, à vouloir à tout moment, faire assister à
une manière de transsubstantiation par le génie en
enfance, même dans les carrefours, de toutes les
matières assimiliables, n'est-on pas exposé à paraître,
avec les meilleures intentions du monde, se duper
soi-même, et prendre un gobelet pour un saint ciboire?
Je vois d'ici l'air railleur du narquois Gassendi, j'entends l'éclat de rire franc et sonore de Molière, s'il
leur était possible d'assister à toutes les cérémonies
qu'on fait avec le fils Poquelin ! Il n'est point sûr que
je n'éprouve pas moi-même, au fond, quelque dépit
momentané d'être obligé d'écrire tout ce qu'a fait
Molière enfant — quand tout ne mérite pas d'être écrit.
Mais la critique historique a besoin de passer par là,
ne fût ce que pour déblayer les voies, encombrées de
prestations en nature.

Donc, l'année 1640 — et non 1641 — est une date
qui compte, et j'ajoute qui compte gaiment, dans
l'histoire de Molière, à cause de ses relations avec
Gassendi. Pour être philosophe de son état, le spirituel et fin Provençal ne se croyait pas tenu d'être mo-
rose et sombre. Il était de joyeuse humeur et ne s'en
cachait pas. A Paris, on le trouvait d'ordinaire, outre
le conseiller Lhuillier, avec La Mothe-Le Vayer, Déo-
dati, Naudé, G. Colletet, même, dont le fils était d'ailleurs un ami de Molière. Pour le savoir et l'indépendance de la conduite, de la pensée et du langage,

c'étaient des hommes du siècle précédent. Bouteille de vieux muscat et jeune et jolie femme, c'était un jeu, pour eux, de les décoiffer l'une et l'autre. On s'attablait sous les tonnelles d'Arcueil, on fréquentait les cabarets en renom, et de préférence ceux de la rue Saint-Honoré qui étaient les plus courus. Il n'y a pas à dire, Chapelle apprit autre chose que la philosophie avec Gassendi ; et si l'exemple du maître ne l'excita pas à donner le plus tôt possible « le ton aux gens d'esprit et aux ivrognes, du Marais (1) », il ne l'en détourna que modérément. Gassendi ne voyait ni mal ni demi-mal à un brin d'insouciance agrémentée de fredaines. La dignité des philosophes, même d'un tel si honnête philosophe, se distinguait alors de l'ankylose. Et quand je disais, tout à l'heure, que l'imagination poétique de Molière avait dû nouer en ce printemps-là, je sous-entendais que les raisins fleurissent et nouent aussi. La poésie n'est pas toute sur les lacs et sur les nacelles. Molière n'eût jamais été poète à ce compte. Buveur, viveur, mais rêveur très peu en ces années de gaîté, il ne borna pas même aux leçons extra-philosophiques de la jovialité gassendiste le cours de ses études supplémentaires. G. Colletet, Faret, Saint-Amant, Blot, Beys, Dassoucy, toute la bande libertine salue en lui un prochain émule, voire même l'héritier d'un défunt Gaulois inoublié. Un soir que Saint-Amant, au fond du cabaret du Chêne-Vert, achevait ce couplet évocateur :

> Théophle, Bilot, *Molière*,
> Qui dedans une triste bière
> Faites encore vos efforts
> De trinquer avecque les morts ;

(1) Boloeana.

> Fameux buveurs, troupe fidèle,
> Tous ensemble, je vous appelle,
> Dans ces lieux de pampres couverts
> Pour m'aider à chanter ces vers.... (1).

ce soir-là, le fils du tapissier Poquelin apparut comme un revenant, et le Molière mort depuis vingt ans sembla revivre. Avait-il assez entendu parler de l'auteur de *Polexandre* pour l'imiter à faire illusion — en buvant — cet échappé de collège qui, à l'évocation mélancolique d'un maître ès-beuverie non remplacé, répondait tout à coup par une si manifeste aptitude rabelaisienne que l'ancien Molière et Poquelin n'en firent plus qu'un, un Molière nouveau, et que les deux furent confondus dans le même nom ? Les connaisseurs ne les distinguèrent plus. Pour eux, adopté par le jeune Poquelin lui-même ou décerné par le cénacle en manière de réminiscence, en l'honneur d'un classique de la bouteille, ce nom de Molière était le *Tu Marcellus eris* du poète. La vieille et toujours jeune muse gauloise, qui l'avait déjà reconnu pour un de ses fidèles chez Gassendi, le sacrait sien une fois de plus, après boire, par le baptême du vin !

Au fond, et pour parler sans figure, le pseudonyme de *Molière* dont Jean-Baptiste Poquelin ne semble avoir fait un usage positif dans les actes qu'en 1644, notre poète le porta-t-il dans l'intimité pour ses familiers, dès cette séance du Chêne-Vert où il l'aurait reçu comme par souhait de bienvenue et en don de joyeux avènement ? ou bien, en souvenir des relations de sa mère et par suite d'une impression d'enfance à la lecture de *Polexandre*, dans une pensée

---

(1) *Œuvres de Saint-Amant*, édition Faret. 1646. — (Date à noter).

recueillie et pieuse, voulant se placer sous un patronage doublement cher, avait-il tenu à prendre ce
nom de Molière par droit de possession domestique
et comme un page — un page de lettres — prend les
couleurs de son maître? De prochaines circonstances
souligneront encore ces deux suggestions parrallè-
les, mais en 1640, c'est plutôt la première qui l'emporte. Molière n'était pas un élégiaque, et ses fré-
quentations d'alors n'engendraient pas l'hypocondrie.
— Désormais, du reste, à l'exemple ou en compagnie de ses amis de tout âge, Molière garda l'habitude d'aller demander à la société joyeuse des cabarets
une diversion à ses travaux ou à ses soucis. Plus tard,
avec Boileau, il vint là chercher, trop vainement,
sinon l'oubli, du moins un peu de répit à la mortelle
douleur de ses déceptions conjugales. A l'époque où
nous sommes, à côté des anciens de la tribu des libertins fameux, dont de nouvelles recrues augmentent au
jour le jour le nombre, Molière vient s'asseoir assez
souvent avec ses condisciples de la veille. Les cabarets
sont aussi des cénacles littéraires. Les réputations
s'y ébauchent et parfois s'y achèvent. Jeunes et vieux,
les rangs se mêlent en toute occasion. G. Colletet
nous a conservé le compte-rendu d'un *Dîner à la
Croix de Fer* qui date de 1641. Ces sortes de dîners
étaient le plus efficace moyen de réunion générale :
et la physionomie de ces assemblées gastronomiques
et cosmopolites est curieuse à retrouver dans le sonnet du poète — que Molière connut beaucoup.

> De quinze ou seize au moins que nous sommes ici,
> Papistes, huguenots, de différent mérite ,
> L'un fait le libertin, l'autre fait l'hypocrite,
> L'un plaide pour Sedan et l'autre pour Nancy.

> L'un raille un nez pointu, l'autre un nez raccourci ;
> L'un censure un poulet, l'autre une carpe frite ;
> L'un entre, l'autre sort ; l'un rit, l'autre s'irrite ;
> L'un réforme l'État, l'autre vit sans souci.
>
> L'un s'entretient d'amour et l'autre de chicane ;
> L'un parle de sa bure et l'autre de sa panne ;
> Moi je mange en repos et bois sans dire mot.
>
> Ami, qui les connais d'esprit et de visage,
> Vis-tu jamais ailleurs un repas si falot,
> Et parmi tant de fous un Poète si sage ?

Chapelle aussi nous a laissé une description d'un pareil *Dîner*, *à la Croix de Lorraine*, cette fois. Mais il est postérieur au retour de Molière de ses campagnes en province, et se place entre 1660 et 1663. Il n'est pas daté; Molière y joue un rôle, et l'on constate qu'il « buvait assez »,

> Pour, vers le soir, être en goguettes.

Le monde qu'on trouvait là, à certains jours, était un composé de tous les mondes, du meilleur et du pire. Artistes et poètes y dominaient ; et pour les jeunes gens la conversation avait parfois l'attrait d'un véritable cours de littérature. Même durant ses excursions en province, Molière resta assez fidèle à ces relations pour ne jamais les rompre entièrement. C'est qu'il en connaissait l'utilité. N'est-ce pas là qu'il avait peut-être fait applaudir ses premiers vers ? N'est-ce pas à lui qu'on pense en lisant la pièce de G. Colletet « pour un excellent poète bégayant ? » Et ne sera-t-on pas tenté de voir une allusion encore à Molière dans le *Muscat promis*, dont la date correspond au temps des pérégrinations dans le Midi et qui est si curieusement particularisé par le nom de comédie du destinataire : « Argant ? » comme aussi par la qualité de « seconde fleur de mes amis », c'est-à-

dire de la seconde génération des « amis » du poëte :
— sans qu'on soit fondé à s'inscrire en faux, à crier
à l'anachronisme, sous prétexte que la première représentation du *Malade imaginaire* n'eut lieu que
bien des années après? Le *Malade imaginaire*, comme la plupart des comédies de Molière, avait été
ébauché et joué en farce d'abord, en Languedoc : ce
que je prouverai autre part. Sans vouloir faire vio-
lence, d'ailleurs, à la foi du lecteur, sur ce point de
faible signification en lui-même, il n'est que juste de
faire observer qu'il prend de la valeur, à la manière
des zéros mis à la droite d'un autre chiffre. En tête
de tous les recueils de vers publiés, de 1640 à 1659,
par les amis personnels de Molière, et qu'on retrouve,
là, se louangeant par réciprocité de flatterie, Colletet
père et fils apparaissent invariablement. Bien plus,
comme son ami Gassendi, G. Colletet a le goût du
théâtre ; loin de lui déplaire de voir son fils lui res-
sembler en cela, il l'encourage à le cultiver même par
la pratique active de la scène. Ce n'est sans doute pas
révéler un grand secret que de dire que, avec les conseils et le concours de son père, ce fils monta sur les
planches en amateur, de bonne heure, comme Molière ; — mais peut-être révélerai-je un détail ignoré
des biographes de Molière, si je certifie que cette tentative dramatique fut contemporaine des tout premiers
débuts de Molière lui-même avec les « enfants de famille », ses associés, d'après La Grange, et d'où naquit
l'*Illustre Théâtre*. Ils étaient tous du même âge, du
même milieu, dans le même courant ; tous ils étaient
des « écoliers » de la même promotion artistique. La
mention accordée par La Grange, et si longtemps après
sa date, à un fait qui aurait pu ne pas laisser trace
dans sa mémoire, est un indice du haut degré d'at-

tention qu'il avait attirée, comme une sorte d'événement ; or, de son côté, non plus, si tant est que la
troupe du jeune Colletet et de ses camarades fit bande
à part, de son côté, la chose n'était point passée ina-
perçue, il s'en faut, car Colletet père, prenant l'affaire
à cœur, avait en sa qualité d'Académicien, adressé un
appel en vers, une *Invitation à MM. de l'Académie
française*, au nom de son fils et des collaborateurs
de son fils, leur disant :

> Visitez notre scène et jugez en grands maîtres
> De petits écoliers...

— Ces tentatives sortaient donc des limites d'un
puéril amusement. Elles voulaient être prises au sérieux. Mais les deux entreprises simultanées, identiques, en quoi diffèrent-elles ? Existèrent-elles séparément ou n'en firent-elles qu'une seule et unique ?
Pour l'érudit qu'une imperceptible nuance n'arrête-
rait pas et qui ne se ferait pas un scrupule, illusoire
peut-être, d'accorder à la vraisemblance la plus péremptoire, la plus rigoureuse, les droits absolus de
la vérité démontrée — où serait le moyen de le contredire, si la force de la conviction l'entraînait à
déclarer que Molière et Colletet fils débutèrent ensemble ?

La réhabilitation des cabarets de l'an de grâce 1641,
(car c'est au carnaval de 1641 que doit être fixée la
tentative dramatique des écoliers et enfants de famille) ; cette réhabilitation — si le besoin s'en faisait
sentir — j'en laisserais le soin à d'autres : ce n'est
donc pas pour leur plus grande gloire que je relève
et relate ces multiples particularités. Mais il importe
de les considérer sous leur véritable aspect, dans
leur véritable action artistique et littéraire, et de leur
faire leur juste part d'impulsion dans les tendances

rénovatrices affichées par la jeunesse des écoles. Ils faisaient office de foyers générateurs et propulseurs d'enthousiasme poétique. La nouvelle génération y prenait le mot d'ordre de l'ancienne, un mot d'ordre tout autre que celui qu'elle avait pu recevoir dans les collèges. En sortant de chez les Jésuites du collège de Clermont, par exemple, Molière avait essentiellement un autre stage à faire pour ne pas manquer sa carrière ; il lui restait à passer par ces noviciats de l'esprit gaulois, par les cabarets. Il n'avait pas à craindre, au reste, de s'y dépayser. Son oncle, Nicolas Poquelin, — le même dont la charge de « tapissier, valet de chambre du roi, » était passée en 1631 sur la tête de son père avec survivance à son profit,¹— Nicolas Poquelin, maintenant « concierge », c'est-à-dire administrateur de l'hôtel de Liancourt, savait le chemin de *La Croix de Lorraine*, du *Chêne-Vert* et autres lieux, ne fût-ce que pour l'avoir vu prendre à Saint-Amant au sortir de chez M. de Liancourt. C'est à ce grand seigneur, ami éclairé et libéral des arts et des lettres, que Saint-Amant avait dédié une partie de ses *Œuvres* ; et si haut classé que fût cet illustre gentilhomme, l'honneur d'être admis à son hôtel n'était pas incompatible avec l'habitude de s'attabler à *La Croix de Fer*. Saint-Amant avait les coudées franches : il n'en vidait que mieux son verre ; mais le discrédit que les satires de Boileau ont jeté sur lui, comme sur quelques autres, est une iniquité en ce sens que l'homme ne s'est pas relevé de la déconsidération de l'écrivain. Faret a été tué pour la richesse de la rime à *cabaret* ; et c'est en vain qu'il était l'auteur, et l'auteur compétent, de *L'Honnête Homme*. Ni l'estime, ni l'amitié des plus grands personnages ne les devaient protéger contre une diffamation littéraire qui, du même coup, déshonorait la vie privée. Il faut au préalable s'abstraire des pestilences de cette cuistrerie délétère de Boileau pour comprendre que ni Faret, ni Saint-Amant, ni Colletet, ni Dassoucy même ne constituaient, vraiment, en l'année 1641, une mauvaise société, et pas davantage une compagnie de grotesques à mettre en fuite un jeune homme spirituel et qui se respecte. Molière n'avait rien à perdre avec eux. Il n'avait qu'à y gagner — et beaucoup.

En quoi, comment les Faret, les Saint Amant, les Colletet, les Dassoucy, et les Beys et les Des Barreaux, et tous ces soi-disant piliers de cabarets pouvaient-ils contribuer aux progrès et aux succès de Molière ? Je laisse de côté ici la question purement littéraire, qui sera reprise et traitée ailleurs. Mais, d'ores et déjà, que les lettrés qui n'estiment pas qu'une longue jachère de deux siècles sur toute une partie, et non la moins originale, du domaine poétique de la France, équivaut à une mise sous séquestre et sans appel ; que les lettrés curieux et indépendants qui ne considèrent pas les « arrêts » de Boileau comme prohibitifs à jamais de toute exploitation ou simple exploration des terres en friche, — que ceux-là s'y aventurent, et par la cueillette d'idées et d'expressions toutes semblables à une foule d'expressions et d'idées comiques de Molière, ils se rendront compte de la fertilité du terrain ! Le relevé des inspirations fournies par Boileau au grand comique, si l'à-peu-près du néant peut être inventorié, est ce qu'il est, et je m'en rapporte aux commentateurs qui voudront opérer ce recensement. Mais ce travail, s'il est accompli, qu'on en mette donc le résultat en regard et en comparaison d'un semblable inventaire pratiqué dans les *Œuvres* des proscrits ! Alors, mais alors seulement, on pressentira ce que, comme poètes, ces victimes de Boileau furent pour Molière. — Savez-vous bien, pour ne citer qu'une particularité de langue, — savez-vous bien qu'il n'y a pas un terme, un vocable, une formule encore inexpliquée des éditeurs de Molière, qui n'ait sa clef dans le burlesque Dassoucy ?

> Et jusqu'à Dassoucy, tout trouva des lecteurs,

dit le satirique dégoûté de « tout ». Je constate que Molière fut de ces lecteurs-là. Et je passe à la question des services pratiques et productifs rendus à Molière débutant par les flétris de Boileau.

Collectivement, en général, ils furent ou de véritables collaborateurs comme Ch. Beys et Dassoucy encore, que nous allons retrouver à ses côtés, à l'œuvre, ou des conseillers et des répondants : conseillers vis-à-vis de Molière lui-même, répondants vis-à-vis des hauts personnages et des gouverneurs de province dont ils étaient respectivement les secrétaires particuliers. Ainsi Faret auprès du comte d'Harcourt, gouverneur de Guyenne (1642-43), puis gouverneur de Normandie (1643-44) ; ainsi Saint-Amant auprès du duc de Retz, gouverneur de Normandie, avant le duc d'Harcourt, puis retiré en Bretagne ; ainsi Des Barreaux, réfractaire à toute chaîne, toujours en marche, mais devant qui s'ouvrent toutes grandes les portes des châteaux et des riches maisons de ville, et que Molière trouvera à Vienne, chez Boissat, en Languedoc, chez le comte de Clermont-Lodève, en Angoumois, un peu partout, et toujours comme une sorte de joyeux introducteur. Dans ses campagnes théâtrales en province, les uns seront des correspondants, les autres des manières de fourriers. Même absents, par leurs amis qui seront les amis de Molière, on reconnaîtra le dévouement qu'ils déploient à se faire en toute rencontre les instigateurs de sa bonne fortune. On dirait qu'ils se déclarent cautions de son avenir et qu'ils ont charge d'esprits. Cette solidarité amicale, nous la verrons à l'œuvre, surtout dans les moments difficiles. — Mais l'heure est toute à la joie des premières bienvenues et des premières initiations — des premières initiatives aussi.

On a pu voir — en fait d'initiatives — que nous plaçions au carnaval de 1641 le premier essai d'organisation de troupes, entre amis d'enfance, la première représentation théâtrale, sur une scène d'écoliers, dont l'histoire de Molière ait sérieusement à s'occuper. Cette tentative implique non seulement une vive passion pour l'art dramatique, mais, il faut bien en convenir, un commencement de talent, si inexpérimenté qu'on le veuille croire. Où, quand et comment Molière, pour ne parler que de lui, où, avait-il acquis cette rudimentaire habileté d'amateur qui monte en grade et joue en acteur de vocation et d'intention ? — Admettez qu'il ait vraiment réalisé cette fameuse odyssée hasardeuse qu'on sait, de 1632 à 1636. A-t-il pu en rapporter autre chose qu'un bénéfice d'impressions confuses, sans analyse et sans notion d'art qui les tourne et les applique à l'avantage de son tempérament personnel ? Mais rien ne prouve qu'à cette époque la vie de Molière ait différé de celle des autres fils de famille de son âge et de son temps ; rien n'atteste qu'il ait été plus souvent que d'autres écoliers aux spectacles, et à d'autres spectacles que ses camarades. Et de l'incertitude relative à sa fréquentation extraordinaire du monde dès théâtres, comme de son impossibilité plus que probable d'en retirer alors quelque fruit, quelque enseignement professionnel, force nous est de conclure que la véritable éducation artistique de Molière correspondit, par la date, à la fin de ses études au collège et surtout au cours de philosophie de Gassendi, cours contemporain lui-même de l'entrée désormais habituelle de Molière dans les cénacles littéraires des cabarets en vogue et à la mode. Une fois dans l'intimité des poètes gauloisants, il n'y a plus à demander avec qui il va aux représentations, ni à quelles, quand il lui prend envie de n'y pas aller seul. Ses compagnons sont tout trouvés. Le public des théâtres, de tous les théâtres, n'est pas formé de plus assidus spectateurs que ces « libertins » de la *Croix de Fer* ou de la *Pomme de Pin*, de chez Le Cormier ou de chez La Coiffier (1). Par exemple, quel plus fidèle amateur, quel Parisien plus friand de farces ou de tragédies, laisse-t-il moins sa place à d'autres que le poète et « beuveur » Saint-Amant ? La seule pensée de s'éloigner des théâtres lui gâte le plaisir d'être fêté en libre ami, « à sa table, » par l'excellent et généreux duc d'Harcourt. Combien il préfère, de concert avec son « vieux père Faret », « au cabaret, »

> Célébrer l'un l'autre, à leur tour,
> La santé du comte d'Harcourt !

C'est que, du cabaret aux théâtres, il n'y a pas loin. Avez-vous supposé un instant, par exemple, que Molière s'était mis à faire des connaissances capables de le détourner des spectacles ? Saint-Amant l'y ra-

---

(1) Un huissier de ce nom, le fils de La Coiffier, sera plus tard chargé du recouvrement de la dette de Baratier au profit de Madeleine Béjart.

mènerait plutôt de force. Il faut voir avec quel ennui désolé il se résigne à quitter Paris pour suivre son maître, hier à Bordeaux, aujourd'hui à Rouen :

> Adieu, bel Hôtel de Bourgogne,
> Où d'une joviale trogne
> Gaultier, Guillaume et Turlupin
> Font la figue au plaisant Scapin !

Il ne s'en va que pour revenir le plus vite possible. — Molière au cabaret était donc à bonne école pour ne pas se dégoûter de la comédie. Souvent, au surplus, il put constater qu'en la compagnie du « bon gros Saint-Amant » et du « vieux père Faret » — il n'était pas avec des gens moins « jeunes » que les jeunes gens de son âge. Ces Gaulois avaient toujours vingt ans : le nombre de fois n'y faisait rien !

Mais voulez-vous juger, par un exem le très topique, de la popularité de ces poètes en province comme à Paris, et du rôle vraiment considérable qu'ils jouaient, sans pose et sans morgue, à la bonne franquette — à la française ? Un jeune provincial, un Dauphinois de distinction — (dans la répartition des quolibets populaires de province à province, les Dauphinois étaient dits « nés pour la cour »), — Nicolas Chorier, « de Vienne en Dauphiné, » qui devait finir par écrire des livres pour l'instruction du fils de Louis XIV, vint à Paris, au printemps de cette année 1641, où nous sommes toujours. Il venait prendre le vent, respirer l'air de Paris, et se créer des relations. L'académicien Boissat, jadis attaché au dernier duc de Montmorency, à titre de gentilhomme de sa chambre, l'avait recommandé à quelques amis, Académiciens et autres : Colletet père, Mézeray, le médecin Lagrange, Baudouin, « maistre d'hôtel du Roy, » l'abbé de Cerisaye. Il aurait pu le recomman-

der tout aussi bien à Saint-Amant, car ils avaient
appartenu ensemble à la maison du duc de Montmorency : à côté de sa maison militaire, le duc avait
sa maison littéraire, ce qu'il aurait pu appeler, selon
un mot de Richelieu, son « académie de campagne, »
— s'il eût été d'humeur à prendre si peu de chose à
Richelieu. Mais Boissat, avait été devancé, dans ses
bons offices auprès de Saint-Amant, par Chorier lui-
même. Chorier s'était déjà recommandé par ses poésies. Il lui était venu « à l'esprit d'imiter l'*Andro-*
« *mède* (1636) de Saint-Amant, — célèbre poète de
« cette époque, » ajoute-t-il dans ses *Mémoires*, —
car cette célébrité n'était plus qu'un souvenir à la
tout autre « époque » où ces Mémoires étaient écrits.
De Saint-Amant, Chorier, à la fin de sa vie, était
tombé ou monté — lequel faut-il dire ? — à Montau-
sier. Boileau était passé par là : Rome remplaçait
Lutèce et Paris. Juvénal avait pris un faux-nez pour
assommer Le Pelletier avec d'atroces vers, roides
comme la justice. Mais en 1641, c'était autre chose :
Saint-Amant était quelqu'un, et Boileau lui-même
n'en eût pas dit du mal. Or, Chorier, qui d'ailleurs
n'aimait pas moins à rire qu'à s'instruire, Chorier,
pour n'avoir pas à se reprocher de n'avoir rien vu à
Paris, s'il n'y voyait pas Saint-Amant — alla le voir.
Une certaine tragédie de *Darius,*

(Mon fils en rhétorique a fait sa tragédie !)

une tragi-comédie d'*Alexandre de Romare*, « nom
inventé par moi », dit l'auteur (on est fixé); des «odes»,
des « poèmes » dans tous les genres de « vers admis
par la poésie française » — tout ce bagage, sans
compter des projets de poèmes sur la *Joie publique*
et la *Danse théâtrale*, tout cela prête bien un peu à la

visite de Chorier à Saint-Amant une arrière pensée
d'un désintéressement imparfait, sous une apparence
d'admiration proclamée. N'importe ! Chorier voyait
en lui, et sincèrement, un maître et un modèle. —
Vous m'objecterez que c'était là un engouement de
provincial. Boileau, direz-vous encore, peut-être,
Boileau a, Dieu merci, assez raillé les goûts des lit-
térateurs « campagnards », pour que la démarche de
Chorier en cette affaire ne tire pas à conséquence —
au contraire ! Boileau a fait ce qui lui a plu ; mais
dans le *Repas ridicule*, Molière et Lambert faussè-
rent compagnie, et il n'en était pas de même aux
agapes gauloises du *Chêne-Vert*, de la *Croix de Lorraine*, de la *Pomme du Pin*, où Chorier et Saint-
Amant eurent le plaisir de se retrouver, coudes sur
table. Les statisticiens de curiosités méticuleusee
peuvent s'assurer que, dans les *Œuvres poétiques* de
Saint-Amant, il n'y a pas un seul « poulet » galant.
Il les aimait mieux d'autre sorte, les poulets. Ce
n'est pas pour rien qu'on se vante d'être et qu'on est
« un goinfre » ; et lui savait s'amuser à l'être.
« Table, » avec lui, rimait à « propos délectable. »
Jeune et spirituel, « le gentil et savant Molière », —
j'emprunte cette expression à Chapelle, — Molière, en
un mot, bon, loyal et jovial, ne demandait pas l'a-
grément qu'on pouvait prendre à ces beuveries et
causeries : il savait à quoi s'en tenir ; et de même,
comme lui, bien des hommes de bon sens en tous
sens — c'est-à-dire sensés, sensibles et sensuels !
Molière alla plus loin. Ce « campagnard » — il ne
soupçonnait pas la venue de Boileau — ce campagnard de Chorier l'effrayait si peu, côte à côte, à
dîner, qu'il alla jusqu'à Vienne dîner avec lui encore,
et pas bien longtemps après ces dîners dans tel ou

tel cabaret parisien — qui rimait du moins à quelque chose en rimant à Faret.

Libre à ceux qui ne conçoivent pas que Saint-Amant pouvait mener loin — de toute façon — le jeune Molière ; libre à ceux-là, dès à présent et jusqu'à plus ample informé, soit à un chapitre suivant, — de ne voir aucun rapport de cause à effet entre le premier passage de Molière à Vienne et ces premières entrevues de Molière et de Chorier à Paris, sous les auspices de Saint-Amant. A tout prendre, on n'affirmera pas que Chorier fuyait les théâtres et que même il ne composait des pièces dramatiques qu'avec le plus invincible éloignement de les y faire jouer. Quand il rappelle dans ses *Mémoires* — et ces *mémoires*-là sont ceux du seul homme de province qui ait dit avoir connu Molière en province — quand il rappelle sa mise en relation, «en 1641,» avec Colletet à Paris, et qu'on sait sa passion pour l'art et la littérature dramatique, sachant en outre ce que nous savons des dispositions du fils de Colletet, devons-nous le supposer ennemi de lui-même et de ses plaisirs, au point de s'être bien gardé de frayer avec cet « écolier » de la scène, qui essayait, probablement avec Molière, de faire parler de ses talents à Paris, en ne souhaitant pas moins que de se faire applaudir de toute l'Académie française assise au parterre ? Il me semble que la logique des faits connexes, logique dont je ne suis pas l'inventeur, est bien capable, par voie coërcitive, de rattacher ces divers synchronismes, y compris les synchronismes moraux, et d'en faire une chaîne reliant Colletet père et Saint-Amant, et Colletet fils et Molière — et à tous ensemble, l'un à l'autre, le viennois Chorier ! L'histoire en général a faculté de prise de corps, et c'est le cas pour l'histoire de Molière en particulier de faire valoir de tels droits. Chorier s'est d'ailleurs vanté d'avoir vu Molière à Vienne après, peu après l'année 1641 ; — il faut le retenir, afin qu'on sache pourquoi !

Dès ce printemps de 1641, Chorier demeura, au fond et en apparence, enrégimenté à la jeunesse parisienne, qui rêvait par et pour le théâtre, peut-être la fortune, la gloire certainement. L'enrôlement, malgré la distance — Chorier demeurait à Vienne — n'existe pas moins. Et remarquez, pour mettre en repos les préjugés, remarquez qu'une ordonnance royale de cette même année, de ce même printemps, du 16 avril 1641, consacrait, exaltait ce mouvement des jeunes esprits, par la réhabilitation morale, sociale et légale des comédiens aux yeux de l'Etat, du roi et de la loi. La condition des acteurs était déclarée officiellement honorable, d'indigne et d'infâme qu'on la traitait d'habitude dans les églises et dans les prétoires. Justice était royalement et solennellement rendue à cette profession, désormais mieux que libérale, libérée. Un tel événement à lui seul suffisait pour promouvoir d'une poussée irrésistible l'ambition dramatique de tous ces jeunes Français qui, retenus par la crainte d'une déchéance publique, n'attendaient qu'une pareille occasion pour s'y livrer corps et biens. — Ce jour-là, on comprit, sans doute, dans la maison de Jean Poquelin, marchand tapissier, au coin de la rue des Vieilles-Etuves et de la rue Saint-Honoré, on comprit qu'il y aurait désormais en France un tapissier de moins, un comédien de plus. Le doute n'était possible que sur le point de savoir lequel y perdrait davantage, de la tapisserie ou de son jeune transfuge. C'était encore trop tôt pour en rien préjuger. Molière lui-même n'en savait rien, quoiqu'il n'eût pas de doutes à cet égard. L'avenir lui a donné raison, mais non sans peine des deux côtés — surtout du côté de Molière. Une destinée comme la sienne, où le génie exige une si « longue patience, » — si longue, qu'il fallait être Molière pour ne pas la perdre, — une telle destinée ne s'improvise pas.

Et quel enjeu n'apportait-il pas dans cette terrible partie où tout pouvait sombrer, même l'honneur ! Vous l'avez vu naître dans une famille honorée, honorable, et riche, où le commerce ennoblit ses prospérités d'une couleur artistique dans le marchand et dans la marchandise ; il est le fils d'une mère charmante, comme la fine fleur de nos Parisiennes pétries de vertu domestique et d'élégance mondaine, le fils d'un père sérieux et laborieux, mais aux sentiments élevés; il a grandi là, en jeune Parisien instruit, ayant santé et gaîté, et de l'esprit ; il possède à peu près tous les moyens de jouir des bienfaits de l'existence (car même quand sa mère est morte, une tendre aïeule l'a remplacée pour qu'il ne s'aperçoive pas trop qu'elle lui manque) ; — vous l'avez vu s'épanouir là, dans un présent comblé des bonnes grâces de la fortune souriante, en face d'un avenir que la prévoyante sagesse paternelle a d'avance assuré, — et, là, arrivé à vingt ans, déjà mêlé par l'éclat de sa vive intelligence et par le succès de ses études à cette vie parisienne d'alors où, comme aujourd'hui, à défaut de naissance, le talent comptait double, — arrivé à vingt ans, un jour, de dessein prémédité, ayant tout pesé, ayant dressé le bilan de sa jeunesse, renonçant au loisir et peut-être au plaisir, un jour, il fait son deuil de tout cela ! Et rien n'en est mis en balance avec le périlleux inconnu d'une carrière que son imagination dore des reflets lointains, incertains, d'un rêve de

gloire. A cette maison heureuse il préfère le théâtre
et ses tracas et ses embarras, et ses traverses et ses
revers. La vocation l'emporte. Eh ! ne dites pas que
le sacrifice ne fut pas si grand ! et qu'il n'était pas si
riche ! et qu'il ne pouvait pas être si heureux ! Avant
la découverte des derniers documents qui tirent au
clair sa position de famille, un ennemi de Molière,
Donneau de Visé, écho malgré lui sincère de l'opinion
de ses contemporains (car c'est bien malgré lui qu'il
grandissait le mérite d'un rival de tout le prix d'un
rare et presque héroïque désintéressement), Donneau
de Visé, dans ses *Nouvelles nouvelles*, avait dit :
« Le fameux auteur de l'*École des Maris*, ayant eu
« dès sa jeunesse une inclination toute particulière
« pour le théâtre, se jeta dans la comédie, quoiqu'il
« se pût bien passer de cette occupation et qu'il eût
« assez de bien pour vivre honorablement dans le
« monde. »

Il est vrai que même ceux qui dénient la fortune à
Molière, au moment où il y a du mérite à lui de renoncer à en jouir, ceux-là mêmes le font à bonne intention et parce qu'ils sont convaincus que', de la
pauvreté à la gloire, le piédestal du grand homme
gagne toute la distance en hauteur. Mais qu'ils se
trompent encore ! Combien plus amères devaient
être les épreuves, à ce fils de famille qui n'y était
point préparé, quand vinrent les privations, la misère et la prison pour dettes ! et qu'il y eut de sa part
et plus de vaillance et plus de force de caractère à
souffrir effroyablement, sans plainte, sous l'aiguillon
des souvenirs, sinon des regrets du passé ! Mais, ce
n'est là, en un sens, que le supplice du corps, et
l'égoïsme de la chair ne tourmente pas les hautes
âmes. Le véritable martyre fut tout autre et plus tar-

dif. Le martyre commença, vraiment, le jour où par un immense besoin de ressaisir, pour s'en rassasier, enfin, les joies ineffables, enivrantes et sublimes de la vie de famille, celles dont son enfance avait eu la radieuse vision, il s'aperçut, hélas ! qu'elles n'étaient plus faites pour lui ! C'est alors qu'il commença, le martyre, par les terribles représailles de sa délicatesse native refoulée, et condamnée désespérément aux angoisses d'une lamentable comparaison entre sa mère et sa femme !

II

1641 — 1642

Les Béjart. — Les Guise. — Le comte de Modène et Madeleine
Béjart. — Les Frères L'Hermite. — Première excursion comique
en Province. — Vichy, Roanne, Villefranche. — Grenoble et
Sainte-Jalle. — Lyon et les troupes nomades. — L'art et la littérature dramatique dans le Midi.

L'année 1641 est aux équipées fameuses. Coup sur
coup, la rue des Vieilles-Étuves est en émoi, à ses
deux extrémités, par une double mise en campagne :
d'un côté, c'est le comte de Soissons qui part pour
cette fatale expédition qui finira à la Marfée ; de
l'autre côté, c'est le fils du tapissier Poquelin, qui
part pour tenter la fortune du théâtre. Des deux entreprises, celle qui, seule, était alors un événement,
est désormais celle qui compte le moins. Mais qui
songeait, qui pouvait songer, alors, que l'histoire eût
un jour à s'occuper de ce fils de bourgeois, dont la
petite chronique du quartier ne s'occupait guère elle-
même ? Le très illustre gentilhomme qui essayait de
faire échec à la puissance royale était, certes, un autrement grand personnage que le nommé Jean-Baptiste
Poquelin ! Pourtant, la perspective des siècles les a
tellement disproportionnés, que le grand seigneur en
est rapetissé, effacé, qu'il en est imperceptible, auprès
de l'inconnu d'alors, dont la personnalité domine à
présent plus que la scène française, la scène même
du monde. — Or, par suite d'une de ces répercus-
sions de causes à double détente qui produisent des
résultats contigus et parallèles, presque à l'heure

4

même où le comte de Soissons entraînait dans son échauffourée le duc de Guise et ses partisans, Jean-Baptiste Poquelin attirait aussi, comme dans l'orbite de son génie naissant, entre autres affiliés de son ambition irrésistible, toute une famille d'artistes sans le vouloir, sinon sans le savoir, et qui allait être, en s'associant à ses projets, l'inséparable et l'incomparable collaboratrice de son œuvre. J'ai nommé la famille Béjart. Elle était domiciliée rue de la Perle, à l'un des bouts de cette rue du Temple qui, par l'autre bout, menait droit à l'hôtel de Guise, situé à l'angle de la rue des Blancs-Manteaux. Tandis que le comte de Modène, attaché à la maison de Guise, suivait son maître et chef de file, sa romanesque amante, Madeleine Béjart, se décidait à suivre Molière.

Il était réservé à cette famille Béjart d'épuiser la médisance de trois siècles, sans l'arrêter par un appel à la justice. Toute gloire s'expie en ce pays de France, surtout la gloire d'avoir été lié et allié à un grand homme, qui fut un grand honnête homme. Parmi les plus ardents admirateurs de Molière, il en est, surtout les érudits, qui ne sauraient se contenter d'être, sur cette famille, de l'opinion de Molière. C'est à qui la vilipendira de son mieux, avec tout l'acharnement forcené d'une curiosité futile et subtile, et trop peu simple pour être saine. C'est à qui découvrira — dans je ne sais quelles meules de foin — une aiguille empoisonnée pour en piquer et la mémoire et l'honneur des Béjart ! Ah ! du moins, ma conscience d'historien aura le soulagement de pouvoir se mettre — du parti de Molière — contre leurs diffamateurs ! Car moi aussi, j'ai quelque prétention au savoir sur ce point controversé à outrance, et si je ne vais pas chercher de pointilleux détails, pour le plaisir de les retourner contre l'honorabilité de ces amis et parents du cher grand homme, je vois très bien de quels secours sont les traits de mœurs intimes pour éclairer un type comme une époque ; et j'entends ne laisser à nul moliériste le privilége de les connaître, quand il suffit d'apprendre où on les trouve. Ces détails intimes, ces traits de mœurs, oui, je me suis appliqué à n'en ignorer aucun, puisqu'il semble admis ici que l'esprit d'une famille comme l'esprit d'une société, se dégage, à la façon de l'électricité — par des pointes. L'étincelle en jaillira donc ! Et à la lueur de cette molécule de vérité, l'ensemble d'une vie entière va s'éclairer peut-être et se montrer sous un aspect nouveau.

Tous les secrets ressorts, tous les enchaînements de la cohabitation parisienne n'ont pas été assez lucidement révélés et démêlés avant nous, pour qu'un seul érudit ait pu comprendre encore le mécanisme psychologique qui préside à cette combinaison de faits corrélatifs : l'entrée en campagne militaire du comte de Modène avec le duc de Guise et le comte de Soissons, — et l'entrée en campagne théâtrale de Madeleine Bejart avec Molière. On n'a pu qu'entrevoir la trame générale ; les fils essentiels ont échappé. L'origine provinciale des Béjart, en restant cachée, perpétuait l'enigme. Or, voici la clef de cet ingénieux mécanisme. Les Béjart étaient originaires du coin de province où se confondaient le Beaujolais et les Dombes sous la commune suzeraineté des Montpensier. Ni Jal, ni aucun véritable investigateur d'archives n'a pu soupçonner acte ou trace de présence des Béjart à Paris, avant le commencement du XVIIe siècle — et pour cause. La première mention authentique date de 1606. Le mariage de la

duchesse de Montpensier avec Charles de Guise (1611)
fut la raison occasionnelle de leur établissement
définitif dans la capitale. Comme tant d'autres familles vivant à la remorque des grandes maisons
princières, celle des Béjart, durant la première période de son installation, resta en somme sous la
protection de ses maîtres et seigneurs. Ses patrons
d'hier étaient les Montpensier, ceux du jour et du
lendemain furent les Montpensier et les Guise. L'hôtel de Lorraine, résidence de Charles de Guise, était
rue Pavée et rue du roi de Sicile. Ce fut dans la rue
du roi de Sicile que les Béjart habitèrent une maison
qui fut le premier patrimoine parisien des six enfants dont se composait la famille. Jal a retrouvé les
prénoms de quatre d'entre eux : Nicolas, Charles,
Pierre et Joseph. Ils étaient six, et de là cette division en « six parts » de propriété de cette maison,
dont le morcellement a fort intrigué les érudits.
Nicolas, marié le 2 octobre 1612, acquit une charge
d'huissier sergent au Châtelet, sans s'éloigner du
foyer paternel : il se fixa au « coin de la rue des
Blancs-Manteaux », à ce même « jeu de paume »,
alors connu sous le nom d'Académie royale. Ce jeu
de paume n'allait pas être sans quelque ascendant
sur le voisinage. Nicolas Béjart alliait-il l'office
d'huissier à la profession, non inconciliable alors, de
« maître paumier ? » Peut-être ; et dans ce cas, le
goût des spectacles, chez les enfants de son frère Joseph, devait avoir là une suggestion et un aliment.
Mais Joseph Béjart qui s'était marié à son tour, le
6 octobre 1615, à Marie Hervé, n'était pas homme à
n'aimer la fréquentation des jeux de paume qu'entre
parents : que l'Académie royale fût dirigée par un
autre que son frère, ce n'était nullement un motif de

s'en refuser le plaisir. En allant demeurer dans la
rue de la Perle, à l'occasion de son mariage, il ne
quittait qu'à peine la rue du roi de Sicile; — et là encore il était à proximité des Guise. L'hôtel de Guise,
de l'aîné des fils, était, comme on sait, entre la rue du
Chaume et la rue des Blancs-Manteaux. C'est là,
sous les auspices de cette maison, dont une colossale
fortune décuplait, par les moyens matériels, la prodigieuse et encore prestigieuse puissance politique,
c'est là que s'élevèrent Madeleine et Joseph, c'est-à-
dire deux au moins sur les cinq de ses enfants appelés
à s'associer à Molière.

Joseph Béjart père, comme son frère, avait acquis
un office d'huissier — « d'huissier ordinaire du roy
ès-eaux et forêts de France, » — qui était loin d'être
sans profits. Il ne fallut pas moins que les charges
d'une nombreuse famille — plus d'une douzaine
d'enfants— pour l'empêcher de vivre dans une situation plus qu'aisée. Mais l'instruction donnée à tous
ceux que nous connaissons de ses fils ou filles, atteste
du moins, à sa louange, qu'il thésaurisait du côté des
intelligences. Nul, toutefois, n'est autorisé par un seul
document positif à faire trop peu de cas de la fortune
de Joseph Béjart, jusqu'en 1641. Encore n'est-il pas
prouvé qu'à cette date, la « pauvreté, » une pauvreté
relative et sous réserve d'inventaire, ait pu le décider
à se créer un supplément de ressources par une exploitation théâtrale en province. L'entreprise n'était
d'ailleurs pas de nature à nuire à la considération
dont il jouissait. Car on a beau les qualifier de «gueux»
et de « bohêmes, » ces Béjart représentent, on les estime, ils sont considérés : regardez seulement à la qualité des parrains de chaque enfant, et vous les traiterez
avec moins de dédain. Le scepticisme protecteur des

grands qui n'entendait que faire acte de condescen-
dance quand il se complaisait à un parrainage parmi
leurs « gens, » — honnêtes gens d'ailleurs ; — eût
été plus chatouilleux s'il se fût âgi de se se prêter à
des promiscuités trop vilaines. Et aux érudits qui
n'ont qu'un sentiment personnel d'antipathie ou de
répugnance à faire valoir pour appuyer l'extrême
sévérité de leur jugement sur les Béjart — car *bohême* ici
prend une acception honteuse, comme on le verra —
à ces érudits, n'est-il pas permis d'objecter le témoignage de faits autrement significatifs que leur mauvaise humeur ? Au nombre des amis de la famille Béjart, à la date du « 11 février 1822 », au baptême du fils
Jacques Béjart, je vois figurer comme parrain, non pas
cette fois encore un « conseiller du roy », comme un
autre, comme Alexandre Vachot, par exemple, mais
bien un homme de marque, et mieux que par son
titre, par son nom : « Nicolas de Malebranche, secrétaire de la Chambre du roi », — le père du philosophe Malebranche. Notez que le hasard n'avait pas
présidé à ce parrainage et que Nicolas de Malebranche, « suivant les finances, » jaloux de parvenir par
son mérite et par ses relations, eût été peut-être
moins qu'un autre disposé à la compromission d'une
accointance de mauvais voisinage, si la réputation
des Béjart eût été alors équivoque ; il n'en devait rien
ignorer, car il demeurait « rue des Francs-Bourgeois, »
c'est-à-dire dans le même rayon de surveillance morale, dans le même quartier. N'alléguez pas, d'ailleurs, que de 1622 à 1641 l'amitié des Malebranche
— car j'y ajoute le frère — était restée en route. Cette
amitié fut, au contraire, un des facteurs de la bonne
fortune qui échut à Magdeleine Béjart, et par elle à
l'*Illustre Théâtre*, le jour où le duc d'Epernon la

« retira du précipice » où nous la verrons tomber dans la suite. Soit dit sans anticiper, mais pour sortir sur le champ une allusion du vague : le frère cadet de Nicolas de Malebranche, prénommé Nicolas aussi, était intendant en Guyenne quand Molière et ses camarades y furent accueillis avec une éclatante faveur. C'est par de tels dessous que l'histoire des Béjart et de Molière ne perd pas à être soutenue et affermie. — Continuons à la mettre debout.

La considération de la famille Béjart, mise en péril par la romanesque liaison de Madeleine avec le comte de Modène, grâce aux sages précautions prises, survécut à l'aventure malheureuse qui pouvait la faire sombrer : encore n'est-il pas certain que le bénéfice des plus larges, des plus efficaces circonstances atténuantes n'eût à demi, et plus qu'à demi, réparé le coup désastreux porté à leur honneur. L'affaire est fameuse, et je me borne à la rappeler en deux mots, pour la commenter ensuite, afin de lui restituer son vrai caractère.

Tous les biographes racontent que, « le 10 juillet 1638 », fut baptisée à Saint-Eustache « Françoise, fille de Baptiste-Raymond, chevalier, seigneur de Modène et autres lieux, et de *demoiselle* Madeleine Béjart. » Le parrain était le propre fils de Modène, âgé de huit ans, représenté par Jean-Baptiste L'Hermite ; la marraine était Marie Hervé, mère de Madeleine. Ce fait étant une fois brutalement enregistré, les biographes, avec l'accent prud'hommesque de préposés à la défense de la morale, crient au scandale, et n'en reviennent pas. Le comble de l'abomination à leurs yeux, c'est que de part et d'autre on ait assez peu de délicatesse et de sens moral, pour qu'un tel parrainage se produise. Que ce gentilhomme marié à la

veuve d'un Lavardin-Beaumanoir, née elle-même de
la Beaume de Suze et vivante encore, ravale sa dignité
d'homme jusqu'à reconnaître l'enfant née de ses relations coupables avec cette Madeleine, et qu'il avi-
lisse — les grands mots sont d'usage ici — qu'il avi-
lisse le respect dû à l'enfance en associant le nom de
son fils légitime à cette infamie : — cela n'a d'égal
que la cynique impudence de cette mère d'actrice, de
cette Marie Hervé, épouse Béjart, qui, elle-même,
en femme sans scrupule et sans honneur, ose paraître là pour couvrir de son consentement et sanction-
ner de sa présence les odieux libertinages de sa propre fille ! La sortie sur ce point est devenue obligatoire, et peu d'érudits ont le bon goût de s'en abstenir, Tâchons de raisonner, cependant ! Et d'abord
soulignons quelques particularités de l'acte de baptême. Le comte de Modène n'est pas un si grand
personnage qu'il ait eu beaucoup à s'abaisser pour
se mettre au niveau des Béjart. Ils se piquaient de
prétentions nobiliaires plus ou moins justifiées : la
qualité de « demoiselle » donnée à Madeleine en est
une preuve, sans qu'il y faille chercher la gratuite
usurpation d'un titre destiné à flatter l'amour-propre
de M. de Modène en diminuant l'inégalité des conditions respectives. M. de Modène était de médiocre
naissance et de non moins médiocre fortune. Son
mariage avec la veuve d'un Lavardin n'avait été que
le caprice d'une femme galante ; il n'avait marqué
ni le commencement de sa sagesse, ni la fin de ses
débauches. Il n'avait été, à vrai dire, qu'un triomphe
momentané de ses vices. Ici, la séduction avait pris
une forme légitime ; ailleurs la promesse de se marier avait suffi. C'était « un grand débauché, » nous
dit Robert Arnaud d'Andilly, qui la connaissait bien.

Molière n'inventa pas les dons Juans de la pire espèce. Entre la veuve — qui se doit à son mari, à ses enfants — et la jeune fille, mal conseillée sinon mal entourée, qui ne se doit qu'à elle-même, quand la chute arrive, y a-t-il moins de honte à succomber ? Il n'y eut peut-être au fond d'autre différence de vertu entre la veuve de Lavardin, devenue comtesse de Modène, et Madeleine Béjart, dupe de l'espoir de le devenir, que la différence de leurs communes déceptions finales. Au risque d'ouvrir une longue parenthèse, comparons les deux existences.

La veuve échappa à l'adultère par un second mariage, et rien ne laisse supposer que, lorsque la séparation devint inévitable, il resta quelque sentiment chez elle, sous l'apparente gaîté de ses dissipations mondaines, qui eût foncièrement à souffrir d'avoir contracté cette nouvelle union, aussi peu honorable et durable qu'une vulgaire galanterie de quelques instants. Longtemps on a cru à l'existence solitaire, douloureuse et désolée de cette femme, qu'on se représentait au fond de son château du Maine pour y cacher à la fois l'amertume désespérée d'un outrageant abandon et la recrudescence des regrets tardifs, réveillés par l'infidélité du mari vivant, en faveur du mari mort. Elle était de complexion moins tragique et prenait plus gaiment les choses. En son château de Malicorne, dans le Maine, à Paris, chez son fils qui attendait sa nomination à l'épiscopat en compagnie divertissante, la femme séparée du comte de Modène n'inspirait d'autre sentiment à qui la connaissait qu'une amusante pitié pour le mari, condamné à ne pas trouver la pareille, en fait de gaillardes natures. Scarron ne comprenait pas qu'on pût avoir de l'agrément loin d'elle :

> Adieu, la comtesse de Suze !
> A quoi donc si longtemps s'amuse
> Monsieur le comte votre époux,
> D'être si longtemps loin de vous ?

Les frères L'Hermite, qui ne la connaissaient pas moins que Scarron, la savaient coquette en diable ; de là ce madrigal, à propos d'une maladie qui fit craindre pour l'éternité de ses charmes :

> Par cette fièvre continue,
> Le bruit glorieux diminue
> Que s'étaient acquis vos appas :
> Avant ces attaques cruelles,
> Le monde ne vous mettait pas
> Au nombre des beautés mortelles.

Passe encore pour la coquetterie à outrance et pour la jovialité à plein cœur, — la femme y peut conserver son attrait poétique. Mais Madame de Modène, ci-devant comtesse de Lavardin, surpassait décidément ses deux maris, le mari passé et le mari trépassé, en tous genres de proses. A table, elle faisait honneur à son premier nom de mariage : il fallait la voir se gaudir et faire ripaille. Que nous voilà loin de la mélancolique et pâle éplorée, jadis censément ensevelie au fond de son château, comme au fond d'un cloître ! Scarron agite, comme des grelots, ces vers pantagruéliques :

> Lavardines et Lavardins
> Aiment à s'emplir les boudins !

Et cela rappelle trop le monde des vivants et des viveurs. — Que les érudits qui ont fait un crime à Madeleine Béjart d'avoir rendu une femme légitime inconsolable, ne lui tiennent pas plus rigueur que la prétendue victime !

S'il y eut une femme malheureuse — et il y en eut

une en effet — ce ne fut pas celle qu'on avait pensé
tout d'abord, au contraire. Celle-là en prit son parti,
— et c'est précisément la soi-disant fille de joie qui
seule en pleura et fut à plaindre. Son imagination,
exaltée par une éducation et par des exemples romanesques, devait livrer son cœur sans défense ni défiance aux entrainements d'un premier et profond
amour. Que sait-on de son enfance? rien ; mais on
veut qu'elle ait été laissée de bonne heure à toutes
les perverses influences d'un véritable vagabondage.
C'est à croire qu'elle apprit dans les rues à devenir
capable de faire des vers et de corriger des pièces de
théâtre. On veut que la « pauvreté » des parents l'ait
de bonne heure encore jetée comme en pâture aux
licences des amateurs et des acteurs. Rotrou a placé
en tête de sa tragédie d'*Hercule mourant* (1636), ces
vers écrits par elle :

> Ton Hercule mourant te va rendre immortel ;
> Au ciel comme à la terre il publiera ta gloire,
> Et laissant ici-bas un temple à ta mémoire,
> Son bûcher servira pour te faire un autel.

C'était donc une fille de rien celle qui, à dix-huit
ans, et quelque peu difficile qu'on fût sur la provenance des hommages poétiques, pouvait par un quatrain flatter, en somme, le moins sensible des grands
poètes du temps? Chez elle la précocité du talent aurait
été contemporaine de la précocité du vice. De ces vers
on conclut qu'elle était actrice déjà en 1636 ; — et de
la naissance de la petite Françoise, à laquelle il faut
bien revenir, on conclut encore qu'elle était, en 1638,
de plus en plus pervertie. Peut-être ces vers n'attes-
tent-ils que le talent poétique d'une jeune personne
distinguée, dont les compliments ont du prix. Que
Madeleine Béjart ait professionnellement abordé les

planches en 1636, s'il n'y a d'autre indice que ces
vers adressés à Rotrou, il n'y en a vraiment pas. Sans
doute, elle avait un tempérament d'artiste ; sans doute,
il lui était arrivé de jouer la comédie ou la tragédie
dans des maisons particulières et entre amis. Mais
n'est-ce pas à elle que Tristan L'Hermite disait, en
1641, pour vaincre les derniers scrupules aristocratiques de « l'excellente comédienne, et lui persuader de
monter sur le théâtre » :

> Fuis-tu cette profession
> Comme suspecte d'infamie ?
> Aujourd'hui c'est une action
> Dont la Gloire se rend amie.

Ni actrice avant 1641, ni fille de mauvaise vie jamais
— même en 1638. Quoi donc ? Une honnête fille sé-
duite par égarement d'esprit, non par perversion de
cœur. Tous les mystères et toutes les circonstances
quasi-respectueuses dont est entouré le baptême de
la petite Françoise, un « débauché » comme le comte
de Modène s'y croirait-il obligé envers une actrice
quelconque ? Une fille publique n'a rien à cacher. Ce
baptême, au contraire, est célébré dans le plus étroit
secret. Pour apaiser le ressentiment de cette âme
exaspérée par sa faute même, le séducteur, ne pouvant la réparer, en prend la responsabilité tout au
moins ; et il scelle du parrainage de son fils légitime
la fraternité de l'enfant reconnue pour sienne. Mais
ce fils est tout jeune, il a huit ans : sa discrétion est
plus qu'incertaine. Il est représenté et remplacé par
un ami sûr et dévoué, par J.-B. L'Hermite, com-
mensal de Modène dans la maison de Guise, et dont
la femme, Marie Courtin de la Dehors, est la sœur
de Simon Courtin, tuteur de Madeleine Béjart. Une

marraine pour qui le secret de la faute de Madeleine Béjart soit plus inviolable et sacré, n'est-ce pas sa mère, la seule femme au monde à qui, peut-être, on l'ait confié ? Ce baptême ! non, loin d'accuser Madeleine d'être une fille perdue et déshonorée, ou comme on l'a dit, une fille entretenue, il proteste, à défaut de son innocence, en faveur de sa bonne réputation. Et qu'au surplus le comte de Modène agisse encore là en débauché à qui nulle formalité ne coûte pour se soustraire aux conséquences fâcheuses de son inconduite, c'est un autre point de vue de la question. Il était homme, certes, à ne savoir ni ne vouloir contester en personne et envers Madeleine que l'hypocrisie est un hommage rendu par le vice à la vertu.

Ce mot de vertu, à propos de Madeleine Béjart, ne devrait pas trop paraître déplacé et paradoxal. Il y avait en elle un vrai fonds de vertu et même de chevalerie; car elle appartenait, à trois ans près, à la génération de Mlle de Montpensier. Elle avait été élevée dans cet entourage des Guise-Montpensier où l'héroïsme donquichotesque le disputait à la corruption. Jeune, Madeleine avait eu le spectacle de ce monde étrange, dont l'existence semblait sortir de la réalité pour se développer dans le pur domaine du roman. En 1638, un peu avant déjà, Mlle de Montpensier n'allait pas moins « aux assemblées » des hôtels de Lorraine et de Guise qu'à celles de l'hôtel de Soissons. Vêtue en amazone parfois, elle ne se montrait pas moins à Madeleine Béjart, en ces quartiers, qu'à Jean-Baptiste Poquelin, du côté de la rue Saint-Honoré. Nul ne doutait qu'elle ne fût capable de jouer les Jeanne d'Arc à Orléans; mais qui pouvait prévoir et la faillite de son héroïsme et ses pamoisons amoureuses jusque sous la cravache du godule-

reau Lauzun ? D'ailleurs, rapprochez aussi d'autres
faits de la chute de Madeleine Béjart — car cette
chute n'est pas, encore une fois, physiologiquement
et chronologiquement antérieure à 1637-38 — rappro-
chez-en d'autres synchronismes moraux, et tandis
que vous attribuerez dans sa conduite, sans reproche
jusque-là, une part de direction romanesque à
l'exemple de Mlle de Montpensier et des illustres to-
quées qui l'imitent, vous admettrez la défaillance
irrémédiable, sous l'influence délétère, enfin, de cette
corruption des Guise, qui n'est un secret pour personne. Madeleine Béjart, passionnée d'art et de
théâtre, sans être encore actrice, pouvait-elle ignorer
qu'en ces mêmes années, « M. de Rheims aimait la
Villiers, » comme dit Tallemant des Réaux, c'est-à-
dire qu'Henri de Guise, archevêque alors, et tout archevêque qu'il était, au mépris de toutes les conve-
nances de l'Église et du monde, s'affichait avec une
actrice à la mode de l'Hôtel de Bourgogne ? Il ne
faut pas mettre à trop rude épreuve la faiblesse humaine, même celle qui a des prétentions chevaleresques : que de jeunes filles, après avoir endossé l'habit
d'amazone — comme la Grande Mademoiselle et
justement comme Madeleine Béjart aussi — sont parties en guerre contre les moulins de Don Quichotte,
par dessus lesquels, finalement, elles ont jeté leur
bonnet !

Dassoucy, qui fut, et au physique et au moral, le
Ragotin sentimental de cette Mlle L'Etoile, avait sou-
piré pour Madeleine Béjart, dont le rapprochait sa
propre liaison avec les frères L'Hermite et avec le
comte de Modène. L'apparente insensibilité, la froideur d'âme de Madeleine, lui dictèrent cette lettre :
« Oui, Zénobie, vous faites bien de ne vous point

« marier, mais il faut donc épouser un cloître, au-
« trement cette liberté que vous prétendez conserver
« au milieu des périls de la chair et du monde sera
« toujours suspecte et de mauvaise grâce. En pré-
« sence de la malice des hommes, vous pouvez être
« plus chaste qu'une vestale, que votre bon ange
« même n'en croira rien, et plus sage que sainte Éli-
« sabeth qui vivait comme une amazone, qu'on vous
« attribuera toujours quelques prisonniers de guerre.
« Vous serez la moquerie du peuple et la raillerie des
« courtisans, car il est vrai que le monde ne voit rien
« de plus ridicule qu'une vieille fille.... Souvenez-
« vous que vous n'êtes point fille du cerveau de Ju-
« piter pour trancher de la Minerve, et que les Muses
« ne seraient pas vierges, si elles avaient comme vous
« des trésors à porter en mariage. Quittez cet amour
« que vous avez pour la solitude, et qui pour vous
« ne peut rien avoir que d'effroyable et qui n'est
« bonne que pour les saints et les poètes...» Dans un
sonnet de la même époque et qui se trouve, comme
la lettre, dans ses *Œuvres meslées* (1), Dassoucy
montre Madeleine Béjart « en amazone » ; et quant à
« la solitude », l'achat de certaine maison « rue de
Thourigny », tout à proximité de la rue de la Perle,
en 1636, et l'émancipation légale qui précéda cette
acquisition, indiquent bien que, sans vouloir se
soustraire à l'attention de sa famille ni du public, elle
entendait vivre isolément. Les mœurs comportaient
ces fantaisies ; et, certes, il eût, après tout, bien autrement déplu à Madeleine Béjart d'échapper à la médisance, comme la solitaire Mlle de Scudéry — par la
laideur trop visible plutôt que par l'invisible honnê-

(1) Paris, 1653.

teté. Pesez d'ailleurs toutes les circonstances de son émancipation. C'est le coup de tête d'une femme de tête. Elle a dix-huit ans, elle réclame la liberté légale de sa conduite personnelle. Et quel curateur lui nomme-t-on ? ?Autre chose qu'un homme de paille : Simon Courtin, « bourgeois », mais bourgeois vivant noblement et qui se fait appeler, en outre, Courtin de la Luzerne. Le fils de Courtin est dans les finances ; G. Colletet lui adresse des vers ; et il aura l'honneur d'être marié par l'amitié du prince de Conti avec la nièce du fameux Le Picart, « trésorier des parties casuelles », précédemment entrepreneur du pavé de Paris et domicilié dans l'un de ses deux immeubles de la rue des Vieilles-Étuves — dans le voisinage de Jean Poquelin père. Madeleine Béjart n'est pas dans un monde de « gueux » et de bohêmes », certes !

Tenez donc bien pour assuré que les précautions, si minutieusement prises pour sauver et sa réputation et celle de sa famille, ne se prennent pas à l'égard d'une fille publique ! Chez elle, il n'y eut « d'entretenu » que de trop grandes illusions poétiques et romanesques. Le moment arriva où, deçue du côté de la vie par un roman de cœur, elle se rattacha à la poésie encore et toujours par le théâtre. Là, volontaire, impérieuse, altière comme les esprits férus d'idéal absolu — quels rôles, au début, joua-t-elle le mieux ? Les rôles de fière allure et qui tranchent avec les banalités plates : tel ce rôle d'Epicharis dans *La Mort de Sénèque*, où elle était admirable, de l'aveu de Tallemant des Réaux, qui nous a transmis ce souvenir. Plutôt que de trahir un secret, bravant Néron et sa rage, elle subit le supplice de la question. Et la voilà tout entière, corps et âme. C'est avec de pareils tempéraments que se font les grandes artistes, et quelle artiste fut plus grande alors ? — Madeleine Béjart et Molière étaient donc faits pour s'entendre.

Molière, dans toute la fièvre et tout le feu de ses résolutions dramatiques, n'eut pas à la solliciter beaucoup pour l'enrôler dans son projet de troupe. Elle n'y était que trop disposée par son inclination même, surtout en un pareil moment, où sous le coup du départ et de l'absence de M. de Modène, sous l'incitation des événements, son besoin d'action, de distraction et d'aventures, s'irritait de la solitude et de l'immobilité. Son imagination l'entraînait à changer d'air : elle étouffait sur place et en même lieu. Molière arriva donc à propos. Il n'était ni le premier ni le seul à la vouloir « engager dans le parti de la comédie. » Les frères L'Hermite, surtout le poète dramatique Tristan, qui allait, par amour du théâtre, se constituer le protecteur et le bienfaiteur du tout jeune Quinault, les frères L'Hermite, estimateurs convaincus de son beau talent d'artiste, plus que jamais lui répétaient le conseil d'aborder la scène pour s'y faire un nom à l'égal de son grand mérite. L'ordonnance royale d'avril avait plus que jamais stimulé tous les penchants vers le théâtre ; et Tristan travaillait à profiter de l'impulsion. Il n'y avait guère alors de plus zélé propagateur de la foi dramatique ; et lui, en tout désintéressement personnel, et pour l'Art seul. — Jean-Baptiste L'Hermite, frère de Tristan, n'apportait pas la même abnégation en cette affaire : il avait contume de suivre les troupes de campagne et de tirer avantage de la bonne aubaine des hospitalités seigneuriales pour ses recherches généalogiques, dont il faisait métier. Nul n'a jamais exploité la vanité nobiliaire plus amplement. Rotrou, à propos de

ses monographies, lui disait quelques années plus tard,
dans un « Epigramme » selon le goût du temps :

> Digne rival d'un digne frère,
> Dont les magnifiques travaux
> Ont confondu tant de rivaux,
> Et les obligent à se taire ;
>
> Chevalier, si tu nous fais voir
> Autant de brillant de sçavoir
> Que sa Muse est majestueuse,
>
> La Gloire propice à tes vœux
> Va devenir incestueuse :
> Vous la posséderez tous deux (1).

Or, l'expédition de Guise — à la maison duquel Jean-
Baptiste Lhermite était attaché, comme son frère et
comme de Modène — le laissait en disponibilité! Raison de plus pour pousser à une entreprise en province.
— La formation d'une troupe par Molière, « un enfant
de famille, » se présentait, du reste, aux yeux de Madeleine Béjart, sous une couleur qui devait lui plaire. En
se faisant « comédienne » par essai, elle ne sortait pas
de son monde quasi aristocratique : pour les suscepti-
bilités de son amour-propre les apparences étaient
sauvées, et c'était à considérer, car elle ne faisait point
bon marché de ses prétentions. Il faut que Jal l'ait bien
mal connue, pour imaginer qu'avant son association
avec Molière elle avait « peut-être débuté dans un de
ces théâtres forains qui se dressent sur quelques ton-
neaux aux environs de Paris, et à Paris même, certains
jours de fête! » Dans les « assemblées », dans les représentations à domicile, dans « les visites » aux salons

Cette pièce se trouve en tête du rarissime opuscule de J.-B. L'Hermite de Soliers, intitulé : *Les Présidents nés des États de la province
de Languedoc,* imprimé à Arles, sans date, mais sûrement en 1649.

du monde élégant, oui, peut-être, et c'est même plus
que probable ; mais dans les guinguettes, n'en croyez
rien ! La misère ne l'y réduisait pas, puisqu'elle possédait une petite maison à elle, pour elle seule, — et
sa fierté naturelle l'en eût détournée. Il lui fallait un
public digne d'elle ; et rien ne prouve encore qu'en
prenant son heure avec Molière, elle ne se réservât pas
la liberté de se montrer, ou non, sur les planches à
sa guise. Vous verrez bientôt cette clause caractéristique dans le traité de fondation de l'*Illustre Théâtre* :
« tous accordent à Madeleine Béjart la prérogative
de choisir le rôle qui lui plaira. » De tels traits la
peignent, encore une fois.

Bien des biographes assignent aux relations de Madeleine Béjart et de Molière l'amour pour mobile.
Molière serait allé à elle par entrainement de jeunesse, sous la fascination de sa beauté. Le charme des
actrices aurait opéré cette conquête encore. Molière
avait dix-neuf ans sonnés, et Molière n'était pas précisément un ingénu : on se déniaisait vite dans les cabarets littéraires et surtout en compagnie de Chapelle.
Madeleine Béjart, de son côté, entrait dans sa vingt-
troisième année ; et au lendemain du départ de M. de
Modène, elle n'était pas si pressée de lui donner un
successeur éventuel dans l'impérieux égoïsme de son
cœur. Il pouvait lui sourire de voir venir à elle un
nouveau chevalier servant : mais ni Molière ni elle
n'étaient assez aveuglés sur leurs véritables sentiments pour se tromper sur la nature exacte de leurs
rapports personnels. L'avenir en déciderait : à coup
sûr, l'amour ne suggéra pas l'entreprise théâtrale ;
— et la question est encore et toujours de savoir s'il
fut réellement du voyage. De tout temps, on a vu des
poètes, aux sens déjà apaisés par de faciles satisfac-

tions préalables, adorer la beauté pour elle-même et voir dans l'artiste comme la prêtresse de l'Art. Serviteurs, comme elle, d'un même culte, ils l'aiment, mais en aimant au-delà : elle n'est point le but de leur passion plus haute, mais le trépied sacré, où s'alimente la flamme en montant vers le ciel. Il répugne d'assimiler cette liaison de Molière et de Madeleine Béjart à un collage de cabotins : l'un et l'autre ont mérité d'être mieux appréciés dans leur sublime enthousiasme d'artistes. Ah ! s'il vous faut une Madeleine Béjart experte dans toutes les finesses de la coquetterie, rouée, rusée, blasée, attirant cet admirable jeune homme dans les filets tendus de ses calculs savants, — pourquoi la laisser ainsi, et jusqu'ici, dans cette honnête maison de la « rue de Thourigny, » où elle vit modeste et retirée ? Il fallait l'envoyer jouer de l'éventail aux alentours de cette immense caquetoire : la place Royale ! Jeune, spirituelle et belle, là vraiment, elle eût trouvé à qui parler selon ses goûts. Mais elle est artiste de naissance, d'instinct, d'éducation — et qui se ressemble s'assemble ! Et Madeleine Béjart va à son tour à Molière.

Leur association était la conséquence naturelle et rationnelle de ces représentations d'écolier, dont il a été parlé déjà. La Grange assure que les organisateurs — des « bourgeois » — « ayant suffisamment rempli leur plaisir et s'imaginant être de bons acteurs, s'avisèrent de tirer profit de leurs représentations. » A Paris, la concurrence devait rendre les bénéfices trop chanceux. La place n'y était guère tenable. A l'Hôtel de Bourgogne, quel interminable défilé de troupes diverses et vite dispersées ! L'une n'attend pas l'autre. Le groupe initiateur qui entourait Molière comprit vite qu'il n'y avait rien à faire. La pro-

vince était le seul champ d'exploitation possible —
M Eudore Soulié croit à une excursion dramatique
de toute la famille Béjart vers cette année 1641. Tout
l'indique ; et c'est un détail qu'il faut relater que
celui de la part prise par le père Béjart à cette première entrée en campagne. Elle atteste et que l'entraî-
nement était général et que Madeleine Béjart ne se
risquait pas seule avec Molière. Remarquez, au surplus, que, d'après l'*Elomire Hypocondre* — qui n'est
point suspect de trop d'égards rétrospectifs pour
Madeleine — quand on la représente cédant avec ses
frères aux instances de Molière, c'est en famille que
la décision est prise. Angélique rappelant que Molière l'alla supplier dans son « quartier », ajoute :

> Ce fut là que, chez nous, on eut pitié de toy ;
> Car mes frères, voulant prévenir ta folie,
> *Dirent qu'il nous falloit faire la comédie.*

On ne « faisait » donc pas la comédie, chez les Béjart,
avant que Molière les enrôlât. Tous s'en mêlèrent
alors.

La province était, en ce temps-là, le refuge des comédiens que Paris n'entretenait ni ne retenait. Où et
par où aller ? Et quand ? C'est vers le mois de juin
que les préparatifs semblent avoir été faits. — A l'é-
poque de la fondation de l'*Illustre Théâtre*, en 1643,
on verra l'ancien maître d'écriture, Georges Pinel,
emprunter quelque argent au père de Molière — pour
ses frais dans la troupe; en juin 1641, Georges Pinel
a recours à Poquelin père pour un prêt de fonds, et il
n'est point interdit de supposer que c'est pour un motif
pareil. Perrault a même raconté qu'il avait été chargé
par le père Poquelin de détourner son ancien élève
du théâtre, et que gagné, à son tour, par la contagion,

il s'était fait lui-même acteur. Mais Perrault ne donne pas la date de l'anecdote. Sans doute, c'est aux premiers symptômes formels de la vocation, au commencement de l'entrée dans la carrière thâtrale, que l'intervention du maître d'écriture était opportune ; et n'est-ce pas en 1641 qu'elle dut se produire ou jamais ? Cette date de l'emprunt au père Poquelin n'est qu'un léger indice. La saison des bains à Vichy et dans ces parages, alors à la mode comme aujourd'hui, prête plus sérieusement à la conjecture, comme au choix d'un itinéraire de ce côté. On descendrait au besoin la Loire, jusqu'à Roanne ; et de Roanne à Lyon, si l'on veut y aller, il n'y a pas loin. Le camarade Hesnault, justement, vient de partir avec « une commission » de finance pour le Forez. On se trouvera en pays de connaissance ; et si l'on pousse de Lyon à Vienne, Chorier, l'ami Chorier, est là pour recevoir et fêter les amis ! Les perspectives de l'excursion sont trop attrayantes pour que le bonhomme Georges Pinel résiste à l'envie de s'y joindre. La compagnie s'annonce, du reste, nombreuse et joyeuse. Ne demandez pas si le chevalier de L'Hermite en sera. Il a des relations partout : par exemple, dans le Forez, il a mieux que le jeune Hesnault. Des vers de J.-B. L'Hermitte, visibles et lisibles dans ses *Mélanges,* donnent assez à entendre qu'on saura où frapper, et que toutes les portes — les grandes portes — ne resteront peut-être pas fermées. Des vers sont adressés au jeune et brillant « comte Gouffier », qui sera duc de Roannez en 1643 ; et l'auteur, après avoir célébré sa « noble jeunesse » et la « grandeur de sa race » : « J'espère, dit-il, j'espère

> Que nos derniers neveux sauront, dans l'avenir,
> Que j'eus l'heur de te plaire et de t'appartenir.

Et justement, c'est la saison où le comte est dans ses terres, dans son château de Boisy ! — Mais ce n'est ni les pays à voir, ni les amis à visiter qui manqueront. Les chemins sont ouverts et les sympathies ne feront pas défaut : oui; mais encore doit on justifier d'avance les bons accueils et ne pas se mettre en route imprudemment. Dans quelles conditions s'y met-on?

Il ne faut pas songer à ne jouer que la tragédie et la comédie seules. Cela ne se pratique plus ainsi. Le répertoire le plus varié ne contenterait pas le public devenu exigeant sur la quantité. L'usage de joindre des ballets aux spectacles ne le satisfait déjà pas toujours. Le public, et cela partout, à Paris et en province, veut la surprise de quelque curiosité extraordinaire. L'ingéniosité italienne a mis à la mode les machines merveilleuses et les inventions étonnantes. Si l'on allait à Dijon, par exemple, on y rencontrerait Pierre Descomptes, qui « enseigne la musique et montre à *dorer les statues* ». C'est encore à Dijon que Philippe Millot, père et fils, graveurs en métaux de la dite ville — et que l'*Illustre Théâtre* comptera dans ses rangs, — préparent une « machine de carte peinte composée de plusieurs changements, avec tous les assortiments de choses nécessaires, » dont Pierre de la Court, bourgeois et comédien de Paris, se rendra acquéreur, et qu'il exploitera prochainement avec Abraham Mitallat et sa femme Jeanne de Ronserre ; et c'est à Dijon, à l'heure présente, que ce même Pierre de la Court montre, par permission des autorités, « une tête d'hippopotame ou cheval marin et autres curiosités. » L'exhibition des phénomènes est l'indispensable complément des programmes. M. de Scudéry ne ment pas :

> Melpomène, faible d'échine,
> Ne peut plus aller sans machine ;
> Et cette muse de ballet
> A le cheval de Pacolet.

Oui, la Muse comique et tragique parcourt la France, à dos de mulet même, et qu'importe ? Les gaîtés pittoresques du roman comique n'y perdent rien, d'ailleurs. L'essentiel est d'arriver à un résultat, argent comptant et surtout art content. Pour Molière et la famille Béjart, leur première sortie a trop l'air à leurs propres yeux d'un voyage d'agrément pour ne pas se mettre en frais d'équipage. Molière avait récemment touché une part de la succession maternelle, « 5,000 livres » environ, soit de 25 à 30,000 francs de nos jours : on pouvait prendre le bateau sur la Loire et voguer vers le Bourbonnais, avec arrêt aux stations balnéaires, ou directement jusqu'à Roanne. Il y avait alors un service organisé et régulier de petits bateaux couverts appelés « cabanes », très recherchés des voyageurs allant de Paris en Italie ou dans les provinces de Dauphiné, Provence, Languedoc et autres (1). On débarquait à Roanne, qui en était devenue un des « plus grands passages du royaume » ; et on n'avait pas eu le temps de s'ennuyer en route. Servies par de bons rameurs, ces cabanes descendaient le fleuve « avec une telle rapidité qu'elles semblaient voler » et que « souvent les courriers pressés quittaient leurs chevaux pour aller plus vite par cette voie (2). » N'est-il pas question d'un de ces bateaux dans le *Roman comique* ? Les troupes de campagne n'avaient pas trop de facilités de locomotion rapide pour négliger celles-là, si peu qu'elles en eussent les moyens.

(1) *Topographia Galliæ* de Mérian, 1654.
(2) *Description de la France par les Fleuves,* de Papire Masson, 1618.

Dans toute l'ivresse enchantée de cette véritable partie de plaisir comique, Molière n'avait pas à regarder à la dépense. Puis, si de préférence on prenait cette voie et cette direction, c'est qu'on avait chance de pouvoir rencontrer une autre troupe et se concerter avec elle pour les curiosités phénoménales. *Elomire Hypocondre* n'a pas oublié cette circonstance des associations fortuites auxquelles Molière, dès ses débuts, fut successivement astreint pour réussir ; et on aura occasion de constater que de tels concours étaient obligatoires : acrobates comme Mallet, à Rouen, maître joueur de paume comme Lescot à Fontenay-le-Comte, opérateur comme de Gorles à Lyon, ce sera à la fortune des rencontres, mais il faudra y recourir, faute de pouvoir s'en passer. Le public fait la loi à ceux qui recherchent ses suffrages.

Avec le Languedoc, que son double voisinage de l'Espagne et de l'Italie ouvrait aux passages perpétuels des troupes étrangères ou indigènes, les bords de la Loire, de Roanne à Nantes, étaient la partie de la France la plus fréquemment sillonnée par les comédiens, surtout en été, à l'époque où ces bords devenaient un rendez-vous de villégiature mondaine. Est-ce à dire que la jeune et fringante bande des Béjart et de Molière inaugura la série de ses représentations à Bourbon, par exemple ? La coïncidence des dates est le seul argument qu'on pourrait alléguer pour l'identifier avec cette autre bande dont parle Scarron, dans sa *Gazette de Bourbon*, adressée à Mme d'Hautefort. Nos échappés de Paris n'étaient pas de « pauvres comédiens »,

« Gueux comme des bohémiens »,

sans quoi on eût pu les confondre. Mais, durant l'été

de 1641, la troupe qui jouait aux eaux de Bourbon
et dont on n'a pu nommer le directeur, encore moins
les artistes, était probablement la troupe de ce futur
associé de Molière : La Pierre, d'Avignon, qui « le
30 décembre précédent, avec la Roque et autres, représentait à Dijon, « devant Mgr le prince de Condé »,
ce *Ballet du Bureau des Adresses,* « dansé par Mgr
le duc d'Anguien » et où figuraient en travesti Bossuet l'aîné et Bossuet le cadet », le père et l'oncle du
grand orateur. La Pierre était le protégé du maréchal
de Schomberg, gouverneur du Languedoc. La Pierre
et La Roque prenaient déjà la tête de cette longue et
fantasque kyrielle de comédiens que Dassoucy a si
drôlement énumérée dans son *Ovide en belle humeur,*
au chapitre du repeuplement du monde par les cailloux de Deucalion. Ils commençaient à faire du bruit,
ces comédiens à nom rocailleux :

> Gens belliqueux et d'œil farouche
> Qui font feu sitôt qu'on les touche
> Et serviraient à fier outil,
> Au besoin de pierre à fusil ;
> Témoin nos seigneurs sans reproche,
> La *Pierre,* La *Roque,* La Roche,
> Les Rochefort, les Des Rochers,
> Qui vont desrochant les rochers,
> Les Roquerouges, *Roquebrunes,*
> Bref, tous les gens de ric et roc...

A Bourbon, le maréchal de Schomberg n'était pas
suivi de ses seuls comédiens ordinaires, pour que
cette année-là le duc de Longueville se montrât si libéral. Quiconque eût bien su les habitudes du futur
gazetier Loret et de Grillet, « émailleur de la reine,
naguère émailleur des déesses » et des actrices, aurait trouvé, sinon à Bourbon, du moins non loin de
Bourbon, ces deux acolytes. Grillet, un original à

qui l'on doit ce bizarre recueil de poésie : *La Beauté des plus belles Dames de la Cour*, dédié au maréchal Schomberg, comme de juste, et publié à la suite d'une réédition de *Meslanges* du chevalier J.-B. L'Hermite; Grillet avait coutume de ne pas faire des cures d'eaux. Les vins du célèbre cru de Renaisons, près Roanne, lui paraissaient meilleurs pour sa chère santé, et c'est à Renaisons qu'il s'arrêtait de préférence. En vain, ses plus intimes amis s'efforçaient-ils de l'attirer avec eux comme avec son maître à Bourbon ; — il n'entendait guère de cette oreille. Et cependant avec des amis comme « M. Bailly de Marigny » ou le dauphinois Baratier — future connaissance des Béjart et de Molière — il eût pu se risquer à « s'approcher » des bains. Mais il en avait un incurable éloignement. Le vin était bon : il s'en trouvait bien, et il s'y tenait. Foin et surtout loin des eaux !

> Et quelque raison qu'on apporte
> Que chaque chose a sa saison,
> Saint-Urban après Renaison,
> La mienne est toujours la plus forte.
>
> Quoique à l'exemple d'un Bailly
> Baratier mesme les approche,
> Je ne veux point qu'on me reproche
> D'avoir si lourdement failli.

Ce « Baratier même » vous fait pressentir la nature du fameux « receveur de tailles de Montélimar », car c'est de lui qu'il s'agit (1). Et le type est à retenir.

(1) M. Eudore Soulié, dans ses *Recherches sur Molière et sa famille*, orthographie : *Baralier*. Mais outre un document authentique publié par M. Campardon dans le *Moliériste* (v° année, page 153 et suivantes) *l'Inventaire des archives de la Drôme* dissipe toute équivoque sur ce point. On y lit (H. III, Série E, liasse 2678, années 1636-39) : « Quittances de tailles de Laget et *Baratier* » ; — liasse 2681, années 1650-55 , « Quittance de 169 livres par *Baratier*, » etc.

Pour le moment, qu'en avons-nous à faire, sinon de
ne pas oublier que sa présence dans le Forez nous
donne barre sur Vienne, sans trop nous éloigner des
cabarets de Paris. Baratier nous annonce Chorier,
et autrement, d'ailleurs, que comme son compatriote.
Chorier aussi vient chaque été en villégiature en ces
parages — en attendant qu'il se marie en Beaujolais,
et qu'il s'y trouve avec Molière et les Béjart, ceux-ci
ramenés de la sorte au berceau même de leur famille.
— En vérité, vous serez comme moi tenté de croire
que ce pays devait être pour quelque chose, sinon
dans les destinées de l'*Illustre Théâtre*, du moins
dans le baptême de ses principaux membres — quand
vous saurez que là, dans un rayon de quelques lieues,
se retrouvent groupés, comme en un cycle moliéresque, ces noms de localités : *Molière, Belleville, Villars*, qui sont les noms de guerre de Jean-Baptiste
Poquelin, de Joseph Béjart, le père, et de Germain
Clérin, sans compter ce nom même « des Dombes »
qui les englobe tous et sous les initiales duquel —
« Mlle D. D. » — Tristan L'Hermite désignait parfois
Madeleine Béjart. En coûterait-il beaucoup à la vérité
de supposer même qu'une des premières stations de ce
voyage de reconnaissance fut faite là par les Béjart,
dans une superstitieuse pensée, que comprendront
ceux qui ont la religion des aïeux, et avec l'espoir que
ce pélerinage moral porterait bonheur à leur entre
prise ? Ces comédiens faisaient leurs Pâques tous les
ans, et l'indépendance de leurs mœurs n'excluait aucun acte de piété — encore moins qu'un autre celui d'un
tel hommage à la mémoire des morts.

Quelque jour, sans doute, un chercheur aura la
bonne fortune de pouvoir substituer à ces indications
par lesquelles nous comblons le vide et la distance de

Paris à Vienne, des faits authentiquement certifiés
par d'irrécusables documents. Mais s'écartera-t-il
beaucoup de cette piste que nous ouvrons et suivons,
et grâce à laquelle cette si obscure année de l'existence
de Molière garde toute la part de vérité qui peut tenir dans la vraisemblance ? Oh ! si quelque annaliste
de clocher, si quelque mémorialiste domestique,
comme le passé en eut tant et qu'on a trop peu connus et lus, avait, par hasard, dans le coin d'un livre
de raison, consigné le souvenir, même rétrospectif
— comme Chorier pour Vienne, — d'un séjour certain de Molière dans le Forez, les Dombes et le
Beaujolais, dût-il, par sa mise au jour, démentir toutes ces notions de chronique locale où je supplée de
mon mieux au silence jusqu'ici trop apparent des
contemporains — que celui-là soit le bienvenu ! —
Il n'est que trop manifeste que, jusqu'à cette heure,
le seul homme du XVIIe siècle qui ait vu et connu
Molière en province, vers et après 1641, c'est le dauphinois Nicolas Chorier. Encore faut-il bien peser
les termes de son précieux témoignage et surtout se
tenir en garde contre les accusations d'inexactitude
qui, aussi généralement que légèrement, ont assailli
son texte et failli en entraîner le rejet pour cause de
prétendue suspicion légitime. C'est le devoir des critiques attentifs de se faire une opinion autrement
que sur l'avis des autres, et à cet effet, il importe de
lire soi-même l'original de la déposition écrite, dans
le volume où elle est imprimée, non dans les extraits
fallacieux qui tronquent, forcent et faussent la pensée de l'auteur, du témoin. On ne l'a jamais ou presque jamais fait suffisamment, pour le cas qui nous
occupe, et d'une erreur commise au préalable par soi-
même, on s'est cru fondé à conclure l'erreur de Cho-

rier. C'est ainsi que, malgré le seul document affir-
matif que nous possédions sur la date très-approximative où Molière quitta le collège, malgré ce vers
d'*Elomire* :

« En quarante ou fort peu de temps auparavant, »

on a délibérément soutenu que « en 1641, Molière,
de science certaine, est encore sur les bancs du collège » — et ne saurait être allé à Vienne (1). Il est
vrai que, pour se rattraper, on accumule sur l'année
suivante et « ses études de droit » et ses études de
philosophie, « sous Gassendi, » et même le voyage
de Perpignan, « à la suite du roi Louis XIII, du
mois d'avril au mois de juillet. » Y a-t-il au moins
un texte positif qui motive cet hétéroclite méli-mélo
de besognes aussi incompréhensibles qu'incompatibles? Non. Et vous n'avez d'ailleurs qu'à vous rapporter au livre I, chap. VI, pages 70 et 71 de la Vie
en latin de *Pierre Boissat*, éditée à Grenoble (in-12
— 1680) pour vous convaincre qu'il n'y a pas l'ombre
d'une équivoque — même si l'on tient à accabler
Molière d'encore plus d'occupations à la fois, sauf à
ne pas lui laisser une minute pour respirer, durant
cette terrible année de fatigue 1642 ! En cet endroit
de son ouvrage, Chorier — et ceci renoue le fil de
ses impressions du voyage de Paris au point où
nous l'avions laissé, — Chorier raconte que, sur
une lettre de Boissat, il quitta la capitale pour se
rendre à Rhétel avec mission de voir une personne
chère à Boissat ; il la trouva mariée et rentra à
Vienne avec cette nouvelle, dont Boissat fut désespéré. Boissat — c'était un mystique — fut pris d'une
crise de religiosité exorbitante, à faire craindre pour

(1) *Revue des Deux-Mondes*, 1er août 1877.

sa raison. «*Annus quadragesimus primus, post millesimum ac sexcentesimum agebatur.* » « Et ceci se passait en 1641. » Or, quelque vive que fût l'exaltation de ses sentiments, quelque extrême que fût la sévérité de ses pratiques pieuses — je résume le texte de Chorier—Boissat demeura tolérant et sociable, obligeant et bon. Il discutait avec l'urbanité d'un esprit poli ; et il ne contestait pas qu'un honnête homme pût, sans se damner, et en dépit des farouches prédicateurs de morale à outrance, assister aux banquets, aux assemblées, aux comédies, et en savourer les délices, sauf le respect des mœurs. Boissat, du reste, sans puderie fausse et forcée, assaisonnait de gaité, d'une pointe de rire et d'un grain de sel, sa causerie savante. Il comprenait humainement la vie ; aussi, quand « Molière, excellentissime auteur et acteur comique », était venu à Vienne *dans la suite*, Boissat ne s'était fait nul scrupule de lui faire honneur en l'invitant à sa table et en se déclarant son ami envers et contre tous les fanatiques qui ne voulaient voir en lui qu'un excommunié, un hérétique. « *Joannes Baptista Mollerius, excellentis-* « *simus comœdiarum actor et scriptor*, SUB ID TEMPUS, « *Viennam venerat.* » Telle est la phrase qui a mis et met encore à la torture les Saumaises qui l'ont lue isolément, sans la rattacher au corps du récit dont elle ne saurait être séparée, comme toute incidente, sans devenir enigmatique. Pour lui conserver son sens véritable, il faut laisser aux mots la valeur respective qu'ils acquièrent par l'effet de leur mise en place. D'abord, *sub id tempus* ne signifie pas : « alors », c'est-à-dire en 1641, mais bien et dûment : « *dans la suite, après ce temps,* » c'est-à-dire après 1641. — Ensuite, est-il possible d'ergoter sur l'anticipation de cette épithète, qualifiant Molière « d'excellentissime acteur et auteur

comique, » sous le vain motif qu'en 1641 Molière
était au collège — ce qui est inexact — et qu'il ne pouvait en aucun cas être considéré comme excellent ?
Mais à ce compte, et en tant que *Molière* proprement
dit, il n'y avait pas de Molière non plus en 1641 — si
ce n'est peut-être pour les intimes qui n'attendirent
pas l'année 1644 pour l'appeler de ce nom ! Chorier,
résumant et condensant un souvenir, le formule logiquement et en dépit des restrictions chronologiques ;
il le précise en termes clairs, rapides, lapidaires. Ne
procède-t-on pas de même toujours, — et dès sa naissance, Jean-Baptiste Poquelin, pour la commodité et
surtout la clarté du discours, n'est-il pas exclusivement
Molière ? La suite de la narration de Chorier ne fait que
corroborer cette interprétation rationnelle de ses rémi-
niscences englobantes. En effet, Chorier ajoute plus
loin que Boissat accueillait avec la même avenante
cordialité et le bon vivant « Faret » et le goinfre « Des
Barreaux », se mettant ainsi au-dessus de préjugés
d'une trop renfrognée dévotion, toujours prête à crier
au scandale. Or, en 1641, à ce compte aussi, Des Barreaux, non plus, n'avait pas acquis tout à fait sa fameuse réputation de mécréant abominable !

On s'est, à coup sûr, trop hâté de déclarer qu'il n'y
avait aucun parti à tirer de ces curieux et précieux
renseignements de Chorier. Même pour ceux qui
n'admettent pas que Molière ait achevé ses classes à la
fin de 1639, — notre rectification laisse assez de
latitude « après 1641 », pour que le voyage de Vienne
ne soit pas impossible. Et ne l'est-il pas d'autant
moins, après tout, qu'en 1642, on envoie Molière,
par la vallée du Rhône, aller et retour, à Perpignan ?
Sait-on à quelle époque il en revint et où s'écoula
son temps disponible, de juillet à décembre ? Entre

Chorier, dont je n'ai pas à contester la bonne foi et qui rapporte un fait vraisemblable, et les critiques qui tranchent et retranchent, sans contrôle, à leur guise et à leur gré, j'opte pour le dire de Chorier. — Continuons à lui accorder toute confiance et à profiter de ses révélations.

Indépendamment du texte précis et formel du *De Petri Boassatii Vita*, il en est un autre, dans les *Mémoires* celui-là, et dont il importe de tenir compte. Chorier nous y confirme, sous une autre forme et par induction combinée, que le passage de Molière ne pouvait qu'être postérieur à l'année 1641. « A la fin du mois d'octobre », Chorier fut prié par Boissat de faire le voyage de Paris encore. Il y séjourna assez de temps pour assister à la publication d'un petit ou- ouvrage, précédemment «achevé à Paris » même et in- titulé : *Pensées de l'honnête homme*, que son ami Baudouin, « escuyer de la bouche du roy », prit sur lui de « dédier au marquis de La Meilleraye. » Ce dernier détail est à noter, entre parenthèse, à cause des relations des amis de Molière d'abord et de Mo- lière ensuite, à son tour, avec cette maison de La Meilleraye, dont le chef, le maréchal, doit être mêlé plus tard, et plus que de nom, à l'histoire des repré- sentations de l'*Illustre Théâtre* à Nantes. Faits, ges- tes et gens, tout sert de lien. — Or, Chorier, presque au lendemain de son second retour de Paris, eut à s'occuper de son mariage projeté et prochain avec Catherine Viallier, qui habitait Lyon. Chorier ne fit que paraître à Vienne. Son mariage fut célébré à la fin de février 1642, à trois lieues de Lyon « à Montlusin, maison de campagne de sa fiancée. » Molière eût donc mal pris son moment pour aller à Vienne. Et cependant, j'ai acquis l'absolue conviction que Molière et ses amis poussèrent alors une pointe jusqu'au fond même du Dauphiné — près de Nyons et de Montélimar — peut-être jusqu'au bourg de Baratier, dont le receveur des tailles portait le nom, mais plus sûrement au château de Sainte-Jalle, dont le seigneur et maître était l'ami de Jean-Baptiste L'Hermite, dit « le chevalier Tristan : » son frère était « le poète Tristan. » La preuve de cette excursion est dans les « vers d'un balletdansé à la Sainte-Jalle », et qui sont imprimés dans la première édition des *Meslanges* de Jean-Baptiste L'Hermite, dont le privilège est du 29 octobre 1641. Comment concilier ces contradictions apparentes ? Assez naturellement. Molière et les Béjart, faisant alors un voyage d'exploration plutôt que d'exploitation dramatique, pensèrent sans doute plus à jouir de leur liberté qu'à jouer des pièces, en une saison et en un pays où l'affluence des troupes organisées devait leur couper l'herbe sous le pied. Ils s'en tinrent, faut-il croire, aux « visites » à Vichy peut-être, à Roanne probablement, puis au château de Boisy chez le comte de Gouffier, où un gracieux et généreux accueil leur était assuré, ensuite à travers les Dombes et le Beaujolais, à Villefranche et Belleville. Et comme le galant et gaillard « receveur » de Montélimar était jeune et que plus que jamais de sa vie il était « Monsieur le donneur », peut-être, dès Renaison, la troupe comique l'eût-elle pour compagnon de route, par ce chemin des montagnes, qu'on prenait en été et en automne, et qui, de Belleville à Belley, en tournant Lyon, menait droit à Grenoble, au milieu des enchantements d'un paysage alpestre. Près de Belley, justement, sur le chemin du Dauphiné même, résidait en sa maison de Vieuget, ce Laurent du Pastre, seigneur de Vieuget, qu'une lettre postérieure de Louis Béjart montrera en relations de famille à famille (1).

A Grenoble, Molière eût pu retrouver vivant le souvenir d'un brillant émule de son aïeul Guillaume Mazuel : le fameux élève de Carissimi, Farinel, dont on parle encore et qu'un dicton populaire comptait dans cette trinité artistique du temps de Henri IV : Brulart, Mazuel et Farinel. Peut-être, à Grenoble, Molière eût encore rencontré en personne le rénovateur du chant en France, l'illustre professeur Nyert, dont tant de poètes contemporains devaient célébrer la méthode et les services, y compris La Fontaine dans une *Épître* (1671) à son adresse, et à commencer par Dassoucy dans maintes pièces dithyrambiques. Nyert en qui l'on a vu alors le type original de l'*Honnête homme*, de Faret, Nyert honorait Dassoucy de son amitié depuis le temps de l'expédition du Pas-de-Suse ; et Dassoucy a rappelé, non sans orgueil, cette liaison avec Nyert :

> Personnage de maison noble,
> Qu'en noble ville de Grenoble
> Je vis item et que j'ouïs
> Chanter devant le roi Louis.

Dans cette province du Dauphiné, chaque pas faisait lever un souvenir. Mais, en temps et lieu, chacun de ces souvenirs viendra prendre place en cette histoire et ratifier en quelque sorte cette germination artistique qui, chez Molière, développe les idées et les aptitudes sous toutes les latitudes. Remarquons toutefois

(1) Voir dans le *Moliériste* (tome VII, nº 79), la lettre de Ch. de Musy au chancelier Séguier, du 22 avril 1660, extraite de la correspondance inédite de Séguier, t. XXXI, fº 131. Bibliothèque Nationale, Fr. 17,397. Voir en outre, dans le *Moliériste*, même tome, nº 81, l'*Annotation* explicative que j'ai donnée de cette lettre.

que la jeune et joyeuse caravane de Molière et des Béjart avait toutes chances de ne pas traverser Grenoble
sans y frayer avec quelqu'une de ces troupes ambulan-
tes, qui revenaient par là d'Italie ou de Savoie et dont
Grenoble était la première étape de rapatriement.
N'est-ce pas là et alors que fut nouée la connaissance
des Béjart et de Molière avec ces deux musiciens comédiens, grands organisateurs de ballets et montreurs
de machines : La Porte et Bernard? Le fait est qu'ils
jouèrent ensemble, à la Sainte-Jalle. Dans un ballet
monté à cette occasion, au mois de septembre, figurent
« le baron de la Sainte-Jalle et le chevalier de L'Her-
« mite représentant deux voyageurs » et « les sieurs
« La Porte et Bernard » représentant des « vilains
« changés en grenouilles ». Bernard et La Porte étaient
en ce temps-là des artistes renommés ; et un poète
pouvait se vanter de les avoir pour interprètes de ses
compositions ; c'étaient des manières de personnages,
surtout en province. Le chevalier de L'Hermite n'a pas
oublié de consigner là ce détail de leur concours pour
l'exécution de son ballet. Molière, lui, ne comptait
pas encore. A vrai dire même, et c'est assez bizarre,
Molière ne compta peut-être jamais pour le chevalier
de L'Hermite. Il sera surabondamment prouvé qu'ils
vécurent de la même vie nomade et appartinrent à
la même troupe pendant plusieurs années, —et néanmoins dans aucun de ses innombrables ouvrages où
il est si prodigue de prolixes révélations sur ses amis
et connaissances, nulle part le chevalier de L'Hermite
n'a même prononcé une seule fois le nom de Molière.
Ne nous étonnons donc pas qu'il ne l'ait pas mentionné cette fois plus que les autres fois : il y avait
sujet moins que jamais. Le chevalier de L'Hermite
en était aux airs de protection avec Molière jeune et

novice dans l'art : c'eût été l'élever jusqu'à lui, son
maître, que de le mentionner ; et il n'est pas sûr que
jamais, dans la suite, et malgré la triomphante tournure des choses, Molière ait été pour le chevalier de
L'Hermite un disciple dont il estimât devoir se faire
grand honneur : l'amour-propre a de ces rancunes
qu'il exerce sous les hypocrites exigences d'un goût
difficile. — Qu'était L'Hermite au fond ? Un déclas-
sé, partant un envieux. Heureusement, pour Molière,
il eut d'autres, et de plus francs, et de plus fermes amis
et collaborateurs. Ce baron de la Sainte-Jalle, qu'on
ne serait pas fâché de connaître mieux en raison de
cette première hospitalité accordée à Molière, était le
fils d'un ancien gouverneur de Nismes et d'Uzès.
Comme son quasi-voisin, l'archevêque d'Embrun, par
exemple, il s'intéressait au théâtre, j'imagine ; et
comme l'excellent prélat, il avait apparemment encouragé le chanteur chorégraphe, l'acteur-auteur
Saint-André, né dans les environs. On se sent là sur
un terrain propice aux beaux-arts comme aux bonnes œuvres. Et c'est grand dommage qu'il n'ait pas
été mieux étudié par les recenseurs et répartiteurs des
vieilles chroniques locales. Embrun et la Sainte-Jalle
appartiennent à l'histoire du Théâtre en France. —
Montélimar, ne fût-ce que par Baratier, appartient
à l'histoire de Molière.

Baratier, est le type achevé du provincial ami des
artistes, au XVIIe siècle : ami jusqu'à la bourse inclusivement. Familier, libre et libéral, payant de sa personne et de sa bourse, au besoin sans compter, pour
faire croire qu'il compte, Baratier est un joyeux grotesque tout à fait dans le ton de la *comtesse d'Escar-
bagnas*. Il finira par s'appeler Harpin de son nom de
théâtre ; et comme Harpin, il fait des vers — loués par

Grillet — des madrigaux pour les dames, déesses ou
non, dont Grillet est « l'émailleur » en titre. En fait
de reines, il n'y a pas que la reine de France que cette
espèce de Figaro d'un autre genre, et avant Beaumar-
chais, ait eu l'honneur de servir, en partie double, je
veux dire du côté des hommes aussi : il y a les reines
de théâtre au surplus. Et je n'insiste pas sur le caractère délicat de ses bons offices. C'est peut-être par là
qu'il était en si bons termes avec Baratier. Bref, qui
voudrait établir, dans les contributions romanesques
de la province à l'histoire de Molière, la côte personnelle des adorateurs plus ou moins passagers et anodins
de Madeleine Béjart, devrait peut-être, en chargeant la
part contributive du receveur de Montélimar, commencer et finir les rôles — à tour de rôle – par Baratier.
— Si Chorier se fût occupé, dans ses *Mémoires*, d'autres
gens que des gens de son intimité particulière, il eût
dû en toute justice dire, non pas que Molière était allé
à Vienne après 1641, mais qu'il était allé en Dauphiné
vers Montélimar et Nyons avant 1642, — avant d'aller à Vienne. Mais c'eût été faire trop d'honneur à ce
croquant de Baratier, qui, pour être dans les finances,
n'en était pas moins un croquant à ses yeux. Les biographes de Molière n'ont pas le droit d'être si dédai-
gneux. Ils seraient même tenus à des égards tout particuliers pour « M. le receveur », aliàs « Monsieur le
donneur », s'il était vrai que la femme de Baratier,
une Le Noir, dit-on, fût une parente de la femme
même de la Thorillière. Mais sur ce point, si l'homonymie prête à une insinuation de parenté, où sont les
preuves ? Cette alliance n'ôterait rien, d'ailleurs, à
l'originale excentricité de cet amaible maniaque. Et
il ne doit pas nous déplaire que Molière, dès sa première excursion en province, ait eu l'agrément de

tomber dans un monde où l'on s'amuse. — Les Baratier ont certes du bon un moment. Les Béjart et Molière, ce moment passé, remontèrent sans doute vers
Lyon, par le Rhône, dans les premiers jours d'octobre.
Peut-être ne passèrent-ils à Vienne que pour y constater l'absence de Chorier, que le chevalier de L'Hermite
devança du reste à Paris. — On alla prendre ses quartiers d'hiver à Lyon — but envié alors de tant de
voyageurs accourus de tous les points de la France
et du globe.

Après Paris, la capitale, Lyon est une capitale.
Riches, oisifs ou laborieux, gens de savoir et d'art,
commerçants ou poètes, chacun alors vient à Lyon ou
se distraire ou s'instruire. Paris n'a pas une population flottante plus variée et plus pittoresque, plus
multiple et plus imprévue ; Paris n'a pas un plus
grand mouvement d'efforts et de fortunes en jeu. Ces
innombrables métiers où « cent mille personnes »
tissent la soie ; ces imprimeries, les premières du
monde, qui alimentent de leurs incessants tirages, non
seulement toutes les provinces de France et Paris
même — *la Gazette de France* s'imprime à Lyon
— mais l'Espagne, mais l'Italie, et le Mexique et le
Pérou, et tous les pays civilisés où existent des bibliothèques et des lecteurs ; ces continuelles « caravanes
de muletiers que l'Allemagne par la Croix-Rousse,
le Piémont, la Provence et l'Italie par le pont du
Rhône, l'Auvergne et le Languedoc par St-Just, font
entrer à toute heure dans Lyon et que Lyon fait sortir pour dispenser à tout le reste de l'univers ce qu'il
semble attendre de son économie et de son commerce ; » (1) ce prodigieux rayonnement industriel
qui par Marseille va jusqu'aux extrémités de l'Orient

(1) *Lyon dans son lustre*, 1656.

et par les flottes hollandaises jusqu'aux derniers confins du monde, — tout ce merveilleux déploiement d'activité humaine, tout cela fait certes de la grande cité, un des plus puissants instruments de civilisation et de richesse qui justifient et l'orgueil d'un peuple et l'admiration des hommes. De telles ruches exercent une attraction immense par le grandiose spectacle du travail créateur et fécond, du progrès accompli par l'outil et par la pensée tout ensemble ! Même si un fonds persistant d'idées professionnelles survivait encore chez le fils du tapissier Poquelin, quel incomparable sujet d'études Lyon n'offrirait-il pas à son besoin de savoir ! Mais Lyon n'était pas seulement une ville de commerce et de banque. Le juif Lombard, aux comptoirs bondés d'or, et les manufacturiers exportateurs, à la clientèle cosmopolite, n'ont pas empêché Lyon d'être une ville de lumières et de politesse, chère à l'art et aux artistes. L'Arménien et le Péruvien qui se coudoient dans les rues, et le Parthe qui se montre au bord du Rhône, ne font qu'ajouter un attrait de plus à la multicolore et miroitante physionomie de l'infatigable cité. Qu'un turban se montre, et les reminiscences classiques de refleurir dans les mémoires érudites...

Aut Ararim Parthus bibet.

Les jouissances raffinées sont là à côté du travail. — Et se peut-il rendez-vous de société plus élégante que cette fameuse place Bellecour, sous les ombrages de laquelle noblesse et bourgeoisie v ont en foule, où sérénades, concerts, galanteries témoign ent si agréablement de « la douce liberté lyonnaise ? » Si c'est la Cour qui fait la mode, nulle part on n'est plus prompt à la suivre ; et si Paris l'invente, Lyon a l'air de l'inaugurer. Cette ville est encore « la Ville. » Lyon ne retarde en rien sur la capitale — et moins pour le théâtre que pour le reste, car c'est par Lyon que s'effectue l'entrée en France du génie comique italien. C'est là qu'est arrivé de vers Turin ce Beltrame, dont l'*Inavvertito*, grâce aux souveraines facultés assimilatrices de Molière, recevra, enfin, comme une denrée désormais de contrebande, l'ineffaçable marque du génie français. On fabrique autre chose que de la soie à Lyon, on y tisse de la poésie chatoyante. Les acteurs, à leur tour, y revêtent de brillants costumes et des renoms éclatants. — C'était alors une habitude et une nécessité pour tout artiste de théâtre de passer par Lyon. En troupe ou isolément, tous y vont ou en viennent. Lyon est pour les troupes de la province ou de l'étranger un véritable bureau de renseignements et de placement; pour les artistes, c'est une école mutuelle, une école d'enseignement professionnel. A Lyon alors on s'informe et on se forme. De là, tant d'artistes qui s'y rendent aussi bien du duché de Brunswick, de l'Italie et de la Savoie que du Languedoc, de la Provence ou de la Bourgogne; de là encore le désir et le besoin pour Molière d'y aller tout d'abord, en disciple de la scène qui veut être un maître, en même temps qu'un Parisien qui ne veut pas trop se dépayser.

A l'approche de novembre, tout invitait Molière et ses amis à s'y proposer au public et à oser. Étaient-ils en nombre pour constituer une troupe complète ? La famille entière des Béjart n'y suffisait pas, sans doute, encore qu'elle mît en ligne de bataille et père et mère, et sur les quatre enfants, deux au moins, les deux bons pour le service. Avec Georges Pinel et Germain Clérin, et Molière naturellement, c'était là déjà un commencement d'effectif. — Je ne compte plus le chevalier de L'Hermite, pressé d'aller dédier son nouveau recueil à Claude de Saint-Simon, gouverneur de Blaye et père du mémorialiste. — Mais sans L'Hermite — et s'il le fallait, avec le concours de quelques recrues nouvelles, comme Lyon, ville de ressources, en présenterait à souhait, on allait composer un personnel capable de donner farce, comédie ou tragédie et d'attirer l'attention des Lyonnais. Il était temps d'engager la partie. — Débuter, au mépris de tout préjugé, devant une vraie grande foule d'inconnus, et se lancer soi-même, sans l'appui d'amis sympathiques et trop indulgents, avec toute la fougue et l'intrépidité de leurs moyens naturels, — voilà bien ce dont Madeleine Béjart et Molière étaient crânement capables, dans la fièvre et la fierté de leur indépendance enivrante !

Une salle ? Il n'en manque pas. Dans le voisinage de la place Bellecour, dans cette partie de la ville qu'animent et le tumulte des fêtes et l'affluence populaire, des jeux de paume, des gymnases, des académies, sachant qu'ils y sont utiles et à leur place, s'ouvrent presque dans chaque rue adjacente. Les comédiens à leur tour se logent par là de préférence. Et qui dressera la liste approximative de tous les acteurs et actrices qui s'y succèdent en une seule année ? Avant la fin du carême, comme des oiseaux partis de tous les climats, ils arrivent de tous les points de l'horizon, par bandes. De l'étranger, Savoie ou Allemagne ; du Midi, Provence ou Languedoc, — ils remontent vers Paris, pour en redescendre en nouveaux groupes, en troupes réorganisées. La campagne d'hiver est finie, mais la campagne d'été va s'ouvrir — et les mutations de scènes, les changements de pays transforment Lyon en carrefour international. Lyon est la grande étape centrale. La troupe qui a passé l'hiver à Turin va visiter le Languedoc et la Guyenne ; les comédiens de Bretagne permutent avec les comédiens de l'électeur de Bavière. On se passe la main, on se croise. Rivaux parfois, émules plus souvent, les directeurs s'entendent par impossibilité de s'exclure. Et tout ce monde nomade se rencontre à Lyon, et, à Lyon, dans le quartier de Bellecour. — Que de fois ce La Pierre, déjà nommé, soit qu'il ait à faire campagne en Languedoc, durant la tenue des États, soit qu'il ait, avec Dassoucy, à représenter un ballet à Turin, que de fois ce La Pierre a traversé Lyon déjà, et combien davantage il le traversera dans l'avenir ! La Roque, son associé d'une saison à Dijon, et toute la séquelle rocheuse des Rochers, Rochefort, La Roche et Roquebrune, déjà entrevus ou du moins cités, ne sont pas, Dieu merci ! les seuls comédiens qui parcourent les provinces, à la grande joie et pour le plus heureux passe-temps des peuples du Midi ! Il y a, en outre et d'abord, ce Baudot, qui figurait l'an dernier à Dijon dans le *Ballet des Adresses* et qui n'est autre que ce « Brudot » que M. Brouchoud nous montrera, le 1ᵉʳ février 1644, assistant au baptême d'un fils de « Thoussaint Le Rèbe, sieur de Hautefeuille, et de demoiselle Anne de la Chappe, sa femme ; » — il y a, et dans la catégorie particulière des musiciens-chorégraphes, jouant pièces de toutes sortes, mais ayant la spécialité des « ballets » et des « machines », il y a, outre Saint-André, Bernard, La Porte, il y a Boisset, Constantin, La Fosse : — « La Fosse, » associé de La Pierre en 1642, et que la recommandation de l'évêque de Béziers, Thomas de Bonzi, fils du comte de Bonzi, mettra en faveur à la cour du

grand duc de Toscane, où Tallemant des Réaux nous
le montrera traduisant « Tacite en octaves ; » — Constantin, un des maîtres provinciaux de Lambert et de
« ce Martin, » plus tard comédien de la troupe du
prince de Conti, associé aussi de La Pierre, avec
lequel il montera en 1656 à Montpellier le *Ballet des
incompatibles*, où paraîtra Molière ; — Jacques Boisset, fils et frère de musiciens, mari de la fameuse Mme
de Villedieu, et l'un des précurseurs de l'opéra français,
qui, en 1650, sera chargé de la partie chorégraphique
aux représentations de Molière devant les États à
Pézénas, le même qui avec Lambert, Martin, etc., est
nommé dans cette phrase du P. Menestrier : « Il y a
plusieurs dialogues de Lambert, de Martin, de Per-
digal, de Boisset et de Cambert, qui ont servi pour
ainsi dire d'ébauche et de prélude à cette musique que
l'on cherchait et qu'on n'a pas d'abord trouvée ; » — La
Porte, dont un fils aura Molière pour parrain, à Montpellier, le 6 janvier 1654 ; — Bernard, destiné lui-même
à être enrôlé plus tard dans la troupe du duc de
Brunswick ; — Saint-André, que Beauchamp, maître de
ballets de la cour, enrégimentera avec Favier et La
Pierre encore pour les parties de danse de *Pomone*,
et qui, auteur à l'occasion, a déjà composé l'*Histoire
pastorale de la naissance de Jésus-Christ*, en trois
actes, en vers, dédiée à Mgr l'archevêque d'Embrun
son compatriote (1). — A s'en tenir aux ordonnateurs
de ballets, à la fois musiciens et comédiens — et à
première vue — nous voilà ni plus ni moins en pleine
école préparatoire de la musique française. L'abbé
Perin est aux écoutes de ces premières inspirations.
Nous le verrons les recueillir, et des « airs de cour »

(1) Manuscrite alors, elle fut imprimée à Béziers, par Claverie, en
1644.

de ces initiateurs encore timides et trop peu encoura-
gés—il formera la première anthologie musicale de la
France. Et n'est-il pas, dès à présent, singulièrement
remarquable que le groupe des Béjart et de Molière,
c'est à-dire des futurs fondateurs de la Comédie Française, se trouve en contact, à Lyon, avec les futurs
fondateurs de notre Opéra National?—L'âme lyrique
et comique de la France, on la dirait toute de ce côté.
Pourquoi non, après tout? C'est sur la frontière qu'un
peuple se défend contre toutes les invasions. C'est à
Lyon que l'art musical français arborera, faute du dra-
peau même, le pennon des vingt hommes d'armes, —
en attendant que l'art comique triomphe par cette victoire de Rocroy : *L'É tourdi !*

Musiciens-chorégraphes et comédiens étaient forcés
de faire bon ménage ensemble, de par la volonté souveraine du goût public. Même s'il n'eût pas mérité
d'avoir des amis dans cet état-major lyonnais de la
danse, Molière aurait eu chance de s'en faire ou d'en
trouver, grâce à ses relations parisiennes. Le plus
célèbre musicien de Lyon, en 1641, c'était Gautier,
dit Gautier-le-Vieux. Quiconque a lu les *Aventures*
de Dassoucy n'a plus à savoir si, par Dassoucy, Molière et Gautier-le-Vieux pouvaient être longtemps
indifférents, inconnus, l'un à l'autre. Ce n'est pas
tout, le seul nom de Colletet prononcé par Molière
eût, comme un sésame magique, ouvert du même
coup la porte et le cœur du vieux maître de musique.
Laissez la froide ombre du froid Boileau s'en offenser
dans l'autre monde, et croyez qu'elle était spirituelle
et charmante cette amitié du vieux Colletet et de Gautier-le-Vieux ! Croyez-le sur la foi de ce quatrain, —
qui n'est pas de Boileau, car il est naïf et cordial, frais
et vrai :

> La vertu ne saurait prétendre
> Un divertissement entier,
> A moins que de voir et d'entendre
> Et les yeux de Claudine et le luth de Gautier.

Le père du poète « crotté jusqu'à l'échine, » qu'en dites-vous ? n'avait pas d'éclaboussure intérieure ; et si on l'eût « dédoublé » comme le voulait d'un autre Madame de Sévigné, on lui eût trouvé une belle et bonne âme, toujours jeune et toujours aimable, parce qu'elle savait aimer et ses amis et sa maîtresse. Molière pouvait il trouver inopportun, à Lyon, cet écho de Paris, le souvenir de Colletet, écho poétique d'une amitié de la veille et qui allait réveiller pour lui une amitié du lendemain ?

Je ne sais pourquoi tant de moliéristes se sont donné le mot pour nous représenter le Lyon de ce temps-là sous un aspect et avec des couleurs exotiques ; à les en croire, Lyon aurait été une sorte de ville italienne. Et quand j'étudie sur les lieux les hommes et les œuvres d'art ou de littérature, le théâtre surtout de cette époque, c'est une ville profondément gauloise et française qui m'apparaît dans toute l'énergique intensité de son tempérament original. L'unité morale de la vieille France s'y accentue, loin de s'y rompre ; et si des témoins de la vie et virilité nationales avaient à être invoqués à la décharge des annales lyonnaises, où en trouverait-on de plus éloquents que parmi cette verte et nerveuse génération d'artistes, dont Gautier-le-Vieux fut un des types caractéristiques — types si expressifs de notre race à la fois rieuse et laborieuse, dont le cœur a de l'esprit, dont l'esprit a du cœur, et chez qui le sentiment le plus grave et le plus profond, comme le parfum de la fleur la plus vivace, semble meilleur à respirer dans

la clarté et la gaîté épanouies au soleil. Noëls, mo-
tets, chansons du vieux Gautier, non, vous n'étiez
pas italiens! — Eh! quoi de moins empreint d'idées,
de mœurs et d'influences italiennes que la haute société dirigeante de Lyon? Jugez-en par cet exemple :
sans en excepter Paris, il n'est aucune ville du royaume où le plus foncièrement, le plus joyeusement gaulois de nos philosophes ait autant de disciples et d'a-
mis. Gassendi est universellement populaire à Lyon.
Celui qui a déjà appris à Molière à se moquer d'A-
ristote va, dès demain, de concert avec le meilleur
ami de Pascal, Fermat, le toulousain, apprendre à
Pascal lui-même à se moquer des Jésuites. Sa lettre
au P. Lacée, imprimée à Lyon, est une invite aux
Provinciales. Depuis le vertueux archevêque-cardi-
nal Alphonse de Richelieu, frère du ministre, jusqu'aux bourgeois épicuriens et sceptiques, Gassendi
ne compte que des admirateurs et des partisans. Pons,
Falconnet, Stouppe et tous les médecins que la correspondance joviale, exubérante et salée de Gui-Patin a mis à l'unisson de sa verve et de ses sarcas-
mes endiablés, n'ont pas moins et de penchant et de
passion pour les doctrines de Gassendi que pour sa
personne ; et c'est par le Lyonnais Monconis que
Gui-Patin et Gassendi se sont connus et se fréquen-
tent. Gaspard de Monconis, lieutenant-général de la
sénéchaussée et du siège présidial de Lyon, en son
cabinet de lettré et de collectionneur émérite, possède « en gros et en détail les merveilles de l'art et de la
« nature, » dit le P. Jacob, dans son livre sur les *Bibliothèques* (1). Magistrat et ami du maître de Molière, — si Molière, à Lyon, en est à se chercher des ami-

______

(1) Publié en 1644.

tiés et des protections, à qui pourrait-il mieux s'adresser ? Mais il ne réclame qu'un public.

Je le sais : on a fait un livre excellent sur Molière et la Comédie italienne, où la Comédie italienne en prend à son aise avec notre scène. Le Théâtre Français n'y est plus qu'un nom. La poésie dramatique est expropriée pour cause de domination étrangère. Faut-il croire que Molière va se trouver à Lyon et dans le Midi de la France, comme dans une colonie pénitencière, où son génie sera, pour ainsi dire, condamné à casser les cailloux sur les routes de la Muse d'Italie ? Point ! Il y a un autre livre à faire, dès maintenant, avec ce titre : *Les comédiens français en Italie*. La revanche a commencé. Turin, Florence, Rome, et Milan, et Venise, reçoivent tous les ans des bandes comiques venues de France en plus grand nombre qu'il n'en vint jamais d'au delà des Alpes en France. A Turin, il n'y a de possible que la comédie française, et même, le premier essai d'opéra français, — j'en atteste l'abbé Perin, — c'est bien à la cour de Savoie qu'il se fera entendre ! — Enumérez toutes les troupes de campagne qui vont et viennent dans le Midi, entre Bordeaux et Lyon ; consultez leur feuille de route. Où s'arrêtent-elles quand le directeur a nom La Pierre, La Fosse, Marc de La Chapelle, Hugues de Lan, Jacques Canal du Fresne, Toussaint Le Rébe, Fontblanche, La Roche ? Par la vallée de l'Isère, par le littoral de Nice, par les Alpes ou par la mer, à leur tour elles pénètrent en Italie et s'y font la part du lion. — Ne jugez pas, d'ailleurs, de la littérature dramatique en France par les seules pièces jouées à Paris. Corneille, Rotrou, Tristan L'Hermite, en glorieux représentants de la tragédie, ne laissent à la muse comique, vraiment, que les

yeux pour pleurer. Mais la comédie n'est pas à Paris :
elle est exilée en province. La comédie française est à
Lyon, en Languedoc, en Provence, en Guyenne
avant même que Molière y paraisse. Vienne Molière,
elle y sera tout autre, grâce à lui ; mais le jour même
où elle sera toute en lui — il ne lui reviendra pas
moins l'honneur d'avoir été avant lui et sans lui.
C'est que la véritable histoire du Théâtre Français,
il faudrait la demander à ceux qui l'ont faite au jour
le jour, à ces comédiens errants, obscurs, innommés,
ignorés, et qui cependant, à force de talent, à force
d'œuvres sans réputation mais non sans valeur, ont
formé, préparé, éduqué un public capable de comprendre Molière : — un public capable de vouloir de
Molière, quand Paris n'en veut pas !

Pour bien saisir le rôle prochain de Lyon dans les
destinées de Molière, commencez par voir dans Lyon
non pas une succursale de la littérature dramatique
italienne, mais bien plutôt un réservoir général du
génie latent des provinces françaises qui débouche
là, peu à peu, par drainage, jusqu'au jour où la poussée d'un poëte, faisant de sa lyre un trident de Nep-
tune, — le soulève en tempête et l'y fait déborder ! —
A première vue, en ce premier et rapide voyage de
1641, Molière, trop jeune d'expérience et de talent,
ne pouvait guère soupçonner ce que, au risque de détourner le sens d'un livre de son camarade le chevalier de L'Hermite, j'appelle « les forces de Lyon (1) ».
Il offrit aux Lyonnais, peut-être, la tragédie récente
de *Phaéton*, dédiée au comte de Soissons, par le poëte
Tristan (2), et dont le titre à cette heure paraissait d'une

(1) L'ouvrage (in-fol.) qui porte ce titre parut à Lyon en 1658.
(2) Date de cette tragédie : 1639.

amère ironie, car le comte de Soissons venait, comme
l'imprudent conducteur de la fable, de renverser son
char et bouleverser sa fortune à Sedan, où il était resté
enseveli dans cette chute irréparable. Les Lyonnais
étaient gens à rendre justice à l'honnêteté des vers de
Phaéton et à la bonne volonté des acteurs. Peut-être
Molière leur offrit-il encore la primeur de quelque
juvénile et savoureuse farce, comme il devait avoir
envie d'en faire, à la mode gauloise. « Les Lyonnais
qui ont l'esprit bon et un naturel docile, » dit Chapp-
puzeau, prirent peut-être la chose du bon côté, sans
s'émouvoir, en gens qui ne trouvent cela ni mieux ni
plus mal qu'autre chose. Et tout fut dit. L'heure n'é-
tait pas venue où Molière se ferait écouter, applaudir
à Lyon, mais en le prenant sur un autre ton !

III

1642

Molière et ses camarades étaient à Lyon quand circula soudain à travers la France, comme une secousse
électrique, la nouvelle que Louis XIII et Richelieu
allaient se rendre au siége de Perpignan. Il n'en fallait pas davantage pour leur faire ajourner leur excursion à Vienne. Cette perspective était de nature à ranimer leur ardeur et leurs espérances, si un demi-échec,
une déception même, avaient pu refroidir les premiers
élans de ces hardis volontaires de l'art dramatique.
Dans l'assombrissement momentané de leurs illusions, toutefois difficiles à décourager, cette nouvelle,
pleine de promesses, projetait une subite lueur de
bon augure. Par l'effet de ce déplacement du roi, la vie
nationale allait se reporter et se transposer dans le
Midi; et il ne dépendait peut-être que de leur intelligence et de leur diligence d'avoir leur part au gâteau
royal des faveurs de la cour en voyage. Pourquoi, eux
aussi, ne feraient-ils pas leur campagne de Perpignan?

La guerre n'avait pas alors cette véhémence poignante et cet acharnement désespéré des luttes modernes qui tiennent en suspens, dans une angoisse effroyable, l'existence de tout un peuple. Les choses se passaient entre nations comme de galant homme à galant

homme; et les combats étaient des tournois en grand.
Même à deux pas de l'ennemi, l'insouciance aimable
et quelque peu frivole de la société polie, élégante et
légère, ne perdait pas ses droits. Le voisinage du champ
de bataille n'excluait aucun des plaisirs et divertissements habituels de la vie publique. « La joie règne
toujours, la comédie va son même train, » écrit plus
tard Chappuzeau dans son *Théâtre-Français*. Nul
doute à cet égard; et pour être édifié complètement, on
n'a qu'à relire, dans la correspondance de Voiture, les
lettres écrites de Narbonne même, en cette année 1642.
Voiture n'a d'autres préoccupations que de caqueter
et coqueter en phrases précieuses, mignardes et poin-
tues. Les spectacles étaient bien un des besoins de cette
foule dorée, joyeuse et dissipée qui, même à la guerre,
composait l'entourage royal. Que Richelieu fût, pour
cause de maladie, morne et taciturne; que Louis XIII,
l'éternel ennuyé, ne fût pas moins misanthrope, ce
n'est que trop vrai, mais leur tristesse n'éloignait pas
les courtisans des distractions plaisantes. La musique et la comédie faisaient d'ailleurs partie du train
royal, comme par principe d'étiquette. — Parmi les
poètes, les artistes, les musiciens, parmi tous les di-
gnitaires de la fantaisie, c'était à qui se créerait des
titres à une admission dans la suite du roi — sans
compter les sollicitations particulières pour être reçu
dans la « maison » des grands personnages et des hauts
fonctionnaires. Princes, maréchaux, ducs et pairs,
comtes et marquis, tous avaient peu ou prou leur escorte d'honneur de lettrés, leurs gardes de l'esprit. Le
futur gazetier Loret et le chevalier de L'Hermite, et
Grillet accompagneront M. de Schomberg ; et Dassoucy, présenté à Louis XIII par le comte de Saint-
Simon, « premier écuyer », comme pour traiter de puis-

sance à puissance, à la veille du départ du roi, Dassoucy serait du voyage, quand même il ne fût pas agréé par Sa Majesté — car les protecteurs ne manquent pas à cet « homme savant, divertissant et sage, » comme dit M. de Saint-Aignan. On se le disputerait, si le roi ne l'attachait à sa personne, et ne l'attachait si bien et de si près même, qu'on va lui donner le surnom de « Phœbus garde-robin », parce qu'il aura « toujours ses luths dans la garde-robe royale. » Louis XIII ne pourra plus se passer de Dassoucy. Non seulement la chambre de musique du roi sera au grand complet, mais elle sera augmentée des musiciens surnuméraires. Il va de soi que J. B. Boisset, et Berthold et Nyert seront à leur poste — comme y sera auprès de Richelieu, le pétulant et pétillant Lambert, avec luths, théorbes et clavecins, selon les obligations de sa charge. Nyert, outre sa qualité de maître de chant, est « premier valet de chambre du roi. » Berthold, à tous ses motifs d'être auprès de son maître joint encore, à présent, celui de pouvoir visiter une fois au moins le canonicat d'Albi, qu'il doit à sa générosité. Quant à Jean-Baptiste Boisset, fils de Nicolas Boisset, il est depuis 1635 « maître surintendant de la chambre en survivance de son père, » — tout comme dans un autre genre d'office, Jean-Baptiste Poquelin (Molière) a la survivance de son père. Singulières coïncidences ! « Jean-Baptiste » Boisset, lui aussi, fut baptisé sous le prénom de « Jean, » et lui aussi il est paroissien de Saint-Eustache, car il est né près de la rue Saint-Honoré, dans la rue de Grenelle de la rive droite. Et comme si ce monde se serrait et faisait la chaîne, Jean dit Jean-Baptiste Boisset, à l'autre bout de cette filière de poètes et d'artistes, est destiné à épouser « Marguerite Loret. » Jean dit Jean-Baptiste Boisset connaît-il Jean dit Jean-Baptiste Poquelin ? A coup sûr, Lambert, un habitué des cabarets de cette rue Saint-Honoré, décidément attrayante pour les artistes, Lambert du moins connaît bien Molière. C'est un coin de Paris qui va se mettre en marche en la personne de Boisset et de Lambert. Pourquoi la place de Molière ne serait-elle pas avec eux ? — Molière se l'est demandé, car il sait combien de ses amis seront de l'expédition. — Au fait, il a le droit et même le devoir d'en être aussi !

En succédant à son frère Nicolas Poquelin dans la charge de « tapissier valet de chambre du roi, » le père de Molière, par provision du 14 décembre 1637, en a assuré à son fils la survivance, et du même coup, Molière a la faculté de le suppléer. Le service de la chambre est fait par huit tapissiers valets qui alternent, deux par deux et par trimestre. Quand la cour est en voyage ou en campagne, deux chambres complètes, c'est-à-dire, selon l'*Estat de France*, « double fourniture de lit, doubles sièges, doubles tapisseries », sont mises à sa disposition successivement, d'étape en étape. « Des deux tapissiers de quartier, il y en a toujours un qui suit la première chambre et un qui accompagne la seconde ». C'est dans l'un de ces deux services réglementaires que Jean-Baptiste Poquelin pouvait remplacer son père pendant la campagne qui allait s'ouvrir. Le trimestre qui lui incombait de moitié était celui d'avril, mai et juin. Il n'avait donc qu'à obtenir de la complaisance paternelle une substitution qui l'introduisît dans le sein même de la cour. L'assentiment n'était pas douteux, et l'accord fut vite établi, grâce à « l'ordinaire » qui trois fois par semaine allait et venait entre Paris et Lyon. Le Père Poquelin apprécia sans doute tout ensemble et les commodités pour lui de ne pas quitter les affaires de son magasin et le crédit que son fils retirerait personnellement de l'exercice de sa charge dans des conditions si favorables pour se mettre en vue. Des actes positifs attestent que le père Poquelin ne s'absenta pas, en effet, de Paris, à cette époque ; et pour qui douterait de son remplacement par son fils, il faut spécifier que sa ponctualité habituelle reconnue, exemplaire, l'eût préservé de faire défaut, et d'encourir ainsi « la privation » même de sa charge. Une ordonnance royale du « 9 février » intima l'ordre « aux officiers » d'être exacts. Poquelin père n'était pas homme à y manquer. Certes, les « 300 livres de gages » et les « 37 livres 10 sols de récompense » qui rémunéraient le service d'un tapissier valet de chambre, n'étaient pas d'un irrésistible considération à ses yeux : mais ce titre et les prérogatives particulières qu'il comportait donnaient à un marchand un prestige et des avantages sérieux et dignes d'être recherchés. Il y tenait assez pour ne pas s'exposer à les perdre. La suppléance du fils était donc tout indiquée, dès l'instant surtout qu'il se trouvait presque sur les lieux où il aurait à la remplir.

Molière et ses associés attendirent-ils le passage du roi à Lyon, ou s'empressèrent-ils d'aller à Narbonne prendre possession d'un jeu de paume et, par une installation préventive, se créer des droits de premier occupant ? Jusqu'au mois d'avril, Molière pouvait disposer de sa personne et de son temps ; et il savait, au reste, que les fonctions d'un tapissier de quartier n'enchaînaient guère sa liberté personnelle. Les musiciens valets de chambre du roi avaient la faculté de donner des concerts « en visite ; » au temps de sa faveur éclatante à la cour de Louis XIV, Molière con-

ciliera et les intérêts de son théâtre et ses devoirs de
tapissier valet de chambre. A Narbonne il en serait,
il en devait être de même. Molière n'avait donc pas
à se séparer des Béjart, loin de là! Mais y avait-il urgence à prendre les devants? Sans doute estima-t-il
plus agréable, à cause de l'imprévu des accointances,
d'attendre le cortège du roi, et après la descente du
Rhône en bateau jusqu'à Avignon, de continuer la
route — comme Voiture et les beaux-esprits et les artistes — « en fourgons ». Ici, d'ailleurs, l'imagination
des biographes, en vertu de ses légitimes franchises,
peut supposer que Molière, déjà moralement et poé-
tiquement naturalisé méridional par l'amitié du provençal Gassendi, comprit au fond, d'instinct, que
ses représentations de théâtre, dans le pays de son
maître, devaient être précédées d'une sorte d'officielle
présentation de sa personne. Il n'en coûte pas trop
à la vérité de croire que, comme par un indicible pres-
sentiment, Molière voulut que le roi de France lui-
même fût son introducteur public dans cette région
du soleil qui devait être un jour la patrie adoptive de
son génie!

Le roi ne se fait pas attendre. Il brûle les distances.
Parti de Fontainebleau le 3 février, Louis XIII cou-
che à Nemours ce soir-là, le 4 à Montargis, le 5 à
Briare, le 6 à Cosne, le 7 et le 8 à la Charité, le 9 à
Nevers, le 10 à Saint-Pierre-Le-Moustier, les 11 et
12 à Moulins, le 13 à Varennes, le 14 à La Palisse,
le 15 à Roanne, le 16 à Tarare, et il arrive à Lyon
le 17, où d'heureuses circonstances le retiendront
quelques jours. Louis XIII est bientôt suivi par Richelieu, avec son escorte à lui, escorte si imposante
et si majestueuse qu'on pourrait se demander lequel
est le véritable souverain, du roi lui-même ou de l'om-

nipotent ministre. A peine arrivés à Lyon, l'un et
l'autre, comme si cette campagne de Perpignan devait s'ouvrir par un coup de théâtre, un messager
apporte à la cour l'annonce d'une grande victoire rem-
portée sur les Allemands par le comte de Guébriant.
Est-ce en vain que Richelieu fait concurrence à Corneille et qu'il a si pompeusement édifié dans son propre palais une salle de spectacle à son usage ? Il a le
grand art de toutes les mises en scène — de celle des
événements aussi. Il sait remuer les fibres patrioti-
ques. Associant à la majesté d'une cérémonie reli-
gieuse l'exaltation du sentiment national surexcité par
un triomphe, c'est lui-même qui, le 22 février, dans
la basilique de Saint-Jean, préside au chant du *Te
Deum*, tandis qu'une foule immense, que l'église
n'a pu contenir, repercute et traduit, au dehors, à sa
manière, les actions de grâces liturgiques, par de for-
midables acclamations populaires en l'honneur de
celui qui, homme d'Etat et cardinal, semble à cette
heure deux fois le ministre de Dieu ! L'histoire des
grands hommes a droit aux légendes épiques : supposez que Molière acclamait Richelieu ce jour-là.

Molière, ce jour-là et les jours suivants, n'eût fait
que comme tout le monde, en applaudissant le grand
auteur de cette tragédie : l'unité nationale. Le voyage
de Richelieu à travers le Midi allait être, fut, une
perpétuelle ovation triomphale. Le roi disparaît comme un simple comparse dans ce plein soleil radieux
d'une personnalité glorieuse. Le 2 mars, toute la ville
d'Avignon est sur pied pour recevoir Richelieu ; tous
les habitants vont l'attendre au loin, sur les chemins,
avec des flambeaux et des torches, car la nuit tombe ;
et à son entrée dans la cité latine, une illumination
splendide transforme la nuit en jour éclatant. Il était

réservé à Molière, arrivé aux portes du Languedoc, d'y entrer par un arc de triomphe, sinon comme Richelieu, du moins avec Richelieu. — Eh! à regarder l'œuvre des deux hommes, quel est celui qui a fait le plus pour la véritable unité française, ou de l'homme rouge, rouge de sang parfois, qui abattait à coups de hache, bûcheron terrible, les aristocraties féodales en rébellion, ou de l'homme pâle des longues veilles, et blanc aussi de la farine des farces, qui, du nord au midi, sous les coups de fouet de la satire fit se cabrer l'esprit français pardessus les frontières provinciales. Lequel est le plus grand? Bientôt, dans quelques années, Molière parlera en maître, de par la toute puissance du rire, dans la demeure même de Montmorency, et j'y pense déjà, et il me semble, ô Mascarille, sublime exécuteur des hautes œuvres gauloises, il me semble qu'à refaire la France à coups d'échafauds, c'est encore toi qui eus le plus beau rôle ! Mais n'anticipons pas.

Éclipsé, annihilé par son ministre, Louis XIII s'était mieux que résigné à cet effacement profond : il en avait fait la loi de sa modestie. Le 27 février, dès avant Avignon, Louis XIII avait écrit aux municipalités, tout en émoi et en joie à cause de sa venue, de s'abstenir de trop vives démonstrations. Il recommandait qu'on ne se mît point en frais pour le recevoir, prescrivant aux édiles de lui « rendre brièvement leur devoir en la manière accoutumée (1). » Louis XIII n'avait pas le goût des manifestations théâtrales ; à l'approche même des villes exubérantes et exultantes du Bas-Languedoc, il n'en avait pas seulement un dédain fait de pudeur et d'indifférence : il en avait une appréhension réelle. Econome de sa na-

(1) Lettre datée de Montélimar. (Voir les archives municipales de Nîmes, Lunel, Montpellier, Béziers.)

ture, il craignait qu'on ne fît d'excessives folies en fêtes ; il réservait à l'argent de ses sujets un plus sérieux et plus pratique emploi. Sa lettre, prohibitive de toute dépense extraordinaire pour cérémonies de réception, paraît avoir été suggérée par une correspondance de Béziers, insérée dans la *Gazette* du 17 février, où il était dit : « La joie que le peuple conçoit en ce pays de la venue de sa Majesté est d'autant plus grande que la cueillette des blés et des vins n'avait point été si bonne dans la province depuis plusieurs années. » L'allégresse publique n'eut plus qu'à s'exprimer à bon compte, en sourdine. Bagnols, après Montélimar (le 28 février), Montfrin (le 1er mars), Nîmes (le 2), Lunel (les 3, 4, 5 et 6), Montpellier (le 7 mars), Pézénas (le 8), Béziers (le 9) et Narbonne, terme momentané du voyage, reçurent avec une paisible et déférente politesse, selon le cérémonial « accoutumé, » l'auguste rabat-joie — tandis que Richelieu, faisant bande à part, avec une escorte moins sévère, passait à son tour en triomphateur, là même où le roi était passé sans bruit et presque en bourgeois.

Narbonne était le point de concentration de l'armée en marche, dont Louis XIII s'était réservé le suprême commandement. Elle se composait de 22,000 hommes, sous les ordres, en second, du maréchal de La Meilleraye. Du reste, un corps d'avant-garde assiégeait déjà Perpignan, avec le maréchal de Brézé pour chef Du 10 mars au 21 avril, l'organisation complète et définitive des troupes s'opéra avec les habituelles lenteurs d'alors ; et Louis XIII demeura tout ce temps à Narbonne, laissant au maréchal de Schomberg, gouverneur du Languedoc, le soin de faire les honneurs de la ville et de la Province à la nuée des courtisans qui s'était abattue là. Le duc de Schomberg était un brillant officier, comme son père, dont il avait hérité pour ainsi dire le bâton de maréchal et les fonctions. Maints poètes d'alors avaient célébré ses heureux combats à Leucate, dans une précédente campagne en Roussillon. Il se piquait d'encourager les arts et la poésie ; et à ce titre c'était une bonne fortune pour les poètes et les artistes qu'il eût reçu des circonstances et par interim comme une investiture de surintendant général des beaux-arts en province. Nul n'était plus apte ni doué de plus de tact à s'en bien acquitter. Aussi, pour ne pas perdre de vue notre monde, aussi les poètes, et le chevalier Tristan et Dassoucy en tête, applaudirent-ils à l'envi à cet événement. Le chevalier de L'Hermite, dans l'effusion lyrique du contentement que lui causait « le retour de Mgr le maréchal de Schomberg près de sa Majesté à Narbonne, » ne craint pas de ranger ce fait parmi les exploits les plus mémorables de son héros. Les vers sont médiocres, mais ce qui ne l'est pas, c'est l'admiration du poète pour ce soldat doublé d'un Mécène,

Adoré du pays et chéri de son prince.

Grâce au maréchal de Schomberg, Narbonne, malgré le carême et malgré la maladie aggravée de Richelieu, devint une résidence vraiment royale. En vain, comme pour écarter la concurrence, Voiture écrit-il que les poètes y recevaient si froid accueil que, « Apollon fût venu lui-même à Narbonne, il n'y eût été reçu qu'en qualité de chirurgien ». Bois Robert, par ordre du médecin Citois, n'est pas moins indispensable que jamais au cardinal, et Dassoucy n'en bouffonne pas moins auprès du roi. Et même quand le roi s'apprête à faire ses Pâques et le cardinal à faire son premier testament, il n'est pas certain que la gra-

vité du moment rende sérieux tout ce monde frivole
qui ne demande qu'à s'amuser. Voiture, à commencer par lui, fait-il un bon mot de moins? Les beaux-
esprits ne se possèdent pas d'être à pareille fête; la
préciosité locale ne sait ni où ni comment se mettre
pour afficher le bel air de la cour. C'est à qui se per-
suadera même qu'un madrigal de sa composition
contribuera à l'importance historique de l'expédition
militaire, dont le séjour à Narbonne est un épisode.
Voilà le poète La Mesnardière qui, afin que la postérité n'en ignore, libelle ainsi qu'il suit l'adresse
d'une « galanterie » en vers : *A l'aimable et spirituelle Mlle d'Aucelesses de Narbonne, la cour y étant,
au voyage de Perpignan.* L'Hôtel de Rambouillet a
des succursales en province; et c'est d'hier (18 février
1639) que Balzac écrivait gravement à Chapelain :
« Que serait-ce que de vous demander des nouvelles
Nouvelles de l'Hôtel de Rambouillet, comme vous
avez cru que je le faisais, si ce n'est de vous obliger à
être le plus grand historien de ce siècle? Un jour de
l'Hôtel de Rambouillet vaut mieux que plusieurs siècles d'ailleurs ». On en est là à Narbonne; et le phé-
nix des hôtes du salon bleu, Voiture, n'y change rien,
au contraire. Pour son monde, le siège de Perpignan
n'est qu'un détail tout au plus bon pour les gazettes.
Quand Molière fouaillera les Précieuses, pecques de
province et autres, nous saurons du moins que cela
peut tirer à conséquence, même pour le patriotisme,
et qu'il y a une leçon de mœurs sous une querelle de
mots. En attendant, comme il n'y a pas que les seuls
grands esprits qui se rencontrent, Voiture fait des
vers burlesques à l'égal et en compagnie de Dassoucy
qu'il appelle « La Sussie, » car le bel-esprit ne néglige jamais l'occasion d'une calembredaine enfan-

tine. On rit et on fait rire comme on peut. Sans ru-
doyer les mièvres plaisants, le maréchal de Schomberg eût volontiers penché et versé du côté de la
« haulte graisse. » Lôret plus gaillard, Grillet plus
égrillard étaient mieux à son gré de leur nature, talent hors de cause. C'est par ce fonds de gauloiserie,
discrète mais en éveil, qu'il devait être accessible à
Molière, Gaulois plus aiguisé que déguisé alors.

On sait que le maréchal avait en Languedoc sa
troupe de comédiens privilégiés. La Pierre, qui la di-
rigeait, n'était pas moins choyé du public que de son
illustre patron. Telle était sa popularité, et telle aussi
l'estime dont l'honorait le maréchal, qu'on lit dans
l'*Inventaire des archives municipales* de Narbonne,
sous la date subséquente, il est vrai, du 4 février 1645 :
« Double vote du conseil communal : — 1° construc-
« tion d'une galerie dans la grande salle de la maison
« consulaire, *sur l'ordre de Mgr le maréchal de
« Schomberg, afin que le monde qui ira entendre la
« comédie ne soit pas trop pressé;* 2° autorisation à
« MM. les consuls de donner telle gratification qu'ils
« jugeront convenable à *la bande de La Pierre,* qui a
« accompagné les consuls le jour de leur élection et le
« lendemain à rendre les actions de devoir qu'ils
« avoient à faire à la chapelle de Saint-Just, aussi
« ayant chanté à leur messe de Saint-Blaise à La Ma-
« jor. » J'ai transcrit tout le passage, car il nous montre les éléments divers dont était constituée cette troupe
de La Pierre, pour laquelle on se mettait en si grands
frais. Le chant s'ajoutait à la musique, aux ballets et
à la comédie. La Pierre « d'Avignon, » dit *Le Comtadin,* occupait dans le Midi la place que Molière était
destiné à prendre, et que d'ailleurs La Pierre lui céda
à moitié, de bonne grâce, puisqu'ils s'associèrent. Il

faut bien croire que le maréchal de Schomberg avait
eu la main heureuse [en le choisissant, car il mérita
d'être plus tard le collaborateur de Molière et de
Lully. Il figurera, en effet, dans le personnel dansant
de tous les ballets adaptés aux comédies du maître ;
Lully se l'attachera pour toutes ses créations chorégraphiques, et à la mort de Lully, fidèle à la passion
de toute sa vie, trop âgé pour ne pas songer à la retraite, mais toujours militant et méritant, La Pierre
achètera des héritiers du musicien le privilège de
créer l'académie de musique de Rouen. Par traité du
15 septembre 1688, La Pierre, en effet, acquiert de
« Madeleine Lambert », veuve de Lully, et de « Nicolas
« Francine, son gendre, le droit d'établir une aca-
« démie de musique dans la ville de Rouen pour
« des représentations d'opéra tant en français qu'en
« langue étrangère (1). » Pour la comédie française
comme pour l'opéra français, La Pierre était donc un
bon ouvrier de la première heure. En 1642, il faisait
florès. Il est question de lui dans le *Théâtre de
Béziers*, où il a droit de cité. On y révèle qu'il va de
Bordeaux en Italie. *Les Rimes Redoublées* de Dassoucy contiennent tout le long prologue d'un ballet
dansé à Turin, prologue dit par « les deux filles de
La Pierre » — « deux comtadines ». Et encore que
Dassoucy soit sujet à caution dans ses enthousiasmes,
un passage de ses fantaisistes *Amours d'Apollon et de
Daphné*, sous sa forme toujours burlesque, ne nous
apprend pas moins l'extraordinaire faveur dont jouit

---

(1) L'acte est passé par devant Moufle et Béchet, notaires, à Paris.
M. Charles Nuitter, archiviste de l'Opéra, l'a cité dans une lecture
à la réunion des Sociétés des Beaux-Arts à la Sorbonne, en avril 1882,
sans soupçonner, en parlant d' « un sieur La Pierre », qu'il tenait de
si près — et de si loin — à l'histoire de Molière et même de l'Opéra

La Pierre dans la spécialité de la musique galante.
Dassoucy, pour donner une idée de l'invincible et
désespérante résistance de Daphné, conte que le dieu,
comme moyen suprème de séduction, a beau

> Luy faire entendre la musique
> De *La Pierre* et de Constantin,
> Luy mener le jeune Martin
> Et Monsieur Lambert, son compère —
> Cela ne lui profite guère,
> Non plus que les petits poulets,
> La comédie et les ballets.

Que La Pierre ait été de « service » à Narbonne,
et notamment aux réceptions du comte d'Alais, gouverneur de Provence, du prince de Monaco et du duc
Thomas, de Savoie, venus pour rendre hommage à
Louis XIII, il n'en faut pas douter. C'était le cas où
jamais pour le maréchal d'avoir une troupe et, l'ayant,
d'en faire usage. Bals, ballets, comédies, le dessus du
panier du répertoire dut être offert en ces jours de fêtes. Et sans doute Molière y prit part avec Madeleine
Béjart et ses camarades. Leurs communes amitiés
devaient amener entre Molière et La Pierre d'inévi-
tables rapports et une intimité prochaine. D'ailleurs,
je ne hasarde guère une hypothèse sans fondement
positif. Les comptes de la maison du roi, parmi les
dépenses de l'année 1642, enregistrent une allocation
gracieuse de 600 livres « aux petits comédiens ; » divers moliéristes se disent autorisés à croite que ces
« petits comédiens » anonymes ne sont autres que
ceux dont Louis XIII « fit connaissance pendant son
long voyage » de Narbonne (1). L'adjonction de la
petite troupe de Molière à celle de La Pierre donne
la clef de cette enigme en nous tirant du vague et

(1) J. Loiseleur, *Les points obscurs de la vie de Molière* p. 106.

du vide. Car si Louis XIII a jamais connu des comédiens grands ou petits durant son voyage, sachant
qu'il refusa de s'amuser et même de s'arrêter en
route, au retour comme à l'aller, il ne pût les voir
jouer qu'à Narbonne. Sa chambre de musique, ses
musiciens ordinaires, y étaient; des comédiens, sinon
ses comédiens, pouvaient y être de même. La preuve
que les musiciens du roi jouèrent à Narbonne, la
voici une fois de plus. La *Gazette* annonce que le
jour du Vendredi-Saint, 19 avril, « les ténèbres » furent « dites aux Carmélites par la musique de Sa Majesté. » — J'ajoute que les orgues étaient tenus par
« Aranda, fameux organiste de Séville, » attaché à
la cathédrale de Saint-Just; mais ceci ne prouve que
les remarquables ressources artistiques dont disposait alors la ville de Narbonne, indépendamment des
artistes parisiens et autres que la présence du roi avait
attirés par exception dans ses murs. La musique du
roi était bien à Narbonne.

Le surlendemain du jour où « la musique de Sa
Majesté » avait dit « les ténèbres » aux Carmélites, le
roi fit « ses Pâques aux Capucins, » — et le soir même
il quittait Narbonne pour se rendre enfin devant Perpignan. Et Molière, de par les obligations de sa charge,
l'y suivit sans doute, — tandis que, de leur côté, les
Béjart de concert avec La Pierre allaient, grâce au voisinage de Béziers et à la tenue des États du Languedoc dans cette ville (2 mai) pouvoir mettre le temps à
profit. Richelieu restait à Narbonne, inquiet, om-
brageux, plus préoccupé de l'ébranlement de sa situation auprès du roi que de l'aggravation de sa maladie.
Il se sentait miné et menacé par les intrigues de Cinq
Mars. Louis XIII comptait d'ailleurs qu'il n'aurait
guère qu'à se présenter devant Perpignan pour en re-

cevoir la reddition. Après avoir couché le soir du
21 avril à Sigean, il était arrivé le 22 à Leucate, où
Turenne avec 300 chevaux vint à sa rencontre pour
le conduire au quartier général. Le 22, le roi prenait
possession de la métairie d'En Johan Pauques, près
Saint-Estève. Le maréchal de La Meilleraye s'était établi aux Arcades, près d'Elne. Outre Turenne, le futur maréchal Fabert, un des beaux noms du patriotisme français, était dans l'armée de Perpignan ; le
jeune duc d'Enghien, celui qui sera le grand Condé,
allait y venir. Il y avait là, dans ce canton de la vieille
Catalogne, bien du génie en incubation et en réserve !
— Sur les agrestes collines pyrénéennes, Molière cou-
doya peut-être plus d'une fois Turenne ; et cela le remit sans doute des fadaises de la préciosité. Le vent qui
soufflait des montagnes voisines était d'ailleurs pu-
rifiant et fortifiant, et le poëte, dès lors et de toute
façon, prit l'habitude de respirer sur les hauteurs l'air
de la liberté, même sous une livrée royale.

Le siège traînait en longueur. Perpignan ne se
rendait pas. Fatigué de ce contre-temps prolongé, à
son tour mis dans l'anxiété par la retraite de Richelieu aux bains de Montfrin, près de Nîmes, soup-
çonnant enfin autour de lui les sourdes et louches
menées de son favori Cinq-Mars, Louis XIII, sur les
conseils opportuns de ses médecins, se décida brusquement à quitter le camp et à reprendre le chemin de
Paris. — Le 10 juin, sous bonne escorte conduite par
Turenne, il se rendit de la métairie d'En Johan Pauques à Sigean, où il passa la nuit pour être à Narbonne
le lendemain. — C'était la seconde fois qu'il s'arrêtait
dans ce bourg. A cette double station de quelques heures, on a rattaché une particularité de la biographie de
Molière. On a raconté que Louis XIII étant l'hôte du

riche bourgeois Ferrier, Molière de son côté, avec une partie de la domesticité du roi, se trouva logé chez un autre bourgeois du nom de Martin Melchior Dufort, qui devint désormais son ami. Quatorze années plus tard, ce même Dufort est, en effet, mêlé à une affaire d'argent — qui a grand besoin d'être éclaircie — et dans laquelle on veut qu'en souvenir de cette première liaison contractée à Sigean, Dufort et un autre bourgeois de Narbonne, chez qui Molière n'avait pourtant pas logé, se portent caution, par pure obligeance, d'une somme souscrite par le prince de Conti en faveur de Molière. Durant ce voyage, Molière dut se trouver en contact avec trop de gens pour n'avoir pas chance de se faire des amis dans le nombre; et qu'il fît là connaissance de Dufort à Sigean ou ailleurs, il n'y a nulle invraisemblance à l'admettre. Ce qui n'est ni logique ni même naturel, c'est, quand on a étudié à fond l'affaire en question, de croire et d'écrire que la rencontre de Sigean a pu tirer à conséquence. Je me hâte de le déclarer, et les pièces justificatives viendront à leur place, on s'est mépris sur le rôle prétendu amical et désintéressé de Dufort en cette occurrence. Et parce qu'on l'a trop représenté comme un bon homme, victime plus tard du service rendu à Molière — le service était au contraire rendu au prince de Conti; — parce qu'on a opéré, au profit de cet étapier et brasseur d'affaires, bailleur de fonds, pêcheur en eau trouble et très trouble, une sorte de captation d'estime et de sympathie aux dépens de Molière, qui en paraît ingrat, sans cœur et même sans probité; enfin parce que dans tous ces récits, dans ces racontars, devrais-je dire, la vérité est violemment outragée, — il sera fait justice de toutes ces erreurs une bonne fois pour toutes. —

Du reste, M. Emmanuel Raymond, l'auteur d'un opuscule sur les pérégrinations de *Molière en Languedoc*, publié en 1859, et cité souvent par ceux qui aiment les à peu-près agréables, M. Emmanuel Raymond n'a pas été plus heureux dans le rôle qu'il fait jouer à Molière dans l'arrestation de Cinq-Mars à Narbonne, quelques jours après le passage à Sigean.

La recherche des anecdotes à sensation n'est point interdite dans l'histoire d'un grand homme. Encore faut-il se garder de réinventer des événements connus et où l'imagination n'a plus à broder. M. Em. Raymond assure d'après un document narbonnais, qu'il ne précise ni ne produit pas autrement du reste, qu'un « jeune valet, » dont on ne dit pas le nom, essaya de faire évader Cinq-Mars du « logis du roi, » par une porte secrète donnant issue dans la cathédrale de Saint-Just, quand les agents du roi vinrent pour l'arrêter. Or, on sait que Cinq-Mars ne fut pas arrêté au « logis du roi, » parce qu'il était ailleurs. D'après l'histoire — non d'après la légende — Louis XIII, arrivé à Narbonne le 11 juin, y séjourna le 12, et, dans la matinée du 13, prit le chemin de Béziers, ayant au préalable confié au capitaine de ses gardes, Charost, l'ordre de s'emparer de Cinq-Mars. Dès la première heure du jour suivant, c'est-à-dire du 14, l'ordre fut exécuté. Cinq-Mars, redoutant d'être appréhendé justement dans « le logis du roi, » où il logeait, et conciliant d'ailleurs ses instincts de prudence avec ses habitudes de galanterie, était allé passer la nuit chez « deux belles filles » de petite vertu, dont l'oncle, un sieur Sioujac, le dénonça. Charost se saisit de Cinq-Mars — et nul jeune valet n'eut à paraître et ne parut en effet. — Au surplus, le roi étant à Béziers quand il reçut la nouvelle de cette arrestation, comme l'attes-

terait au besoin sa lettre écrite de cette ville dans la
matinée du 14 au duc d'Orléans (1), tout porte à supposer que, y eût-il encore un jeune valet chez les
deux belles filles, ce jeune valet anonyme ne pouvait
être Molière ; car, de par l'alternance des deux chambres, si Molière était de service à Sigean le 10, il n'a-
vait pas dû séjourner à Narbonne. Il devait être à
Béziers. Bien plus, le 15, Louis XIII alla coucher à
Marseillan afin de s'embarquer de là pour Fronti-
gnan ; et c'est à Marseillan que devait être, dès le 14
au matin, le valet de chambre de service à Narbonne.
Molière ne pouvait en aucun cas assister le 14 à l'arrestation de Cinq-Mars. — Mais on a insinué qu'il
serait vraiment dommage que le récit de M. E. Raymond fût controuvé. Il est controuvé : en quoi est-ce
dommage ? Est-il à regretter que celui qui sera Molière n'ait pas été, dans un pur élan de générosité juvénile, l'inconscient complice d'un traître à la patrie
en essayant de soustraire Cinq-Mars à la vindicte
royale ? Dans un de ses paradoxes favoris de senti-
mentalité abusive, la poésie moderne a cru devoir entreprendre la réhabilitation posthume de ce débauché
félon, traître à l'amitié d'ailleurs comme à la patrie,
et qu'on a tout de même transformé en martyr. Pour
de plus nobles victimes gardons notre sincère et saine
sympathie ! Surtout évitons, pour Molière, le compromission de certaines solidarités rétrospectives. L'acte
de dévouement et de pitié dont on prétend lui faire
honneur, sa gloire n'en a pas besoin, Dieu merci !
L'histoire de sa vaillante et libre jeunesse peut s'en
passer, à coup sûr, sans exciter moins d'intérêt et d'admiration ! — S'il s'agit de poétiser l'histoire de France

(1) *Histoire de Louis XIII*, par le P. Griffet.

par de magnifiques alliances de noms, s'il s'agit de
mêler le souvenir des grands hommes au souvenir des
grands événements nationaux, — eh! bien, à la condition de rester, sinon dans l'absolue exactitude chro-
nologique, du moins dans la vérité morale et patriotique, eh! bien, ne peut-on pas mieux choisir, en fait d'é-
vénements, dans cette campagne de Perpignan, pour y
associer le nom et la jeunesse de Molière? J'aime mieux
Molière avec Turenne, ou Fabert, ou Schomberg, ou
Richelieu, qu'avec Cinq-Mars. Je l'aime mieux tel
qu'il est et où il est. Je l'aime mieux, comme hier et
comme demain, avec Madeleine Béjart, fût-elle une
fille, qu'avec cet homme — qui n'en fut pas un! Non,
la place de Molière, même une place imaginaire, n'est
pas à côté de Cinq-Mars; c'est tout au plus celle de
Dassoucy : et cette fois, on n'a rien à inventer pour
l'y mettre. Je m'explique : Dassoucy qui se mêlait à
tous et de tout, admis sans cesse dans le « cabinet »
de Louis XIII, en qualité de « Phœbus garde-robin, »
Dassoucy passait alors de la garde-robe royale à l'al-
côve des favoris royaux. En tant que poète? Je veux
le croire. Le parasitisme est sujet aux métamorphoses. Cet ardélion de cour, cette mouche du coche qui
se prenait pour une abeille parce qu'elle s'agitait dans
les rayons d'un soleil par métaphore, on peut sans
scrupule et en toute certitude le faire agir en partisan
de Cinq-Mars. Il en était plus qu'un partisan, une
créature. Parlant d'une des dernières liaisons galantes de Cinq-Mars, Tallemant des Réaux dit : « Le
« plus grand amour de M. Le Grand en ce temps-là,
« c'était Chémerault, aujourd'hui madame de la Ba-
« sinière. » C'est à la même Chémerault, — dont le
frère épousa plus tard la fille du financier Tabouret,
déjà nommé — c'est à elle qu'est dédiée une pièce de

vers, en stances, de Dassoucy, dont le ton, le sens et
l'accent laissent d'ailleurs deviner que c'est là une déclaration d'amour — par procuration. — Certes, je
ne prétends pas noircir, à la décharge de Molière, ce
Dassoucy, qui, d'ailleurs fut dès lors le « serviteur »
de notre poëte, à titre de « joueur de luth en comédie. » De tous les biographes de Molière, aucun n'a
jamais rendu une ombre même de justice à « l'empereur du burlesque, » dans ses rapports avec Molière. On verra à quel point je vais être juste envers lui,
car il faut être juste même avec Dassoucy. Mais relativement à Cinq-Mars, s'il y a possibilité d'équivoque, s'il y a apparence que quelqu'un alentour de
Molière ait jamais été, de près ou de loin, mêlé à l'arrestation de Cinq-Mars, l'identité de ce quelqu'un ne
doit pas faire doute. Je l'ai nommé. C'est bien Das-
sousy. Et je ne lui en fait pas si grand honneur — à
plus forte raison à Molière !

Encore une fois, si le sentiment public éprouve un
légitime besoin de relier par de glorieux synchronismes la biographie des hommes illustres à l'histoire
nationale, pourquoi cette association de Molière et
de Cinq-Mars? Vous pensez répondre aux exigences
de l'idéal français en agrandissant un fait-divers et
en le combinant avec un événement historique? Soit.
Mais, alors, que cette amplification de la vérité relative, que cette majoration poétique de la vie d'un
grand homme ne porte pas à faux pour ne pas manquer son effet! Si la conception d'une jeunesse de
Molière quasi-chevaleresque vous tente, mettez sa
bravoure dans son esprit, mettez son héroïsme dans
ses pensées, dans les grandes, celles qui viennent du
cœur : vous ne sortirez pas de la vraisemblance, et
vous ne cesserez pas d'être naturel, même en faisant

plus grand que nature. C'est dans l'ordre des idées
bien plus que dans l'ordre de faits — vous me le per-
mettez — que je supprime les distances et que je fais,
par droit de majoration, fraterniser la pensée de Molière avec celle de Richelieu. Tenez, le 23 mai, hier,
à Narbonne, Richelieu a dicté à maître Falconis, notaire, un testament qu'il ne croyait pas avoir à refaire : et dans ce testament il y a cette clause : « Mon
« dessein est de rendre ma bibliothèque la plus ac-
« complie que je pourrai et la mettre en état qu'elle
« puisse servir non seulement à ma famille, mais en-
« core au public et aux hommes de lettres. » Ici, l'histoire politique ouvre ses bras à l'histoire littéraire.
J'en prends acte : et je fais dater de ce même jour dans
le cerveau génial de Molière le projet de donner à la
Bibliothèque nationale cette sœur : la Comédie française! Et cette hypothèse a du moins le mérite de répondre à la question qui pourrait être faite : A quoi
pensait Molière près de Richelieu? — Mais restons
sur la terre ferme.

Louis XIII était à Béziers le 14 juin; il en partait
pour se rendre à Monfrin, auprès de Richelieu; le 13
juillet il arrivait à Lyon et le 22 il rentrait à Fontainebleau. Pour Molière, de quartier en avril, mai et
juin, sa libération du service devait donc s'effectuer
à Montfrin. — Tous les biographes, à la suite d'une
phrase de Sainte-Beuve, qui n'est qu'une phrase, veulent que Molière ait assisté à l'exécution de Cinq-
Mars à Lyon. A son retour de Perpignan, il fut, dit
Sainte-Beuve, « un des témoins du dernier acte de
cette étrange tragédie, amère et sanglante dérision de
la justice humaine ». Or, l'exécution eut lieu le 12
septembre, après des formalités de procédure dont ni
Louis XIII ni Richelieu n'eurent la patience d'atten-

dre la fin à Lyon même. La disgrâce, l'emprisonnement, la décollation de Cinq-Mars — hélas ! et de
Thou, — quelque retentissement qu'ils eussent, ne
paraissent pas nécessaires pour suppléer dans la biographie de Molière, en 1642, à la pénurie des faits
positifs. Molière était tapissier valet de chambre.
Commençons par étudier l'emploi de son temps jusqu'à la fin de juin ; ensuite nous examinerons ce
qu'il put faire durant les mois de juillet, août et septembre, même de septembre en décembre. En attendant et pour avoir compté sans l'hôte de Louis XIII
à Béziers, comptons deux fois. — A Béziers, le roi
était descendu à l'évêché. C'est de là qu'il avait écrit,
le 14 juin à son frère, le duc d'Orléans, la lettre à laquelle il a été fait allusion et qui commence ainsi :
— « Depuis ma lettre écrite ce matin, M. Le Grand
« a été trouvé caché dans un logis de Narbonne, où
« je l'ai fait arrêter. » La conspiration dont Cinq-
Mars était la victime, après en avoir été l'instigateur,
avait été ourdie, tramée, de manière que Gaston d'Orléans en fût le bénéficiaire. Sur le coup de la saisie
de Cinq-Mars, Voiture lui-même oublia de faire le
plaisant. « Monsieur est perdu ! » écrivait-il, tout
effaré. Mais il n'y eut de perdus que les « gens de
Monsieur. » Et même pour ne pas trop paraître dans
la situation d'un accusé, « Monsieur » affecta, d'accord avec Louis XIII et sa paix faite, d'aller en villégiature dans les Dombes et le Beaujolais. C'est là, à
Villefranche (1), qu'une délégation judiciaire devait se

(1) Voir dans les *Archives des missions scientifiques et littéraires*,
1864, t. I, le rapport de M. Eudore Soulié sur ses *Recherches rela-
relatives à la vie de Molière* en province. Supposant, en toute raison,
que « Molière avait pu s'arrêter à Villefranche en venant de Dijon, »
M. Soulié se rendit dans cette ville, et y releva l'acte de baptême, à la date de 1668, d'un fils du comédien du roi « François

rendre auprès de lui pour recevoir sa déposition au procès. En août et septembre, de ce fait, où je voulais en venir, les Béjart et Molière, auront à opter entre Lyon et Villefranche ; et il se peut que l'abbé de La Rivière, secrétaire particulier du duc d'Orléans, ami et protecteur des frères L'Hermite auprès du Prince (1), fasse pencher la balance de ce côté. En l'état, il reste ou entendu ou sous-entendu que dès Béziers, à l'insu ou non de Molière, il y a présomption pour que Molière n'assiste pas à l'exécution de Cinq-Mars. Mais c'est pour autre chose qu'il importe de compter avec l'hôte de Louis XIII à Béziers : et « le chevalier Tristan » ne sera pas étranger à ces nouveaux calculs.

L'évêché de Béziers était alors occupé par Thomas de Bonzi, un des cinq prélats Florentins qui, durant près d'un siècle, firent revivre sur ce même siège les goûts artistiques et les mœurs raffinées des Strozzi et des Médicis leurs parents. Plusieurs d'entre eux avaient été, à l'occasion, des négociateurs habiles, déliés, rusés, à la mode italienne, soit à Madrid, soit à Rome et à Venise. Clément de Bonzi avait les vertus d'un prêtre et les aptitudes d'un diplomate : affaire de race et d'hérédité. Il déployait le luxe d'un patricien ; tolérant en matière de religion, accueillant et bienveillant pour les artistes, il tenait table ouverte avec la libéralité d'un grand seigneur. Les comédiens d'Italie ou revenant d'Italie étaient toujours les bienvenus ; et

Moutiers du Roché *alias* le « Du Rocher » de Dassoucy. Le parrain était Jean de Sansay, sieur de La Molière, écuyer de son Altesse Royale dont le père, Antoine de Sansay, était au Présidial de Lyon au temps de Molière. L'un des témoins est Philippe Toubel, parent probablemsnt de Romain Toubel, que Mlle de Brie et Molière tinrent sur les fonts baptismaux, le 10 septembre 1669.

(1) Voir dans *La Lyre du sieur Tristan*, dans les *Vers Héroïques* et dans *les Meslanges héroïques et burlesques*, nombre de pièces dédiées à l'abbé de la Rivière.

Dassoucy, en 1656, quand les députés des États ne le reconnaîtront plus à la suite de son esclandre épouvantable de Montpellier, Dassoucy trouvera à l'évêché l'hospitalité indulgente et charmante d'un prélat qui a de l'esprit et qui est toujours italien (1). L'hospitalité ! c'est un des grands moyens de séduction des Bonzi. Lisez plutôt certaine page (2) de la *Toscane Française* publiée en 1661 par J.-B. L'Hermite, dit le chevalier Tristan. Après avoir rappelé l'amitié de Louis XIII pour le comte de Bonzi, père de l'évêque de Béziers, qui avait fait le coup d'épée au Pas de Suse, « depuis, dit L'Hermite, ce comte particulièrement généreux envers toutes les personnes de nostre nation, au temps de son séjour à Florence, les a toutes reçues en sa maison avec régales à profusion ; et le feu roi (Louis XIII) d'heureuse mémoire, avoit une si particulière confiance en luy, qu'il ne passoit aucun ambassadeur pour Rome, Florence ou autres lieux d'Italie, que Sa Majesté ne luy escrivit et ne les luy recommandast. Les courriers de cabinet venoient mettre pied à terre chez le comte de Bonzy, comme à la maison du Roy ; les princes et seigneurs luy faisoient pareil honneur ; il receust en sa maison son *Altesse le feu comte de Soissons, qu'il défraya avec toute sa suite, pendant le temps de son séjour à Florence, comme le duc d'Epernon et autres seigneurs*, n'ayant point de contentement si parfaict que de traiter ainsi tous les François. Ce seigneur est de présent (1661) retiré en Languedoc ». — A Béziers, après la mort du comte de Soissons à la Marfée, l'année précédente, Molière, par l'évêque de Béziers eût pu donner à Madeleine Béjart des nouvelles du comte de Modène ; car

(1) Voir Les *Aventures de Dassoucy*, chapitre XVII.
(2) Page 195.

le comte de Modène et le duc et le comte de Guise, et
le duc d'Epernon, le duc de Bouillon aussi, étaient à
Florence à la date du 14 juin, comme avant et après.
J.-B. L'Hermite, pendant le séjour du roi devant
Perpignan, avait été chargé d'une mission secrète de
la duchesse d'Epernon auprès de son mari. En était-
il revenu ? Il y était allé, c'est sûr, et il n'avait pas dû
tarder à en revenir, c'est plus que probable. Il y a ici
un jeu en dessous, un jeu de fils et un jeu de fibres,
entre la patrie et l'exil. L'Hermite en devient un personnage Un demi-mot du chevalier de L'Hermite
suffisait pour qu'à la même heure Madeleine Béjart
et le comte de Modène obtinssent chez les Bonzi, en
France et en Italie, à Béziers et à Florence, les mêmes
égards.

On sait que l'assemblée des états de Languedoc
s'était tenue à Béziers cette année. Ouverte le 2 mai,
sous la présidence de des Yveteaux, l'un des trois lieu-
tenants du roi en la province et l'un des originaux
du temps, elle avait été close le 1er juin. On sait que
La Pierre avait coutume d'assister à cette session an-
nuelle, courte ou longue (elle durait six mois d'ordinaire). L'usage des états était d'avoir le divertissement
de la comédie, de la musique et des ballets. Rien,
cette année comme les précédentes, n'avait empêché La
Pierre d'être à son poste. J'ai dit qu'il s'y était rendu avec
les Béjart. Il est permis d'ajouter, sans doute, qu'il
était encore à Béziers, le 14 juin, quand Louis XIII y
int, et Molière aussi. Ce qui va suivre fera mieux comprendre la légitimité absolue de cette supposition, qui
est moins gratuite qu'elle n'en a l'air. La sympathie déclarée de l'évêque Clément de Bonzi pour les comédiens franco-italiens comme La Pierre, ne lui était probablement pas moins acquise cette année que les pré-

cédentes, et Madeleine Béjart, en outre, pouvait encore
la faire accroître. Or, cette année, il y avait eu, par le
double fait de la très courte durée des États et de l'interdiction des fêtes à l'entrée du roi en mars, il y avait
eu comme un refoulement de le gaîté publique. Et l'on
a vu par la *Gazette* que les populations du Bas-Languedoc, celle de Béziers en particulier, étaient dispo-
sées à s'amuser et se réjouir plus que jamais. La ville
de Béziers — « la ville bouffonne, » comme dit le poète
populaire Roudil, de Montpellier, — n'avait donc pas eu
son compte. Il s'en fallait! La Pierre lui-même lui avait
manqué. Le carnaval, l'Ascension, la Saint-Jean,
étaient les grands jours de son « triomphe. » La Saint-
Jean seule lui restait. Il s'agissait de se rattraper à cette
date-là, et toute la semaine par la même occasion. Voilà
pourquoi La Pierre était comme retenu d'office, à
l'approche de la Saint-Jean, pour jouer son répertoire,
mais surtout pour prêter son concours aux représentations des pièces de circonstance composées par les fournisseurs habituels du *Théâtre de Béziers*. Qu'était ce
théâtre? De temps immémorial la tradition locale voulait qu'au jour de l'Ascension la ville de Béziers célé-
brât sa victoire sur des ennemis fabuleux, venus on ne
ne sait d'où, mais qui l'auraient mise au pillage et dé-
truite sans l'héroïme admirable d'un capitaine légen-
daire. Pour commémorer ce grand évènement, une ca-
valcade, composée de toutes les corporations avec leurs
attributs professionnels, parcourait les rues sur des
chars pavoisés. Le cortège avait en tête un chameau
symbolique et phénoménal, au milieu une « galère »
montée par des Turcs, et à la fin un théâtre ambulant sur
lequel la jeunesse représentait dans le principe des « gentillesses historiées » sur le triomphe de Béziers. Le li-
bérateur de la cité était le héros de la fête. L'imagina-

tion populaire croyait le retrouver dans une statue romaine affreusement et même grotesquement mutilée,
et qui ne tarda pas à servir de thème aux plaisante-
ries les plus grivoises, aux charges les plus cocasses.
L'intarissable verve des poètes languedociens se donna
libre et même licencieuse carrière sur ce personnage,
dont le nom de Pépézut rehaussait médiocrement la majesté absente. Dès lors, « les gentillesses historiées »
devinrent plus rares; elles firent place sur les tréteaux
à des farces rabelaisiennes ou aristophanesque, à des
pailhades d'une gouaillerie à outrance. On les repré-
senta au carnaval comme de juste, puis à la Saint-Jean,
fête des paysans. C'est le recueil, malheureusemen très-
incomplet, de ces divers ouvrages, d'une si curieuse
originalité, qui a formé le *Théâtre de Béziers*. Il com-
prend vingt-trois pièces. L'imprimeur-poète Jean
Martel, au XVIIIe siècle, les publia séparément à
leur première représentation, puis en deux séries,
l'une en 1629, l'autre en 1642. Elles ont eu le don de
passionner les collectionneurs de nos annales théâtrales. Pont-de-Vesle, le duc de La Vallière, M. de Soleinne s'efforcèrent d'en posséder le plus grand nombre.
On peut voir, notamment dans le catalogue de la bibliothèque de Soleinne rédigé par M. Paul Lacroix,
les trois numéros qui les concernent. Malgré l'estime
où de tels amateurs les ont tenues, elles n'ont pas été
appréciées à leur juste valeur. Le *Théâtre de Béziers*
est du plus haut intérêt, non seulement comme recueil
de documents pour l'histoire du Théâtre en France,
mais comme ensemble d'œuvres littéraires.

Les auteurs de ces pièces étaient de véritables poètes
de talent. Presque tous ont gardé l'anonyme ; mais on
peut nommer entre tous, Jean Bonnet, lauréat des jeux
Floraux de Toulouse, ami de Du Ryer qui a repro-

duit une de ses poésies d'hommage en tête de sa tragédie d'*Argénis et Polyandre*. Et, à ne citer que celui-là, on est fort loin d'avoir affaire à de grossiers fabricants d'élucubrations informes. Il y a là des scènes, des dialogues, des morceaux de style absolument remarquables ; et Molière leur a rendu justice en les imitant. Car Molière en a imité maintes parties. Pouvait-il en ignorer l'existence ? Outre qu'on les réimprima lors de son second séjour en Languedoc, en cette année 1642, durant son séjour à Narbonne et à Béziers, il en paraissait deux presque à la fois et non des moins dignes de son attention : *L'Histoire mémorable sur le duel d'Isabels et de Chloris pour la jouissance de Philémon*, qui est tout uniment la mise à la scène de l'actualité parisienne de l'année, le duel de deux actrices du Marais ; et les *Aventures de Gazette*, chapitre anticipé du *Roman comique* et qui est déjà mieux que du Scarron, presque du Molière. J'y reviendrai dans un instant. Comment Molière eût-il pu, même dès 1642, ignorer l'existence de ce *Théâtres de Béziers ?* Dassoucy semble y avoir collaboré pour les pièces bouffonnes. Sans parler de la similitude frappante de nombre de titres dans ce théâtre et dans les œuvres de l'empereur du burlesque, que d'expressions topiques et uniques dont Dassoucy s'est emparé et qui trahissent par leur saveur même leur provenance biterroise ! Dassoucy n'était-il pas d'ailleurs trop languedocien d'acclimation pour être plus qu'à demi-biterrois? A la fin de son *Jugement de Paris*, publié en 1647, vous pouvez lire un sonnet burlesque sur la statue du fameux Pépézut ; et s'on s'aperçoit bien qu'il n'en parle point par ouï-dire. Dans ses *Aventures* (1), il a un mot

---

(1) *Aventures de Dassoucy*, chapitre XII ; *Aventures d'Italie*, chapitre XII.

pour les « colles » de Béziers : colles, c'est-à-dire
bourdes, blagues, moqueries, duperies à la manière
de Mascarille. C'est qu'en effet Dassoucy était comme
un enfant du pays. A seize ans, M. de Caylus de Co-
lombiers (près Béziers) lui avait confié le soin d'apprendre la musique à ses enfants, au château des An-
gles (près Castres). A vingt ans, il donnait des leçons
de luth aux plus belles filles de Montpellier : c'est lui
qui le dit, et cette fois il dit vrai. Il est assez naturel,
d'après tout cela, qu'il possède et parle le vocabulaire
du cru. — Sous ce rapport, La Pierre et lui se sont
bien trouvés. En vrai méridional, fidèle à sa langue
maternelle, La Pierre est l'interprète en quelque sorte
en vedette et par excellence des productions comiques
de la Muse languedocienne. Ce n'est pas qu'à Béziers,
il n'y eût beaucoup de comédiens amateurs : les bandes du *Commerce*, des *Praticiens*, des *Marchands*,
des *Caritadiers* étaient là, sous les armes et sur la
brèche. Mais La Pierre était un maitre, et à défaut
d'un coup de main, on lui savait gré d'un coup d'œil.

C'est dans les *Aventures de Gazette* — un nom emprunté à Callot — que La Pierre est nominativement
en cause. Peut-être y avait-il collaboré. Dès le lever
du rideau, Gazette raconte que, fatigué de jouer le rôle
de « bouffon » dans « la bande du Comtadin, » il a
envoyé à tous les diables « et le Comtadin et Fosse » :

Tout ben lou Coumtadin coumo lou seignou Fosse :

Si l'on demeurait à Béziers, à la bonne heure ! La
chère n'y laisse rien à désirer ; à Narbonne, cela va
bien encore, et pas trop mal à Toulouse ; mais vers
Bordeaux !... Non ! A telles enseignes que,

« Un mati me faguet dinna de regardeaux, »

— « Un matin, il me fallut dîner des yeux, » dit-il (1).
Aussi Gazette a-t-il faussé compagnie aux camarades,
et d'autant plus volontiers que la troupe revient « en
Italie. » Présentement, il est aux gages du directeur,
du capitaine Marc, (1) et qui mène la bande militai-
rement. Cette bande, vue la difficulté des temps, se
mêle un peu de tout ; quelques « Bohémiens » en font
partie, y compris l'inévitable diseuse de bonne aventure. — Une jolie fille coquette, à qui cette sorcière a
prédit un mariage au gré de sa vanité, plutôt que d'é-
pouser un vulgaire artisan que sa mère, femme positive, veut l'obliger à prendre pour mari, se met en
tête de courir la prétentaine en suivant Gazette. La
voilà le nez au vent déjà, chantant et dansant comme
une petite folle. Mais le prévôt est averti. Les Bohémiens sont menés en prison avec le sans-gêne qu'on
pratique à leur égard dans l'*Étourdi*. Quand à Philis,
c'est le nom de l'héroïne, Philis, désabusée rentre au
bercail, consent au mariage qui l'exaspérait, — et tout
finit par des chansons et des danses. — L'intrigue
n'est pas autrement compliquée; mais le dialogue
en est vif, rapide, salé, mordant. L'observation des

(1) *Regardeaux* est synonyme de *regardèlas*, et la regardèle est
une plante imaginaire de la flore poétique du Languedoc et de la
Provence. « Dîner de regardeaux » signifie dîner fictivement. Nul
Dictionnaire français ne donne ce vocable, et pour cause ; les Dic-
tionnaires languedociens ne le conaissent pas tous eux-mêmes. Hon-
norat, presque seul, le signale et l'explique. Or, c'est là précisément une de ces expressions qu'on retrouve dans les poésies de
Dassoucy. Le prologue du ballet écrit pour « les deux filles de La
Pierre, » fait dire à ces jeunes filles, déguisées en marchandes d'oiseaux
artificiels, qu'elles n'ont

« Que des paniers de regardeaux. »

(2) Ce « Marc » était « Marc de la Chapelle », de Carcassonne.

mœurs, la satire des travers et des ridicules des « nobles, » à l'alliance desquels la mère de Philis a le bon sens de préférer un gendre de sa condition, sont en en avance par plus d'un détail sur *Georges Dandin*, de même que dans le type de Philis métamorphosée en Bohémienne, la Zerbinette des *Fourberies de Scapin* a déjà une sœur aînée. Dirai-js que la première scène de *Mélicerte* rappelle singulièrement la seconde scène des *Aventures de Gazette*? Le relevé de ces imitations directes ou de ces rencontres fortuites sera fait ailleurs; et pour le seul *Théâtre de Béziers*, il est de quelque importance. Je m'en tiens à l'essentiel aujourd'hui. La pièce est l'œuvre d'un véritable auteur dramatique, tel qu'il pouvait être avant Molière — en le faisant pressentir. Quoiqu'elle soit écrite en langue populaire, dans l'idiome roman du Bas-Languedoc, elle n'en est pas moins distinguée par l'art du style. Le vers est souple et soudain, nerveux, clair et claquant. Si l'on songe que ces pièces étaient absolument improvisées, c'est-à-dire [conçues, composées, apprises et jouées en quelques jours; si l'on tient compte de l'absence de tout amour-propre d'écrivain chez ceux qui les faisaient telles sans se nommer, — il y a de quoi, vraiment, être surpris de cette extraordinaire habileté de facture, et ce n'est pas exagérer que de voir en eux de véritables précurseurs de la comédie moliéresque. Ne croyez pas que je veuille, par la surenchère d'une appréciation complaisante, recourir au procédé suspect de certains critiques trop enclins à confondre l'enthousiasme de l'inventeur qui découvre ou pense découvrir un talent littéraire ignoré, avec le judicieux sentiment du mérite réel et qui se révèle. Je ne veux pas surfaire le prix de ce *Théâtre de Béziers*; mais je le connais, je l'ai longuement étudié, et j'affirme que l'éloge n'est pas exagéré quand je signale là un tempérament, une originalité d'esprit et une très-approximative perfection de la forme, que Molière ne dépassera d'ailleurs qu'après des années d'essais — et peut-être d'études à cette école! La difficulté non de fournir sur le champ, mais de rendre intelligible à cause de la spécialité de l'idiome, un exemple décisif emprunté aux *Aventu-de Gazette*, ne sera pas, du moins pour moi, un prétexte pour soustraire la cause à une juridiction plus compétente sur d'autres points. J'en appelle à tous les lettrés : existe-t-il avant Molière, dans toute notre littérature dramatique, un morceau dont on puisse dire, avec ou sans comparaison, que la fameuse tirade du chasseur des *Fâcheux* en procède? Cette tirade est le modèle et le chef-d'œuvre du genre. Il n'existe rien de pareil, ni de comparable; l'équivalent est à trouver; oui. Eh, bien! après avoir réveillé par mon appel même toutes les préventions contre ma tentative d'insinuation contraire; eh! bien, voici la tirade d'un *chasseur* aussi, que j'extrais de l'*Histoire pastorale*, sans nom d'auteur, « représentée à Béziers « sur le theâtre des Marchands, le jour de l'Ascension « de l'année 1633. » (Retenez la date : vingt-huit ans s'écouleront avant que les *Fâcheux* soient écrits et joués)...

> A la fin, nous voyons qu'après beaucoup de peine
> Le sanglier rend la vie au bord d'une fontaine.
> Il voulait contremordre et tenir les abois :
> Mais avec nos espieux, nos trompes et nos voix,
> Nous l'avons acculé par frecquente reprise
> Et soudain en avons partout corné la prise.
> Le brutal exercice où l'amour nous conduit
> N'a rien de comparable à ce plaisant desduit,
> De voir un chien dressé, dont le naturel souple
> Devient tout furieux au partir du descouple,

> Quand, de deux coups de nez asseuré de son flair,
> Il dévente une plaine et semble courre en l'air :
> Et pour si peu qu'aux champs lors une beste paise
> Il y court tout ardent et de colère et d'aise.
> Oh ! que les vieux héros qui vivaient en honneur
> Avaient juste raison d'estimer le veneur !
> Qu'ils nous ont obligés de laisser la science
> D'un si doux passe-temps à nostre cognoissance !
> A courre dans la plaine après les animaux,
> Pollux dressa les chiens et Castor les chevaux.
> Melléagre inventa, pour afronter les bestes,
> Les espieux dont la pointe entre dedans les testes ;
> Les mutes (meutes) Orion, Hippolyte les rez :
> Et comme il faut brosser dans les sombres forestz !
> Quel plaisir lorsqu'on voit les cerfs dans les gaignages
> Ou qu'ils vont viandant les brouttes des boccages,
> Lorsque dans sa caverne on entame un tesson
> Ou qu'on voit le levreau mussé dans le buisson !
> De ce charmant plaisir mon âme est jà ravie ;
> Je ne passai jamais une si douce vie...

Je ne compare pas : je rapproche. Molière lui-même n'est-il pas parti de plus loin? N'y a-t-il pas là une verdeur, une allure qui annoncent Molière? Je n'insiste pas. J'ai tenu simplement, et par le plus périlleux peut-être des exemples, à indiquer et prouver l'intérêt, la haute valeur, pour la critique littéraire, de ce *Théâtre de Béziers* qu'on aurait pu prendre pour un vulgaire amas de farces graveleuses. Il contient, à côté de pages fortes, des pages exquises, il est vrai, hélas! trop souvent gâtées par d'indignes contacts : mais enfin ces pages y sont (1). — Par son théâtre — unique en

(1) Dans la parfois trop grossière *Histoire du valet Guilhaumes et de la chambrière Antoigne*, je note ce couplet, qui rappelle la célèbre chanson de *Magali* :

> Quitto lou liech de gracio,
> Antoigno, quitto lou ;
> Fay me bèire ta facio,

son genre, unique alors et depuis, — comme par l'exceptionnelle éducation dramatique qu'il suppose chez le public' habituel de ce théâtre ; — par la situation personnelle de l'évêque Clément de Bonzi, qui est une sorte d'intermédiaire officieux entre l'Italie et la France, à une époque où par le théâtre la France et l'Italie ont tant besoin d'être en bons rapports ; — enfin, par les agréments de son séjour, la beauté de son climat et l'humeur si franchement gauloise de ses habitants, par tout cela, Béziers — et ce qui vient d'être dit plus haut y prépare l'opinion du lecteur — Béziers va devenir un des grandes amorces provinciales du génie de Molière. C'est trop tôt, et avant que le *Dépit amoureux* existe, pour dire que Molière devait à la ville de Béziers, plutôt qu'à toute autre ville, la première représentation de son chef-d'œuvre en province ; ce n'est pas trop tôt pour faire observer que Béziers aura quelques droits à cet honneur. — Reprenons.

Le soir du 13 juin, le *Théâtre de Béziers* offrit-il, selon sa coutume, quelques représentations aux gens du roi ? C'est probable. La Pierre et ses camarades, Madeleine Béjart aussi peut-être, ne durent pas laisser passer cette occasion. Et spectateur du côté des coulisses ou acteur en scène, Molière à son tour, si l'envie lui en prit pour un soir, en attendant la fin du mois et

> Douvris lou fenestrou ;
> Sourtis lou cap de foro,
> Veyras que ta beautat
> Surpassara l'Auroro
> An touto sa clartat !

TRADUCTION : Quitte ton lit, de grâce, — Antoigne, quitte-le, — Fais-moi voir ton visage, — Ouvre ta fenêtre, — Mets la tête dehors : — Tu verras que ta beauté fera pâlir l'aurore — dans toute sa clarté.

la fin de son service de tapissier-valet du roi, Molière put fouler les planches d'un pied à la fois impatient et impérieux.—Encore quelques jours, et il allait être libre! Obligé de repartir le lendemain, où retrouverait-il ses camarades? Louis XIII devait séjourner à Monfrin. On décida sans doute qu'il rallierait la troupe au-delà de Monfrin, à Avignon, dans les premiers jours de juillet. A Avignon, si La Pierre allant « en Italie », comme il est dit dans les *Aventures de Gazette*, passait par Grenoble et la vallée de l'Isère : sinon, s'il y allait par la Provence et le littoral, on descendrait vers Arles et au-delà. Comme on le pense bien, tout le Midi avait été extraordinairement mis en coupe réglée, cette année, par les troupes comiques. Sur le parcours de Lyon à Narbonne, chaque ville importante avait dû être exploitée à cause du surcroît de population flottante amené là par le séjour de Louis XIII à Narbonne et à Perpignan. La Pierre suivrait-il cette route battue de Montpellier, Lunel et Nîmes? ou en homme expéditif, comme il semble l'avoir été, s'embarqua-t-il à Agde pour Arles? Un service de bateaux presque régulier faisait ce trajet fréquemment. On longeait la côte jusqu'à l'embouchure du Rhône et l'on remontait le fleuve rapidement jusqu'à Arles, alors véritable port visité par une foule de barques et de bâtiments, venus de tous les points de la Méditerranée. En raison de son importance, Arles était alors une station théâtrale, qu'un directeur intelligent ne négligeait pas de visiter. Peut-être est-ce dans cette ville que Molière rejoignit ses compagnons, dans la première quinzaine de juillet. Dans tous les cas, la santé un peu rétablie de Richelieu permit au cardinal de quitter Monfrin, quelque temps après le départ de Louis XIII ; et tandis que le roi rentrait à Fontainebleau, son ministre se rendait à Arles, pour y résider plusieurs semaines. Son goût des pompes et des manifestations n'était pas moindre que jadis. Sa présence à Arles fut apparemment l'occasion de divertissements et de réjouissances extraordinaires. — Et c'est le cas de se demander encore si « la bande de La Pierre » n'avait pas été devancée à ce poste par une troupe rivale. L'absence de trace de son séjour à Arles ne prouverait pas qu'elle n'y alla poi t; mais de la certitude qu'elle y alla résulterait pour nous l'indice péremptoire que c'est par Aix, Marseille, Toulon, Antibes, Nice et Monaco qu'elle se rendit en Italie — et il y aurait à en tirer des conclusions très approximatives de la vérité pour l'histoire de Molière et des Béjart, à la fin de juillet et dans le courant d'août. Sauf erreur, c'est à cette époque qu'il faut reporter le premier voyage de Dassoucy à Marseille auprès du comte d'Alais, qui l'avait déjà fort généreusement reçu en son château de Gros-Bois, à 4 lieues N. E. de Paris. Il ne paraît guère avoir quitté La Pierre avant de se lier avec Molière, comme on le verra dans la suite. Le licenciement de la musique royale, dès le 14 juillet à Lyon, avait-il suggéré à Dassoucy l'idée de pousser une pointe jusqu'à Marseille, et s'y rendit-il en compagnie de La Pierre, qu'il devait savoir vers Arles ou au-delà ? Toutes ces circonstances minutieuses, ainsi rassemblées et comme assorties, ne seraient pas inutiles pour l'orientation des recherches concernant Molière en particulier. De la présence de ses amis et camarades sur un point et en un lieu déterminé, la sienne n'est pas forcément à conclure; elle en est tout au moins à soupçonner. Or, il importerait de pouvoir conjecturer de ces divers détails un séjour des Béjart à Aix, au mois d'août 1642. C'est dans le

Midi, « vers Nîmes, » dit une tradition, que la dernière enfant de Joseph Béjart et Marie Hervé, dont on ignore le lieu de naissance, « aurait été mise en nourrice ». Un acte de mars 1643 la déclarera alors « non baptisée ; » mais quand elle aura été baptisée — où et quand ? — elle portera les prénoms d'« Armande-*Grésinde* » dont l'un, celui de « *Grésinde* », s'il a jamais été en usage à Paris, comme le dit sans preuve convaincante M. Eudore Soulié, est un prénom si foncièrement provençal, qu'il existait des familles de Provence, où de mère en fille, il se transmettait aussi invariablement que le nom paternel lui-même. C'est tout juste le cas de l'ancienne et illustre famille les Bandinelli, alliée aux d'Osonne, aux Buisson, aux de Roure, aux Brignac, aux du Baudan, aux Chefdebien, aux plus aristocratiques maisons de Languedoc, et chez qui ou avec qui Molière nous apparaîtra plus tard. Toutes les filles aînées issues de ces alliances avec les Bandinelli se pénomment traditionnellement : Grésinde. Je ne connais pas d'exemple aussi caractéristique de cette stricte et rigoureuse fidélité à ce prénom. Ceci posé, étant donnée la concordance des dates, des lieux, du prénom ; vu cette particularité qu'Armande-Grésinde serait restée ensuite chez une « grande dame » du Midi, « du Languedoc » — les Bandinelli demeuraient plus à Montpellier qu'ailleurs ; — vu l'impossibilité absolue jusqu'ici de proposer même une hypothèse soutenable pour la solution de ce problème d'érudition, que soulèvent la date et le lieu de naissance de Armande-Grésinde, — est-il sans intérêt de relever, une à une, comme autant de mailles d'un filet tendu, toutes ces particularités sur La Pierre, Dassoucy et autres, entre lesquelles, d'un coup, la vérité sollicitée peut se trouver prise ? Et dès à présent, est-

il bien sûr que la solution cherchée soit ailleurs, et
que la vérité, si elle est ailleurs malgré tout, ne paraisse pas absolument être là ?

Indépendamment des circonstances exceptionnelles
qui, comme le séjour de Richelieu à Arles et le passage de La Pierre à Aix, étaient susceptibles d'attirer
Molière et les Béjart dans ces deux villes, d'autres
éléments attractifs les y pouvaient amener encore, en
temps ordinaire. J.-B. L'Hermite n'avait pas dû leur
laisser ignorer qu'il existait là des amateurs éméri-
tes. Le premier consul d'Arles, Pierre de Boches,
frère du sénéchal de Beaucaire, marié à la fille du
marquis de Saint-Andéol, était natif de Naples, et
s'en souvenait à l'occasion avec les troupes de théâtre
allant en Italie ou en revenant. Il avait fait, lui aussi,
la campagne du Pas-de-Suse : y avait-il rencontré
Dassoucy dans l'entourage royal ? Peut-être. A coup
sûr L'Hermite le connaissait personnellement, et le
connaissait bien. Dans la *Toscane Française*, il rappelle que Pierre de Boches « affectionna les gens de
« savoir et était curieux des bons livres, dont il assem-
« bla une bibliothèque de grand prix. » Comme tant
d'autres Italiens récemment naturalisés français, il
payait son entrée dans la grande famille française en
nobles et généreux encouragements artistiques. —
Ainsi faisait encore Claude Fabri de Rians, le successeur récent (1637) du savant Peiresc au siège de
conseiller du Parlement de Province. A l'heure même
où Molière avait quitté Paris, Gassendi publiait la
Vie de Peiresc (1641), dont il était allé recueillir les
documents sur les lieux. La place de Gassendi était
pour ainsi dire encore chaude ; et aux yeux de beaucoup d'amis du philosophe ne suffisait-il pas au disciple de se nommer pour avoir droit de cité parmi

eux, en l'honneur du maître? Claude Fabri de Rians, tout le premier, était homme à se montrer envers les comédiens, et envers un tel comédien surtout, moins magistrat qu'ami des artistes. — Par ses goûts, par les devoirs héréditaires de sa charge, pouvait-on ajouter, — car Peiresc avait été surnommé « le restaurateur des gens de lettres, » — le marquis de Rians était mêlé à la vie littéraire de la Provence. La beauté renommée de sa fille, célébrée dans les recueils de Sercy, prêtait comme le charme poétique de la jeunesse et de la grâce à son hospitalière demeure (1). Et J.-B. L'Hermite l'avait éprouvé. Au surplus, par son frère le baron de Rians, marié à Marguerite Alris de Rousset de Corneillan, il se rapprochait singulièrement du duc d'Epernon, dont on sait les rapports avec J.-B. L'Hermite à cette époque. Marguerite de Corneillan était la nièce de l'évêque de Rodez, M. de Corneillan, l'un des plus fidèles amis du duc d'Epernon. Entre Florence et Bordeaux, Béziers n'était pas le seul relais pour l'émissaire de l'exilé : J.B. L'Hermite avait donc un gîte d'étape à Aix. En y venant à son tour après lui, Molière y recueillait en quelque sorte les bénéfices d'un compagnonnage moral. — Au reste, quelque nouvelle que soit l'idée de chercher, jusqu'en pleine Provence, des ramifications problématiques à l'odyssée moliéresque à travers les provinces de la vieille France, il faut bien qu'on n'en conteste pas trop le fondement. Sur ces parages, il y a comme une inscription hypothécaire éventuelle, au profit de la biographie de Molière, dans le fait de l'impression à Arles, à une date postérieure mais décisive, d'un ouvrage de J.-B.

---

(1) Voir notamment au tome IV des recueils de Sercy, les vers *« sur le Portrait de Mlle de Rians, fille de M. le Marquis de Rians, peint par le sieur Nocret, peintre du roy. »* L'auteur signe. L. N.

L'Hermite : *Les Présidents nés des États de Languedoc.*
C'est en pleine activité sinon en plein triomphe des
campagnes de Molière en Languedoc, que J.-B. L'Hermite, par cet ouvrage dédié à l'Assemblée du Languedoc, marque, comme d'un caillou blanc, cette période.
Aix aura de son côté aussi sa particularité spéciale.
C'est à Aix que s'imprimèrent, en 1655, *Las Perlos
de Poesio Prouvençalo*, de Gaspard *Zerbin*, recueil
posthume, dédié « à M. de Sanes, chevalier, seigneur
« de Sanes, capitaine de la Porte de son Altesse royale
« Mgr le duc d'Orléans ; » et même en sachant que
le nom de Zerbinette est italien et en usage sur la scène
italienne, on se demandera si, par le nom comme
par le tempéramment, la Zebinette des *Fourberies
de Scapin* n'est point effectivement provençale. A tout
prendre, nous sommes un peu à Naples encore, chez le
napolitain Pierre de Boches d'Arles : et ne sommes-
nous pas dans la circonscription originelle de l'*Illustre Théâtre* avec ce capitaine des gardes du duc
d'Orléans ?

Ne nous figurons pas la Provence de 1642 telle que
la voyait, par exemple, la duchesse d'Angoulême,
qui s'y ennuyait à mourir. On sait le stratagème imaginé par elle, pour dégoûter son mari de la résidence
de Marseille, et comment Gassendi, dès l'année suivante, fut gravement appelé en consultation pour expliquer la nocturne et fantastique apparition de certaine lueur, spectre ou fantôme. Le fin mot de la comédie, c'est que la duchesse faisait agiter, chaque nuit,
par une femme de chambre cachée sous le lit de son
mari, un morceau de phosphore, destiné à le terrifier.
Pourtant, à Marseille, qui voulait s'amuser en avait
le moyen, sans trop chercher. Voyez les lettres de
Mlle de Scudéry de ce temps-là. Ce ne sont que fêtes

et festins. N'est-ce pas à une aimable *duchesse* provençale que François Tristan L'Hermite adressait alors ces vers pleins de séduisantes promesses ?

> Oh ! que de concerts magnifiques,
> Que de différentes musiques,
> De luths, d'épinettes, de voix,
> De violons et de hautbois,
> Viendront honorer vos entrées
> En ces agréables contrées !
> On aura comme en carnaval
> Tous les soirs ou ballet ou bal,
> Partout sera quelque chambrée !

Peut-être, la duchesse d'Angoulême était-elle trop difficile à égayer alors. Mais, puisqu'elle n'était pas déridée à la fin de l'année 1642, concluons-en que Molière n'alla pas à Marseille. — Tout fait supposer que Molière et les Béjart n'allèrent pas au-delà d'Aix, cette fois. C'est à Aix que, reprenant la route de Lyon, par le Rhône, ils laissèrent, peut-être, en nourrice celle qui devait s'appeler Armande-*Grésinde* Béjart, et dont l'acte de naissance est demeuré introuvable. Pourquoi ne la baptisa-t-on pas? Il y a mille raisons pour une, dans toutes les familles, quand un baptême est différé : et parce qu'on ne devine pas précisément cette fois le motif de cette remise, le faut-il taxer d'invraisemblable? Marie Hervé avait alors quarante-huit ans : d'aucuns disent cinquante trois. Y eût-il maternité tardive, après tout, le climat aiderait à la rendre assez naturelle. Une année passée dans le Midi, un changement d'habitudes, un surcroît d'exercice, l'influence ordinaire d'une température propice aux fécondités, sont à considérer dès à présent pour qui trouve à cette naissance d'Armande-*Grésinde* des obscurités suspectes. La question reviendra subséquemment.

D'Aix, les Béjart et Molière purent regagner Arles, de là Avignon et, par Valence, remonter à Vienne. Chorier devait y être et les attendre peut-être. Septembre approchait. Des Barreaux commençait à redescendre vers Marseille, où tous les ans il prenait « ses quartiers d'hiver ; » il pouvait être, cette fois, à Vienne, ayant passé l'année précédente par l'ouest. Son itinéraire annuel suivait une direction alternative : tantôt par Lyon, et c'était le cas ; tantôt par Bordeaux, et une lettre de Balzac (octobre 1641) atteste qu'il avait reçu « sa visite à Angoulême ». Des Barreaux pouvait donc être le convive de Boissat ; Faret aussi. Le comte d'Harcourt n'était pas dans son gouvernement de Guyenne, où il avait été nommé à la mort du duc d'Epernon, le père de l'exilé, au commencement de la présente année 1642 ; le comte d'Harcourt commandait une armée en Champagne. Faret était donc libre. Rien ne l'empêchait d'être à Vienne, chez Boissat. Notez, au reste, que si la *Vie de Boissat*, par Chorier, laisse place à l'hypothèse d'une rencontre de Molière avec Faret et Des Barreaux à Vienne, nulle date n'est plus en harmonie avec cette éventualité. Ne perdons pas de vue que Faret mourut en septembre 1646, et que, de 1642 à fin octobre 1646, toute excursion nouvelle de Molière à Vienne est absolument tenue pour impossible. — Au fait, pourquoi cette rencontre n'aurait-elle pas eu lieu ? Quant à la visite personnelle de Molière à Chorier et à Boissat, peu après l'année 1641, — ne semble-t-elle pas indiquée ? Il est vrai, Boissat était alors en pleine crise aiguë de mysticisme par déception d'amour ; mais nous savons qu'il s'humanisait avec les gens d'esprit, même avec des « libertins ». Renouer à la table d'un ami commun la connaissance faite avec Chorier dans un

joyeux cabaret parisien, n'était pas pour déplaire à
Molière. Peut-être « les plaisirs de la comédie » fu-
rent-ils sacrifiés cette fois au charme d'une familière
intimité. Molière et les Béjart jouèrent peut-être moins
pour le public que pour Boissat, Chorier et leur entourage. Les fatigues d'une longue campagne devaient
avoir un peu calmé le vif désir de se produire devant
le public. Et si l'on est curieux de savoir quel répertoire fit les frais de ces représentations « en chambre, »
peut-être serai-je dans le vrai en disant que les essais
dramatiques de Chorier n'y restèrent pas étrangers.
Molière était homme à lui faire la politesse de jouer
ses propres pièces de débutant auteur. Réduite à ses
cadres primitifs, par suite de sa disjonction avec la
troupe de La Pierre, la compagnie comique des Béjart et de Molière ne pouvait guère, momentanément,
représenter des tragédies à nombreux personnages.
Les saynètes de Chorier, quelques joyeuses farces de
Molière durent suffire. Le séjour à Vienne, dans ces
conditions, n'était pas destiné à se prolonger, et d'autant moins que, septembre venu, Chorier et sa jeune
femme, avaient hâte d'aller dans les Dombes, comme
ils le firent désormais tous les ans, à la même date.
La belle-mère de Chorier possédait à Vallins une
maison de campagne. Molière et Béjart, au courant
de ce qui se passait à Lyon, étaient sans doute bien
aises de s'en rapprocher. On fit route ensemble. Etait-
ce la curiosité d'assister au supplice imminent de
Cinq-Mars qui ramenait ainsi les comédiens errants
dans l'une des rues de la paroisse Sainte-Croix, le
quartier ordinaire des troupes de campagne faisant
séjour ? L'événement n'exerçait peut-être pas sur leur
imagination le puissant prestige, la tragique fascination que la légende des siècles se plaît à lui attri-

buer : Molière et les Béjart savaient que le duc de Bouillon était revenu d'Italie pour se mettre à la discrétion de la justice royale : et du même coup ils pouvaient induire de cette rentrée du chef de file des gentilshommes exilés à Florence le retour de J.-B. L'Hermite auprès du duc d'Orléans, alors à Villefranche, comme nous l'avons dit. Il leur importait de le rejoindre. Madeleine Béjart en recevrait des nouvelles encore du comte de Modène ; et tous saisiraient l'occasion de se faire agréer du prince, en un moment peut-être où il y aurait à ses yeux quelque mérite à ne pas fuir son isolément.

Le duc d'Orléans était à Villefranche et malgré tout, en suspect et comme sous le coup d'un interdit. Aller à lui dans un égoïste calcul, c'est une pensée que je n'oserais prêter à Molière ; mais les Béjart pouvaient colorer d'une sorte de prétexte d'hommage au suzerain du pays originel de leur famille, la préméditation de conquérir ses bonnes grâces par une démarche obséquieuse. Cet acte de déférence à un maître pouvait sourire à des gens habitués aux sophismes de la fantaisie. S'arrêta-t-on à Lyon plus que le temps de nouer connaissance avec le jeune poète Magnon, qui alors y était clerc de procureur, et de l'emmener comme poète attaché à la troupe ? C'est ce que je ne crois pas. Qu'importe à la gloire de Molière qu'il n'ait pas été parmi les assistants qui virent tomber la tête de Cinq-Mars ! Trop généreux pour être sans pitié, il fut peut-être assez virilement honnête et juste pour détourner les yeux et passer son chemin. Il avait affaire ailleurs. Et puisqu'il était du « parti de la comédie, » c'était le cas de s'en tenir à son métier. A son premier passage à Lyon, il avait vu la robe rouge de Richelieu, un jour d'hosannah patriotique : les robes rouges des

magistrats qui jugèrent Cinq-Mars et condamnèrent
De Thou, eussent gâté l'effet de cette première vision.
D'ailleurs, n'allons pas être ici plus royalistes que le
roi ; et quand Louis XIII affectait de traiter et de faire
traiter le duc d'Orléans avec les honneurs dus à son
rang, n'ayons pas l'ombrageuse susceptibilité de reprocher à Molière un manque de délicatesse dans son
empressement à offrir « ses services » à ce prince. Il
n'était pas tenu d'être diplomate et de soupçonner le
dessous des cartes. La philosophie de l'histoire moderne, Gassendi ne la lui avait pas apprise; et encore
une fois, il était sorti depuis trop peu de temps de la
maison paternelle pour modifier à son usage la maxime
de Jean Poquelin, et d'après laquelle, ce qu'un honnête
homme doit savoir le mieux, c'est son métier. Il s'en
tenait là — et faisons comme lui. Nous ne lui en vou-
drons pas, certes, quand nous aurons constaté que la démarche était exempte de grandes illusions sur le profit
qu'on en tirerait. Là encore, la vieille expérience personnelle des frères L'Hermite avait dû les mettre en
garde contre les surprises d'un désenchantement. Les
Meslanges du sieur Tristan, parus au 29 octobre de
l'an dernier, contiennent certaine pièce édifiante : « A
« son Altesse royale faisant l'estat de sa maison à Blois
« en l'année 1636. » On y lit ces vers :

Verrez-vous sans ressentiment
Que mon cœur *depuis quinze années*
Vous adore inutilement ?

Le calcul de Molière, s'il y en eût à se présenter au
duc d'Orléans pour s'en faire agréer, le calcul consis-
tait peut-être à obtenir le simulacre de son patronage
pour s'en réclamer aux yeux des parents et des amis,
afin de désarmer la malignité de ceux qui demande-
raient à Molière un signe ou un insigne visible de

son expédition d'une année en province. Pouvoir se dire « la troupe privilégiée de son Altesse Royale, » c'était là, au fond, le but de cette combinaison. Aboutit-elle? Il y paraîtra prochainement, quand l'*Illustre Théâtre* sera fondé par Molière et les Béjart, moins le père, avec le concours de nouveaux associés, « afin de conservation de leur troupe (1) ». Dès lors l'*Illustre Théâtre* se dira « la troupe de Son Altesse Mgr le duc d'Orléans ». — Béjart le père ne devait pas vivre jusque là. A la rentrée de Molière et des siens à Paris, Béjart le père était demeuré en 'route. Il était mort. Où? Tous ou à peu près tous les biographes l'enterrent « à la campagne. » Or, « la campagne » pour les comédiens, c'était alors toutes les provinces. Sentant le besoin de préciser, d'aucuns ont ajouté : « dans les environs de Paris. » Mais qu'en savent-ils? La première version est la bonne; et, s'il y a nécessité de sortir du vague, me sera-t-il interdit de prétendre que c'est probablement à Villefranche ou dans les environs, à Belleville peut-être, que Joseph Béjart, le père, mourut? Ce qu'il y a de caractéristique à l'appui de mon assertion, c'est que les rentrées à Paris du duc d'Orléans et de Molière se révèlent simultanément. Dans la même semaine, la *Gazette* annonce que le duc d'Orléans « a rendu au roy ses soumissions » — et un acte nous apprend que Molière se démet de la survivance de la charge de tapissier. La coïncidence des deux faits les solidarise.

Le noviciat de Molière est accompli. L'heure de la vêture dramatique a sonné. Le comédien de vocation va devenir comédien de profession, et mieux que comédien. Il y a un poète aussi, chez Molière, — et

____

(1) Acte de société du 30 juin 1643,

un poëte tel que, ni comme amant, ni comme gentilhomme, ni comme poëte — car le comte de Modène
faisait des vers, — celui à qui l'altière « amazone »
avait naguère lié sa destinée ne compte plus, si ce
n'est par égard pour une illusion de jeunesse, aux
yeux de Madeleine Béjart !

IV

1643

Richelieu était mort le 4 décembre 1642. « Jamais « ministre n'a eu plus d'application à faire croire « qu'il ménageait l'avenir, » dit le cardinal de Retz. Pour le théâtre, l'avenir avait été certainement ménagé par les encouragements donnés aux artistes, surtout par l'ordonnance royale du 16 avril 1641, inspirée, dictée par Richelieu, et prescrivant que désormais « leur profession ne fût imputée à blâme aux comédiens et ne préjudiciât pas à leur réputation dans « le commerce public. » Non seulement les acteurs en avaient été aiguillonnés, mais les auteurs dramatiques, par contre-coup, en avaient éprouvé un surcroît de faveur. La poésie dramatique était de plus en plus en vogue, presque à l'absolue exclusion de tout autre genre de poésie. Pour la renommée des poëtes, il n'y avait plus de salut hors de la scène. Maynard, retiré en province, et attardé dans les odes et sonnets, ne voyait pas sans quelque dépit ce détournement de l'attention publique :

> Mon cher Flotte, depuis deux ans
> Il n'est jour que tu ne me dies
> Que je serai sans partisans
> Si je ne fais des comédies.

C'était la comédie, entre tous les genres, qui passionnait la jeunesse. Jamais elle n'avait été plus à la mode. Hardy, Des Marets, Rotrou et Corneille venaient de lui donner successivement une popularité extraordinaire. On disait dans l'*Illusion comique* (1636) de Corneille :

> A présent le théâtre
> Est en un point si haut que chacun l'idolâtre.

La Muse comique avait un public prêt à l'acclamer. Pourtant, elle n'avait pas réalisé de tels progrès, depuis Hardy jusqu'à Corneille, que la critique littéraire n'eût rien à souhaiter, à attendre de mieux. « La comédie s'était montrée avant Hardy, gaie mais licencieuse, remarque M. Guizot (1) ; depuis Hardy, licencieuse et triste : Corneille, en l'épurant, avait pu l'attrister encore ». De fait, le *Menteur* qu'on venait de jouer en cette année 1642, le *Menteur* lui-même n'est pas un ouvrage plaisant. La formule de la comédie nouvelle est à trouver. Corneille a seulement montré ce qu'il peut faire « dans un genre où personne ne peut rien faire de bon. » Corneille avait eu plutôt le don de sentir les défauts que l'art de les éviter :

> O pauvre comédie ! objet de tant de peines,
> Si tu n'es qu'un portrait des actions humaines,
> On te tire souvent sur un original
> A qui, pour dire vrai, tu ressembles fort mal !

Mais où était l'homme capable de comprendre et de dégager le véritable instinct, la loi supérieure du génie comique pressenti ? Italienne, espagnole, latine, archaïque ou exotique, la comédie était de tous les pays, en France, excepté française. L'art dramatique national n'existait pas. Où le chercher ?

(1) *Corneille et son temps.* (Librairie académique)

En arrivant du Midi, où tant d'impressions avaient
dû fortifier et vivifier son tempérament si franc, si
gaulois, Molière était en disposition morale de mesurer toute l'énorme distance qui séparait le théâtre
français, à Paris, de la vérité et du naturel des libres
tréteaux de la province. Mêlé à l'élément rabelaisien
de la capitale, dès sa sortie du collège, il avait été dans
les conditions les plus favorables pour goûter, sans
préjugés, ce que Balzac appelait « la fantaisie du Languedoc, » bien différente de la fantaisie italienne ou
espagnole, et tout autre aussi que la fantaisie de Paris. Balzac d'ailleurs convenait qu'il fallait « s'y faire. »
Mais pour lui comme pour les rares écrivains d'alors
ayant le sens critique, c'est à l'imitation des Italiens
que les auteurs français devaient demander la nouvelle comédie populaire. Avait-il raison de penser que
la scène dite française, mais si étrangère au génie national, n'eût que le seul défaut d'être trop aristocratique ? A propos « du plus célèbre de nos derniers
poètes, » dans l'une de ses *Dissertations de critique*,
Balzac écrivait : « Cet homme tout plein du Louvre,
de Fontainebleau et de Saint-Germain, ne parlait que
cercles, que ruelles et que cabinets. D'ordinaire, il
appelait à témoin la Reine-Mère et presque toujours
la douairière de Guise et madame la princesse de Conti.
Il n'alléguait jamais moins d'un duc ou d'une duchesse. Or, il est certain que pour juger des compositions de cette nature (des comédies), il faut prendre
l'esprit de bourgeois, et quitter celui de courtisan. Il
faut être accoutumé à l'égalité et au bon ménage de
Venise et n'avoir pas dans la tête le luxe et les super-
fluités de Paris. » Balzac ne faisait que déplacer la
question. Il voyait clair dans la maladie : il se trom-
pait sur le remède. Molière, à son retour de province,

à la fin de 1642, devait avoir le mérite d'être débarrassé de l'influence délétère des conventions parisiennes. Au prix d'un peu de « gasconisme, » il était
à jamais gagné à la Gaule. Cette année passée dans
le Midi équivalait pour lui à une cure intellectuelle.

M. Moland, dans une note de son récent ouvrage,
fait judicieusement remonter la fondation de la Comédie française à la date même de la fondation de l'*Illustre Théâtre* (30 juin 1643). J'ai supposé que l'idée de
cette institution, devenue nationale, était, chez Molière,
contemporaine, à l'origine et dans son essence, de la
première idée de Bibliothèque nationale, chez le cardinal de Richelieu. M. Moland et moi nous ne sommes donc pas loin de compte. Je tiens pour moralement
synchroniques la dernière grande pensée littéraire de
Richelieu et la première grande pensée littéraire de
Molière. Le projet de s'établir à Paris et d'y fonder un
théâtre vraiment nouveau, un théâtre national, fut la
conclusion logique du voyage de Molière à Narbonne. Mais le rêve d'une scène gauloise était pré-
maturé. Les Parisiens n'y étaient point préparés encore. On va voir qu'il fallut transiger et que du com-
promis imposé par la fatalité des circonstances
résulta, à défaut d'une comédie originale et nationale,
une tragédie jalouse de mettre en scène les grands
épisodes et les grands personnages « de l'histoire de
France, » selon le programme exposé par Magnon en
tête de l'une de ses œuvres. — Par ce temps de suffrage universel, serait-il interdit de rappeler les vœux
de maints poètes inférieurs, oubliés à jamais, et qui
alors élevaient la voix en faveur de l'indépendance
de notre théâtre? Le vœux et les voix de ces dédaignés
ont été trop méconnus. Mais Molière et Magnon n'é-
taient pas les seuls à désirer un rajeunissement de la

scène. Du Bois-Hus a très bien exprimé ces aspirations croissantes de la jeunesse lettrée, à qui pesait le joug des influences étrangères :

> L'ancienne Rome, à tous moments,
> Fait sortir de ses monuments
> Des chefs-d'œuvre de son langage.
> Elle a rempli Paris de ses doctes exploits,
> Et par cet avantage
> Semble encore vouloir triompher des Gaulois.

Ainsi parle Du Bois-Hus, et il ne craint pas de prédire succès et victoire à qui voudra tenter cette nouvelle libération nationale. Si les bons auteurs le voulaient,

> Les théâtres hantez rendraient les yeux contents,
> Et leurs douces magies
> Fourniraient tous les jours de nouveaux passe-temps.

N'est-il pas curieux de rencontrer de telles revendications en faveur de la Muse française, jusque dans les bas-fonds de notre littérature au XVIIᵉ siècle, au temps de Molière ? Les biographes du grand comique n'ont jamais étudié ces dessous. J'en demande pardon à ceux qui ne voient dans le jeune Molière d'alors qu'un acteur, un comédien, exclusivement préoccupé d'organiser une troupe, de monter un théâtre et d'y jouer des pièces pour le plaisir de les jouer. Molière a d'autres vues que celles d'un chef de troupe ; il a presque celles d'un chef d'école. Et pourquoi voulez-vous que je le mette, en fait d'idées pareilles, au-dessous d'un Du Bois-Hus ? S'il eût fait des prospectus, nous n'en serions pas aux incertitudes hypothétiques, mais comment le croire doué de si merveilleuses facultés pour le théâtre et le croire à la fois aveugle et sourd aux tendances de rénovation comique qui se manifestent jusque dans les représentants subalternes de la poésie française de ce temps? Ne lui dénions pas, dès cette époque, ces admirables dons d'assimilation qui ont élevé si haut son génie. Nul poète ne comprit jamais si bien les besoins de son siècle ; nul ne fut plus apte à les satisfaire. — Il ne manqua à la réussite de l'*Illustre Théâtre* que Molière allait fonder, en cette année 1643, que l'opportunité même de l'heure; Molière arrivait quinze ans trop tôt pour plaire au public qui fait les recettes de théâtre. — Le contrat de société qui présida à la fondation de l'*Illustre Théâtre* est considéré comme le témoignage d'une présomption de jeunesse: ce fut surtout un acte de foi dans la Muse comique. Eh ! qu'apprenait-on donc dans l'entourage de Richelieu, à Narbonne, si on n'y apprenait pas à croire à l'illustration de la France par tous les moyens, même par ce qu'on allait pouvoir appeler « la comédie patriote ? » — Abordons le détail des faits.

La campagne théâtrale de Molière et des Béjart en province ne les avait pas enrichis. Au contraire. L'expérience est coûteuse parfois. La troupe avait, certes, plus dépensé que gagné. A peine débarqué, Molière dut avoir recours à la bourse paternelle pour combler le vide de la sienne. Son père lui remit « 630 livres, » soit en compte sur la succession de sa mère non entièrement liquidée, soit en avancement d'hoirie sur le bien patrimonial. L'appel de fonds était accompagné d'un désistement de sa charge, afin de faire passer sur la tête d'un de ses frères la survivance dont il était bénéficiaire ; mais l'arrangement resta une affaire de famille, et Molière, à l'occasion, dans maints actes de sa gestion dramatique, ne discontinua pas de se qualifier de « tapissier valet de chambre du Roi. L'exercice de cette campagne théâtrale en province avait-il englouti la presque totalité du bien que Molière avait reçu de sa mère? Peut être.—De leur côté, les Béjart, comme on pense, n'avaient pas moins perdu. A la mort du père Joseph Béjart, l'avoir de la famille était considérablement obéré : si bien que le 10 mars 1643, la veuve, Marie Hervé, assistée de trois procureurs : P. Béjart, Pierre Pillon et Béranger, et de six amis : Gabriel Renard de Sainte-Marie, Simon Bedeau, « maître sellier et carrossier », subrogé tuteur, Raoul du Guerner, chef du gobelet du Roi, « allié », Denis Cordelle, avocat au Parlement, Pierre Baret, bourgeois de Paris, et Antoine Grunière, fourrier « du corps du Roy » ; Marie Hervé introduisait auprès du lieutenant-civil de Paris, Antoine Ferrand, une requête en renonciation d'héritage, « au nom et comme tutrice » de ses cinq enfants mineurs, savoir : Madeleine, Joseph, Geneviève, Louis et « une petite non encore baptisée, » qui devait s'appeler Armande Grésinde. Marie Hervé prétextait les charges excessives dont était grevée la succession, « sans aucun biens pour les acquitter, » craignant qu'elle ne fût « plus onéreuse que profitable. » On doit évidemment supposer que l'office d'huissier de Joseph Béjart avait été cédé et vendu depuis quelque temps. Marie Hervé possédait, pour son compte et notamment « en acquêt », une maison sise rue de la Perle où demeurait en ces derniers temps la famille; et, comme cela se pratique assez souvent, elle gardait par devers elle ses biens parsonnels, sa réserve dotale, indemnes des dettes du mari. Jusque-là rien que de fort naturel. Mais une certaine érudition est d'humeur soupçonneuse. Elle a vu dans la requête de Marie Hervé une fraude, un mensonge, enfin je ne sais quelle diabolique supercherie! Oui, cette érudition, avec des airs mystérieux d'oiseleur qui va prendre la pie au nid, a découvert là toutes sortes d'abominations! Il en résulterait que deux des enfants déclarés mineurs ne le sont pas et que la « petite non baptisée » est bien Armande-Grésinde, mais qu'elle est la fille de Madeleine Béjart, non la fille de Marie Hervé. Avant d'exposer et, j'ose le croire, d'anéantir une bonne fois pour toutes les imaginations rocambolesques qui se sont donné carrière sur ce chapitre — si important par ses conséquences dans la vie de Molière, — je me hâte de bien faire observer, d'emblée, que la requête de Marie Hervé présentée, avec le concours de trois procureurs et de six amis, à l'instance sommaire du lieutenant-civil, ne fut agréé que le 10 juin suivant, après examen, contrôle et selon les formalités juridiques. Légalement donc, elle est couverte de l'autorité du magisrrat qui en a connu et décidé. D'ailleurs et bien certainement, aux fins de renonciation d'héritage, le subterfuge dissimulant la majorité de deux enfants — si majorité il y avait — était une puérilité inutile. A quoi bon ? Majeurs ou mineurs, les enfants ont le droit de ne pas hériter. Nonobstant, s'il y avait eu fraude, ce n'est plus un faussaire mais dix faussaires qu'impliquerait la supercherie commise par Marie Hervé en vue de se faire passer pour la mère de l'enfant non baptisée. Les lenteurs de la procédure — trois mois d'enquête — ne sont-elles pas, au premier abord, une garantie suffisante en faveur de l'exactitude, de la sincérité morale et légale de l'acte suspecté ? Pourquoi dois-je douter de la clairvoyance, de la capacité, de l'honnêteté d'un magistrat, qui parait avoir rempli son devoir et qui ne parait pas avoir eu des motifs d'y manquer ? Pourquoi faut-il que je ne puisse renoncer à l'inter-

prétation la plus naturelle de l'acte formel, patent,
explicite qu'on incrimine, qu'à la condition de trouver à Marie Hervé des complices qui n'ont pas intérêt à l'être ? Le moins qu'on pût reprocher au lieutenant-civil, à ne pas parler des trois procureurs en cas
de collusion, serait une impardonnable légèreté. Mais
qui trompe-t-on ici ? et qui donc du magistrat ou de
l'érudition a fait mal son métier ? Je mettrai les points
sur les *i*, d'autant plus carrément que l'opinion est
en train d'accepter à ce sujet une thèse abracadabrante,
qui a commencé par se dire du « roman » et qui à
présent se donne pour de « l'histoire » authentique (1).
Il faut arrêter les frais d'une invention biscornue ; et
tant pis si ceux qui ne respectent ni la vérité, ni la
mémoire de Molière, s'exposent aux rudesses d'une
polémique d'autant plus brutale qu'elle est plus loyale.
Après tout, l'honneur de Molière est plus digne de
ménagements que l'amour-propre des érudits super-
ficiels.

C'est à M. Eudore Soulié qu'on doit la découverte
de l'acte en question. Même en y relevant une erreur
matérielle sur le prénom de Béjart père (*Georges* pour
Joseph), M. Eudore Soulié et d'autres moliéristes,
peu préoccupés de chercher chicane, n'ont pas mis
en doute la déclaration de Marie Hervé. Mais allez
donc déraciner une tradition deux fois séculaire !
Pour elle, possession vaut titre. Edouard Fournier
et, après lui, nombre de regrattiers d'érudition se

(1) On lit dans les *Points obscurs de la vie de Molière* par M. Loiseleur (1879), à la page 239 : « NOUS AUSSI NOUS ALLONS FAIRE
« NOTRE ROMAN ; mais il aura sur ceux qui précèdent l'avantage
« d'être en harmonie avec les faits ambiants comme avec les docu-
« ments les plus récents, et UN ROMAN AINSI CONSTRUIT A GRANDE
« CHANCE D'ÊTRE DE L'HISTOIRE ».

sont ingéniés à donner raison à la légende. Ah ! il
faut avoir des égards pour les calomnies, surtout
quand elles sont vieilles, et surtout quand elles noir-
cissent un grand homme ! Or, le hasard a voulu
qu'un jour, et par surprise, un auxiliaire inattendu
vînt s'égarer dans leurs rangs. Un chercheur sérieux
et judicieux qui a rendu de grands services à la biographie et à la critique historique, Jal, s'était du
moins borné à noter, sans commentaire, une double
erreur dans l'âge des enfants. L'acte étant du 10 mars
1643, et Madeleine ayant été baptisée le 8 janvier 1618,
Madeleine n'était pas rigoureusement « mineure. »
Elle avait en effet vingt-cinq ans et deux mois. Ici,
l'observation de Jal était juste — sous bénéfice d'inventaire. Je veux dire qu'il restait à savoir si pour
Madeleine Béjart, mineure à la mort de son père, il
y avait réellement prescription de minorité légale : ce
qui est un détail de jurisprudence et de droit coutumier à élucider. Mais Jal, imprudent par excès de
zèle et sortant de ses scrupules ordinaires, avait encore
cru pouvoir supposer que Joseph Béjart, l'un des
frères de Madeleine dont l'acte de naissance n'a pas
été découvert, était « l'aîné » de la famille. Hypothèse
aussi dangereuse que gratuite ! On s'en est emparé
comme d'une arme terrible ; on l'a retournée contre
ce malheureux acte qu'on ne savait guère, sans cela,
par où prendre et reprendre. Et cette fois encore, la
conjecture d'un homme, dont toute parole n'est pas,
après tout, parole d'évangile, est devenue plus tard
un argument — un document. Mais où est donc le
baptistaire de « Joseph Béjart » fils, et pourquoi faut-
il considérer ce Joseph Béjart comme l'aîné des cinq
enfants ? Le baptistaire est à découvrir toujours. Jal
a pensé que Joseph Béjart devait être « l'aîné », savez-

vous pourquoi ? Admirez la logique : parce que Joseph Béjart est « mentionné le premier » sur la liste des enfants qui figurent dans l'acte du 10 mars (1). Il n'en a pas fallu davantage aux assembleurs de nuages pour tout mettre au plus noir. Vous n'oteriez pas de la tête ces braves gens que Joseph Béjart était bien effectivement « l'aîné! » Et vous devinez les suites : si Joseph Béjart était plus âgé que Madeleine, déjà majeure depuis deux mois, il était encore moins mineur qu'elle — et sur les cinq enfants représentés comme tous mineurs, il n'y en avait que trois, qui le fussent véritablement. Qu'en conclure? Les maîtres jurés tatillons ont dé suite crié que la déclaration de Marie Hervé était fausse, et cela dans un but inavouable, honteux. Mais où est, encore une fois, l'acte de baptême nécessaire pour échafauder cette affirmation — et pourquoi, après tout, une erreur d'âge tircrait-elle plus à conséquence qu'une erreur de prénom (*Georges* pour Joseph), celle-ci pouvant entraîner une grave équivoque sur l'identité du père mort ?

Un des moliéristes qui mettent le plus d'ardeur à diffamer les Béjart, et Molière avec eux, affirme que cette « *fausse déclaration* » de minorité « *ne peut s'expliquer que par un concert frauduleux de la veuve Béjart et d'une partie des siens, dans le but de préparer une autre déclaration non moins fausse et que la première pousse naturellement à admettre : celle qui donnait pour fille à cette veuve de cinquante trois ans la petite non baptisée.* » Tout ce système alambiqué repose donc sur le point de savoir si, oui ou non, Joseph et Madeleine étaient majeurs et si, alors, il y avait supercherie — « supercherie évidente. » Nos

<hr>

(1) *Dictionnaire critique de biographie et d'histoire*, page 185.

bons ergoteurs n'oublient que d'éclairer la lanterne. L'acte essentiel, indispensable, fait défaut. Jal, quand il a supposé que Joseph Béjart était peut-être né vers « 1617, » Jal n'en savait pas plus que moi qui récuse énergiquement son assertion gratuite. Je n'ai pas, pour le contredire, à soutenir que Joseph et « Jacques, » celui-ci né après Madeleine, étaient un seul et même enfant, comme le soutiennent, par conjecture, un nombre respectable d'érudits sérieux. Je suis de leur avis, mais sans aucune certitude positive. Or, une opinion n'est pas une preuve — et en si délicat sujet je ne remplace pas les hypothèses des autres par les miennes, si plausibles et logiques que les miennes me paraissent. Je ne suppose donc rien — parce que je dénie, à quiconque, en pareil chapitre, le droit de rien conclure par supposition. Dans le doute — et il y a doute — il est d'usage de s'abstenir. Je constate un manque blâmable d'impartialité de la part de ceux qui font ici du « roman » susceptible « d'être de l'histoire. » Leur bonne foi n'est-elle pas suspecte ? Et quelle excuse ont-ils quand ils chargent à fond de train la probité de cette famille, où Molière prit femme, sans le moindre souci de se montrer justes ? — En vérité, c'est par trop commode, sans même s'être donné préalablement la peine de quelques recherches particulières, pour asseoir sa conviction personnelle sur des faits déterminants, c'est par trop commode de s'emparer des premiers propos venus, en apparence favorables à une thèse qui vous est chère, pour en imposer à la crédulité des lecteurs ! Vous prétendez qu'il y a dans l'acte du 10 mars un véritable abus de confiance : eh ! bien, cet abus de confiance, il est dans les commentaires que vous en faites ! Où est, encore une fois et toujours, le baptistaire de Joseph Béjart, qui vous autorise à le représenter comme majeur ? Où est ce document essentiel, indispensable, que vous ne produisez pas, que vous ne pouvez pas produire — et dont vous faites capricieusement la pièce décisive et capitale de l'affaire ? Où est la preuve de votre équité, quand vous faites un si arbitraire usage de cet acte qui n'est valable que par pétition de principe?

Le nœud du procès rétrospectif que vous intentez à Marie Hervé, « cette ignoble vieille, » comme vous dites — le nœud de ce procès, tel que vous le posez et plaidez, est tout entier dans le baptistaire obstinément introuvable de Joseph Béjart. Mais vous ne tablez pas moins, il est vrai, sur la fausse minorité de Madeleine. Par malheur pour votre compétence en droit coutumier, il me sera permis de croire que le lieutenant-civil, devant qui Madeleine, mineure émancipée, se présente — afin qu'on n'en ignore — « assistée de Simon Bedeau, subrogé-tuteur, » à défaut de Simon Courtin, son curateur ; il me sera permis de croire que le lieutenant-civil est à même de se prononcer en connaissance de cause. Vous avouez que le père Béjart est mort « à la fin de l'année 1642, « à la campagne, » et vous criez au scandale parce que Madeleine, évidemment « mineure » à la mort de son père, est considérée comme telle encore quelques mois après ce décès ! N'a-t-il pas existé alors, comme aujourd'hui, comme toujours, le délai moral, ce qu'en termes du palais on nomme « le délai supplémentaire, » en raison de « la distance, » en raison d'un deuil récent et de bien d'autres circonstances encore dont les parties intéressées bénéficient d'usage, sans que la stricte légalité en souffre ? A-t-on jamais compté les minutes pour la péremption d'un droit dans un cas semblable à celui où se trouvait Madeleine après

la mort de son père et « deux mois » même après la
limite rigoureuse de sa minorité réelle? En ce temps-
là comme aujourd'hui, un magistrat tel que le lieutenant-civil n'avait-il pas un pouvoir discrétionnaire
en matière d'instance, de requête et d'enquête? D'ailleurs, on y regardait encore de moins près qu'aujourd'hui. Et c'est par approximation, « environ, »
que l'âge est spécifié dans les actes, même dans les
actes des grands personnages, des princes du sang.
Exemple, et exemple pris dans le cercle moliéresque:
« les lettres d'émancipation sont accordées par le roy
« à Armand de Bourbon, prince de Conty, âgé de *dix-
« sept à dix-huit ans*, pour jouir de ses revenus et
« biens nobiliaires jusqu'à ce qu'il ait atteint l'âge
« de vingt-cinq ans (1). » Or, Conti était né le 11 oc-
octobre 1629 » : les lettres d'émancipation sont du
« 11 février 1647 » : Conti n'a pas l'âge de « *dix-sept
à dix-huit ans*»indiqué dans les lettres, ni même l'âge
légal d'émancipation, soit dix sept ans révolus : il a
seize ans et cinq mois! Y a-t-il là mensonge, fraude,
supercherie criminelle? Le roi avait-il à se mentir à
lui-même ? Le prince de Conti, filleul du cardinal de
Richelieu, était-il un si mince personnage, qu'on pût
faire mystère de la date de sa naissance? Non ; il n'y
avait pas plus d'arrière-pensée là que dans l'acte de
renonciation de Marie Hervé, quoiqu'il y eût erreur
évidente et indéniable. C'est que, encore une fois, on
n'y regardait pas de trop près. Quand, discutant par
analogie, M. Loiseleur, dans le *Temps* (2), demande:
« Pense-t-on que les chancelleries accordassent des
lettres d'émancipation sans s'être éclairées sur l'âge

(1) *Inventaire de la maison de Conti* (Bibliothèque nationale
K 3 — 125).
(2) 27 octobre 1885.

des impétrants ? » il s'attire la réponse qu'il n'attend pas. Oui, ces lettres étaient accordées, malgré la limite de la loi, mais selon l'esprit même de la loi, dans l'intérêt moral et supérieur des familles et quand un autre intérêt public ou privé n'en était lésé. Et quelle raison de supposer encore que « les chancelleries » n'offrissent pas à l'audacieuse falsification qu'on prête à Marie Hervé un frein salutaire, par la facilité même avec laquelle le lieutenant-civil, ou, si besoin était, les créanciers de Béjart père, eussent pu trouver dans les archives desdites chancelleries la preuve que Madeleine était majeure et non mineure, si ce détail eût importé à leur devoir ou à leur cause ? Au point de vue des conclusions à en tirer, les lettres relatives à Conti, prétendu âgé de dix-sept ans, et l'acte relatif à Madeleine et Joseph Béjart, prétendus mineurs, se valent ; — ou plutôt, non, l'acte est bien plus sincère que les lettres, car il ne m'est pas prouvé, loin de là, que Joseph Béjart fût « l'aîné ! » — Mais poursuivons jusque dans ses derniers retranchements cette thèse irritante et qu'on ne soutient et qu'on n'entretient qu'à grand renfort de paradoxes et d'erreurs !

On lit dans le *Temps* (même numéro du 27 octobre 1885) :

« *Vers la fin de l'année* 1642 la famille Béjart a quitté sa résidence urbaine et s'est retirée à la campagne, dans quelque village des environs de Paris. C'est là qu'une enfant voit le jour, une petite fille qui bientôt s'appellera Armande Grésinde (Grésinde est un des noms de Madeleine). Qui l'a mise au monde ? Est-ce la femme Béjart, alors âgée de cinquante-trois ans ? Est-ce la fille Madeleine *alors âgée de vingt-cinq ans ?* Bien des raisons se réunissent pour l'attribuer à la fille : *l'accouchement qui a lieu à la campagne, loin des yeux indiscrets ; le désir qu'elle conserve de renouer avec son ancien amant, le comte de Modène, qui annonce son prochain retour en France ; la nécessité pour elle de faire disparaître l'enfant, témoignage de son infidélité* ».

Ne sont-ce pas des racontars que M. Loiseleur nous
veut faire prendre pour de l'histoire? Où est le document qui affirme ce départ de tous les Béjart pour la
campagne, et qui, du même coup, atteste que ces
gens-là auraient été encore plus naïfs que vicieux?
Etait-il donc plus difficile de soustraire «aux yeux indiscrets, » à Paris, un accouchement qui dure trois
heures qu'une grossesse de neuf mois? Cet accouchement, dans de telles conditions, devient le secret de
Polichinelle. Toute la famille déménage aux champs
pour y assister — afin de ne pas éveiller les soupçons
des voisins! C'est bien imaginé! on n'a jamais mieux
caché son jeu. Mais attendez, et vous jugerez de l'iné-
narrable rouerie de cette Mad.leine, qui passe pour
une délurée superfine et comme il n'y en a pas! Dans
son livre des *Points obscurs*, M. Loiseleur avait déjà
supposé que Madeleine Béjart faisait partie de la
troupe des « petits comédiens » que Louis XIII ren-
contra dans le Midi, entre février et juillet 1642. A
ce compte, c'est dans le Midi que Madeleine aurait
commis cette infidélité, trop effective, capable de la
brouiller avec son amant *in partibus*. Or, cette rusée
à tous crins, qui savait si bien cacher son jeu, d'après
M. Loiseleur, ayant devant elle toutes les provinces
de France pour dissimuler son accouchement, la voilà
qui arrive à Paris, et quand tout le quartier du Marais a pu la voir dans un état de grossesse avancée, la
voilà qui, soudain, entraîne tout son monde, père,
mère, frères, sœur, à la campagne, pour qu'on ne se
doute de rien! — Vous remarquerez, en outre, que
M. Loiseleur lui donne déjà « vingt-cinq ans, vers la
fin de 1642. » C'est s'y prendre un peu à l'avance.
Madeleine eut vingt-cinq ans le 8 janvier 1643: il
n'est que juste que nous comptions les mois et les

jours, puisque cela tire à conséquence selon qu'on tient à ce que Madeleine soit plus ou moins majeure. — Vous remarquerez également, j'imagine, que M. Loiseleur considère comme une vérité « l'annonce du prochain retour de M. de Modène. » Or, M. de Modène était en peine de savoir alors s'il rentrerait bientôt en France : il n'y fut autorisé qu'au mois d'avril 1643, avec le duc de Guise. J'ajoute que M. Loiseleur n'est pas mieux renseigné quand il dit, dans un autre passage du *Temps*, que le comte de Modène était en « Espagne. » Nous savons qu'il était à Florence, chez le comte de Bonzi, avec les deux Guise et le duc d'Epernon.—Enfin, pourquoi Marie Hervé, qui, le 10 mars 1643, se déclare la mère de celle qui s'appellera Armande-Grésinde, pourquoi ne le serait-elle pas à cause de son âge? Les uns lui octroient généreusement « cinquante-trois ans, » et M. Loiseleur, moliériste à charge et à surcharge, est de ceux qui en mettent plus que moins; d'autres lui donnent « quarante-huit ans, » d'après l'inscription gravée sur sa tombe. Mais tenons pour vraie la majoration des chiffres. N'a-t-on pas vu de nos jours, et au XVIIᵉ siècle plus que de nos jours, nombre de femmes fécondes jouir naturellement d'une prolongation de maternité? Que de familles, vers l'année 1643, dont les enfants se comptaient à la douzaine ! Douze, dix-huit, vingt-quatre enfants ne se faisaient pas en un clin d'œil. Croit-on, par exemple et en restant toujours dans la circonscription moliéresque, croit-on que ce parent de « Mˡˡᵉ Menou »—dont le nom a été intrépidement pris par M. Loiseleur pour « un sobriquet enfantin » d'Armand-Grésinde — croit-on que Mathieu de Menou, eût pu sans dépasser la cinquantaine, et sa femme avec lui, peupler de « vingt-quatre filles » un

couvent de la Bourdillière ? Même en les faisant « petites, » comme cette « petite fille » non baptisée, qui,
comprenant sans doute qu'on voulait la cacher, y
mettait du sien — même en les faisant « petites, » les
filles d'alors demandaient du temps. — Mais en vérié,
c'est trop disserter sur de prétendues impossibilités
qui ne sont pas même des exceptions. Et si j'ai in-
sisté, c'est qu'il faut qu'on touche du doigt le mons-
trueux entassement d'erreurs, de préjugés, d'absurdi-
tés qui sophistiquent, dénaturent, enveniment cette
question, pourtant et au fond bien nette et honnête,
de la naissance d'Armande-Grésinde (1) ; c'est qu'il
faut qu'on voie, à la fin des fins, tout ce qu'on demande de complaisance à la logique d'un homme
sincère et droit pour s'inscrire en faux contre la moralité et la légalité d'un acte irrécusable, indiscutable !

On a beau vouloir se défendre de toute impatience,
de toute aigreur d'esprit, à la longue cette persistance
à chercher toutes les noises imaginables, comme si
on prenait à tâche de ne tenir à savoir et faire voir
que ce qui pourrait compromettre et avilir les Béjart
et Molière, à la longue, ce parti-pris a quelque chose
d'exaspérant ! Je sais bien qu'il en est de certains érudits comme de certains ecclésiastiques, qui touchent
aux plus obcènes sujets sans émotion, avec une sorte
de candeur béate et dégagée des choses terrestres :
un régiment de dragons rougirait des détails scabreux
qu'ils soulignent parfois, sans que leur imperturbable
sérénité s'en inquiète. Oui, je le sais. Je connais ce

(1) M. Loiseleur, d'après un baptistaire de 1661 (publié par Jal
toujours) et où Madeleine Béjart donne le prénom de Grésinde à la
fille de « Marin Prévost, » assure que Madeleine Béjart se prénom-
mait, elle-même, « Grésinde ». Aucun acte, à commencer par l'acte
de baptême de Madeleine, ne lui attribue ce prénom. Et tous les
jours une marraine ne donne-t-elle pas un prénom qu'elle n'a pas
elle-même ?

phénomène moral, qui, à certains égards, fait que les
érudits sont des êtres abstraits et ne sont pas des hommes comme les autres. Mais quand le diable y serait !
agiter perpétuellement cette question dans le livre et
dans la presse, aggraver même de l'autorité d'un grand
journal sérieux l'incurable fixité de ces accusations
horribles et d'autant plus horribles qu'elles sont gra-
tuites, et qu'elles trouvent crédit (1) ; propager une
calomnie effroyablement odieuse avec le zèle d'un
apôt e, et se donner l'air d'organiser une croisade en
faveur de la vérité quand on l'outrage, cette vérité,
encore plus que la mémoire du grand homme (qu'on
dit honorer d'ailleurs) : tout cela se peut-il qualifier de
sang-froid et en termes polis ? — Eh ! tant qu'il vous
plaira, étudiez, observez, scrutez au microscope la vie
intime des hommes illustres ! Placez-les par la pensée
dans la fictive maison de verre du Romain, afin que
rien de leur conduite ne soit ignoré de la postérité.
Très-bien ! Mais, de grâce, sachant surtout que de ce
verre-là les morceaux ne sont pas bons à faire des
lunettes — ne cassez pas les vitres, pour qu'on jette
de la boue à travers ! Car, où aboutit cette lamentable
controverse ? si votre abominable thèse pouvait se
justifier, si Armande-Grésinde était la fille de Madeleine, Molière aurait épousé, d'après vous toujours,
la fille de sa maîtresse à lui — et plus qu'à lui ; Molière aurait épousé la fille d'une fille entretenue, d'a-
près vous et d'autres toujours, et c'est de cette belle-
mère-là qu'il aurait reçu la main et « la dot » de sa
femme !... Et vous seriez dispensé de prouver de telles
infamies, à l'égard d'une des plus hautes gloires de
la France — quand on s'indignerait de vous les voir

(1) M. V. Fournel (Le *Livre*, juillet 1844) et M. Brunetière (*Revue
des Deux-Mondes*, décembre 1884) ont accepté le « roman » de
M. Loiseleur pour de l'histoire.

émettre sur le compte d'un repris de justice réclamé
par la Nouvelle-Calédonie ! Ah ! mais non ! et plus
de réserve hypocrite et trop tardive ! Prouvez ! prouvez ! prouvez ! Il faut savoir si, oui ou non, vous
aurez conscience jusqu'au bout de la portée de vos
élucubrations ; si, oui ou non, la biographie de Molière est appelée à n'être plus qu'un chapitre de por-
nographie historique ; — et si, oui ou non, au prochain couronnement du poète, sur la scène du Théâtre-
français, le glorieux laurier traditionnel méritera
d'être remplacé par une casquette à trois ponts !

Jusqu'ici, vous n'avez rien prouvé. Prenez-vous y
autrement. Vous n'avez que diffamé, calomnié, in-
jurié, — sans en avoir l'air, et je veux ajouter : sans le
savoir peut-être ! Désormais, répéter vos vieux et
scandaleux potins, ce n'est plus se tromper, c'est tromper ; ce n'est plus commettre une erreur, mais une
imposture. Non ! non ! non ! l'acte du « 10 mars
1643, » n'est pas frauduleux, et c'est trop faire bar-
botter la critique dans la nauséabonde lessive d'un
linge sali pour le plaisir de l'étaler devant le monde !
Moi, si j'étais convaincu — et je n'en suis pas là — si
j'étais convaincu que Madeleine Béjart eût été pour
Molière plus que la « Madame Drouet » du grand
poète, je ferais encore à Madeleine Béjart l'honneur
d'avoir sur son compte l'opinion qu'avait Victor
Hugo sur l'amie de toute sa vie. — Les jours d'apo-
théose, quand les poètes entrent au capitole ou au
panthéon, si leurs maîtresses se sont appelées Laure,
on s'en souvient, si elles se sont appelées Lorette, on
l'oublie ; mais dans tous les cas, comme dans le cas
spécial qui nécessite ces réflexions, puisqu'il est bien
entendu qu'on ne fait pas aux poètes des diadèmes
avec des jarretières de femme, autant vaut les laisser

traîner si elles traînent, et comme les autres celles de
Madeleine Béjart! *Honni soit qui mal y pense !*

Au reste, chaque fois qu'un écrivain réédite sur
Madeleine Béjart ces éternelles calomnies que, de
son vivant, ses ennemis personnels et les ennemis de
Molière mirent en cours avec une atroce perfidie, je
crois la voir se retourner, et, hautaine, comme dans
Elomire Hypocondre, dire :

> Tu mens ! et ce seul mot suffit pour ma défense.

La réponse est toute dans le ton de sa fierté. Le
Boulanger De Chalussay qui le met dans sa bouche,
devait connaître l'indomptable énergie de ce caractère entier et viril. Madeleine Béjart n'était pas de nature à s'abaisser jusqu'à certaines explications. En se
faisant définitivement actrice, après de longues hési-
tations, elle avait fait la part du feu ; les calomnies
les plus affreuses avaient été d'avance réduites à leur
juste valeur, escomptées et acceptées comme une fatalité professionnelle. La suspicion d'infamie était
comme une disgrâce d'état. Madeleine Béjart savait,
avant de l'entendre dire à Dassoucy, qu'une actrice,
fût-elle plus « chaste qu'une vestale, » n'en aurait pas
moins la réputation détestable d'une dévergondée de
marque. C'était dans l'ordre. Est-ce que la sage et
belle Mlle L'Estoile, dans le *Roman comique*, échappe
aux quolibets ironiques de ses camarades qui la voient
vivre, comme frère et sœur, avec Destin ? Est-ce que
le vulgaire lui fait grâce de ses malignités dépravées ?
En province surtout — et Madeleine Béjart était
destinée à y passer bien des années — les préjugés ne
désarmaient pas sur les jeunes femmes de théâtre. Le
mot de Beau-Soleil, dans la *Comédie des comédiens*,
de Scudéry, est, malgré tout, encore vrai ; les gens du

peuple « croient que la femme d'un de nous autres l'est indubitablement de toute la Troupe. » Et qu'une compagnie de comédiens apparaisse dans une ville, tous les barons de La Crasse de l'endroit vont interpeller à l'envi le directeur et s'écrier :

Des femmes ! il en faut ! En avez-vous des belles ?

Et des « beautés de passage, » chacun, à la façon du cynique La Rappinière, voudra avoir « sa part, » comme si un théâtre ambulant était un débit patenté de faveurs galantes. Il semble que de chaque minois, chiffonné ou non, il en faille un morceau pour tout le monde. Les amateurs sont aux aguets, flairant la chair fraîche ; et c'est la levée en masse d'une meute en rut ! Et voilà tous les vieux désirs inassouvis des coureurs de filles qui se mettent furieusement aux trousses des actrices. Sans doute, d'aucunes en prennent joyeusement leur parti et sont bien aises de cette avide poursuite. Dieu sait la quantité de pièces qui, sous Louis XIII, avaient pour titre le *Ravissement* d'Hélène, d'Europe, de Proserpine ou d'autres déesses ou mortelles ! Signe du temps. Le public y prenait goût, — et les enlèvements se continuaient après le spectacle. Mais toutes les actrices n'étaient pas d'avis de se distribuer de mains en mains. L'amour avait ses chasses réservées. Dans les troupes de campagne, les « amazones » n'étaient pas introuvables. Mlle L'Estoile n'est pas un type pris et peint hors de la réalité. Elle ne fut pas unique en son genre. La vertu de Mlle Beauval était-elle une anomalie ? Madeleine Béjart était, certes, autre chose qu'une ingénue, et cependant je ne lui refuse ni pudeur, ni sagesse. Je me défie des anecdotiers qui ont voulu voir en elle une débauchée encore plus par calcul que par passion, une véritable rouleuse, de bonne heure livrée à la culture intensive de ses charmes pour s'en faire le plus de mille livres de rentes possible. J'attendrai pour y croire d'avoir lu, ailleurs que dans des pamphlets inspirés par la haine, l'insinuation venimeuse qui la représente comme ayant « fait la bonne fortune » des « jeunes gens du Languedoc. » L'immoralité des actrices est un lieu commun ; encore en est-il de cela comme du pont d'Avignon : « tout le monde y passe, » sur la foi d'un refrain, et autant en emporte le vent !

Mais les érudits en quête de curiosités extraordinaires, pour piquer l'attention, n'entendent pas de cette oreille et ne veulent pas qu'on dise : chansons que tout cela ! Ils épicent, salent et poivrent d'ineptes faits-divers. La stupide délation de Montfleury à Louis XIV, accusant Molière d'avoir épousé la fille de sa maîtresse ; le sénile radotage de Brossette, croyant répéter d'après Boileau que Molière épousa la fille de Madeleine Béjart, sont pris au sérieux, comme argent comptant et les yeux fermés. Et s'il s'élève une voix pour défendre Molière — jamais Madeleine — ce n'est trop souvent qu'en plaidant les circonstances atténuantes ! On veut admettre qu'en un temps où « les Nevers, les Condé » (1), ne se cachaient pas d'aimer leurs sœurs ; où Louis XIV n'était pas assez indifférent pour S. A. R. Madame Henriette ; où la *Carte du Pays de Braquerie*, œuvre du prince de Conti, enregistrait sur Mme de Longueville de si répugnantes indiscrétions ; en un temps où l'inceste bravait la morale publique jusque sur les marches du trône : on veut admettre qu'alors l'indulgence plénière de la cour et de la ville devait couvrir la si-

(1) Voir Michelet, *Histoire de France.*

tuation de Molière et la faire oublier. Mais c'est une calomnie encore ! La vertu n'existe point par comparaison. — On rapporte que Louis XIV répondit à la dénonciation de Montfleury en se constituant le parrain d'un enfant de Molière ; et on prend prétexte de cette attitude du roi à l'égard du poète pour le disculper. Mais Louis XIV n'était pas l'honnêteté ellemême ; il pouvait s'excuser en autrui ; son égoïsme était capable de se rendre service sous couleur de rendre un arrêt ; enfin son jugement ne serait pas une infaillible attestation d'innocence. La fin ne justifie pas les moyens en si délicate affaire ; la conscience des siècles peut-être plus difficile à contenter que celle de Louis XIV. Il n'y a pas chose jugée par le roi. Le litige passe au-dessus de son droit divin. La question se pose devant une juridiction plus haute. Pardevant le tribunal de l'histoire, « Molière avait-il épousé la fille de Madeleine Béjart ? » — Non ! — Que m'importent les dévergondages des Conti, des Condé et des Nevers, aux mœurs dissolues! L'inceste n'absout pas l'inceste ; la boue ne blanchit pas la boue. C'est Molière qui m'intéresse en personne ; et les actes authentiques sont là, qui, au mépris des Brossette, des Montfleury et autres colporteurs de diffamations, affirment, prouvent qu'Armande-Grésinde Béjart eut pour mère Marie Hervé. Les ergotages ne prévaudront pas contre cette certitude positive, historique, absolue. Eh! soyez donc logiques, après tout ! Si Madeleine Béjart ne put être honnête parce que toutes les artistes de son temps passaient pour ne l'être pas, pourquoi Molière aurait-il le privilège d'être estimé pour homme de bien, non pour sa probité personnelle, mais à cause de l'indignité de maints illustres contemporains ? Soyez logiques — et surtout soyez francs ! De quel droit réclamez-vous une partialité hypocrite pour l'auteur du *Misanthrope* et du *Tartuffe* ? Comment ! c'est à lui, à lui le seul poète, le seul homme peut-être avec qui Louis XIV ait compté, c'est à Molière le libre-penseur, qui vécut à cœur ouvert, à visage découvert; c'est à Molière que vous feriez l'outrageuse aumône d'une sorte de pardon honteux, au nom des vices qu'il a hautement flagellés en autrui ! Mais réfléchissez-y bien ! Supposez-que, demain, après une séance de cour d'assises où, de par nos mœurs et nos lois, un homme accusé d'être le « mari de sa fille », figurerait entre deux gendarmes et serait condamné; supposez que demain un tel coupable, ayant retrouvé par hasard le manuscrit perdu de l'*Homme de Cour* de Molière, eût l'idée de l'envoyer sous son propre nom au comité du Théâtre-Français : — croyez-vous qu'on l'y recevrait, même avec des pincettes ? Et cependant vous assimilez à peu près Molière, ¡moralement, immoralement veux-je dire, à ce gibier de cour d'assises ! Ce maître de la raison, ce précepteur de morale, vous en faites « un mauvais sujet, » une sorte de goujat, quoi ! pour le plaisir de l'honorer de votre superbe indulgence! En vérité, ceci tourne à la mauvaise plaisanterie ! Quand donc, tant de braves érudits cesseront-ils de renouveler, « sur la robe du dieu, » les exploits de « l'escarbot» de la fable, en protestant de leur admiration ? C'est vraiment un singulier spectacle que de voir tant de moliéristes rendre hommage au *Comtem-plateur* — en troublant l'eau des cuvettes de Madeleine Béjart !

Il serait temps de s'occuper d'autre chose. — Puisse la satiété qui résulte des interminables querelles soulevées sur ce point de la vie de Molière amener une réaction salutaire contre l'extrême créance accordée en ces derniers temps aux pamphlets diffamatoires contre Molière, publiés de son vivant ou peu après sa mort. L'envie a falsifié les faits, et c'est à grand'peine si un peu de vérité se mêle à ces mensonges pleins de fiel, méchamment distillés. Au dire de Le Boulanger de Chalússay — cité invariablement par les biographes — Molière aurait fait ses premières armes sur les tréteaux de Bary et de l'Orviétan, comme « mangeur de vipères. » La préméditation d'outrage à Molière, devenu sans rival de génie et de gloire, n'ôte rien à la virulence des rancunes et des jalousies, et rien non plus à la férocité du dénigrement. Mais il est facile de prendre le pamphlétaire en flagrant délit de fausseté : et, par exemple, quand il prétend que l'*Illustre Théâtre* n'était qu'un ramassis de déclassés, de va-nu-pieds, « un tas de gueux, »

Dont le mieux fait était bègue, borgne ou boiteux !

C'est le 30 juin 1643 que Molière, avec le concours des Béjart, de Germain Clérin et de Georges Pinel, ses premiers collaborateurs, fonda une troupe nouvelle, plus nombreuse, plus importante et plus brillante, par l'adjonction de quatre nouveaux associés : Ch. Beys, le poète, Nicolas Bonnenfant, Madeleine Malingre, et Catherine De Surlis. Le contrat de société fut passé rue de la Perle, « en la maison de la veuve Béjart, » chez qui Molière demeurait familièrement, par liaison d'amitié, d'intérêts et de talents solidaires. Les autres comédiens habitaient, du reste, dans le voisinage. Ch. Byes ou Beïs était aussi domicilié rue de la Perle, comme les Béjart et peut-être chez eux. Le but de l'association, nous l'avons déjà fait pressentir, était, par déclaration et engagement

exprès des associés « l'exercice de la Comédie afin
« de conservation de leur troupe soubz le tiltre de
« l'*Illustre Théâtre* ». En vertu d'un accord précédemment conclu entre eux, « Clérin, Poquelin et
Joseph Béjart, » et à moins de décision prise « à la
pluralité des voix, » auront la faculté de « choisir
« alternativement les héros — sans préjudice de la
« prérogative que tous les susdits accordent à la dite
« Madeleine Béjart de choisir le roolle qui lui plaira »
Toutefois, et comme d'usage, Clérin, Poquelin et
Joseph Béjart ne joueront « les héros » qu'à défaut
d'une distribution « par les autheurs » des pièces, lesquelles pièces, seront « imprimées, » le cas échéant,
« si l'autheur n'en dispose. » En cas de retraite anti-
cipée ou de dérogation aux clauses de l'acte, les associés stipulent que, à titre de « desdommagements »,
seront « ypotecquez leurs équipages et généralement
« leurs biens présens et advenir en quelque lieu et
« en quelque temps qu'ils puissent être trouvez. »
« Toutes les parties s'obligent » à « l'entretenne-
« ment de cet article comme s'ils estoient majeurs. »
Un dédit de « trois mille livres tournois » est fixé
et consenti, par obligation réciproque ; Les chiffres
ici sont réellement éloquents. Trois mille livres d'a-
lors équivalent à 15 ou 20,000 francs de nos jours.
C'est une somme ; et voilà des « gueux » et des « bohêmes, » qui ont tout l'air de n'être pas sans le sou !

Par droit d'ancienneté et de mérite littéraire, en
tête du personnel de l'*Illustre Théâtre* figure Ch. Beys,
le poète, que nous avons déjà entrevu dans les cabarets, dans la société fréquentée par Molière. Ch. Beys
est là moins comme acteur que comme conseiller,
encore qu'il ait un réel talent de comédien et de joueur
de luth. Sa présence confirme l'étroite solidarité qui

unit Molière au groupe des « libertins » et des Gaulois. L'*Illustre Théâtre*, avec Beys en tête, est une manière d'avant-garde ; mais ce n'est pas un corps perdu de tirailleurs. Molière n'est pas isolé ; il ne marche pas seul en avant et à l'aventure. — Même aux yeux de la cour, Beys est une recommandation pour la jeune troupe, car Beys passe et va continuer de passer pour un excellent poète. Né vers 1610, il a marqué parmi les auteurs de verve et de veine du temps de Louis XIII, et si bien marqué même que, comme nous le verrons, c'est lui qui sera appelé par une très flatteuse lettre de Louis XIV à écrire une série de poèmes destinés à célébrer la gloire de « Louis le Juste, » avec illustrations du calchographe Valdor. Il est à noter que Beys est entré dans l'*Illustre Théâtre* au lendemain d'une poésie composée « sur la machine où le cardinal de Richelieu fut porté dans Paris à son retour de Perpignan, » et que c'est pour un commande officielle de poèmes en l'honneur de Louis XIII qu'il en sortira. Avec cela, nature indépendante et qui a horreur du collier, il n'est poète de cour qu'au choix. Ses *Œuvres* feraient croire qu'il eut la spécialité des pièces de circonstance : odes, épigrammes, sonnets sur tels faits ou telles fêtes, y abondent. Ces volumes des poètes de l'époque de Louis XIII sont de véritables recueils d'adresses précieux pour qui veut se renseigner sur les relations de l'auteur. Un sonnet de Beys au duc d'Arpajon me le montre, en lisant entre les lignes, dans le voisinage de Cyrano de Bergerac et de J.-B. L'Hermite. Des *Stances* à M. *Moulinié, maître de la musique de son Altesse royale*, me rappellent qu'à la mort de Richelieu et sur la demande de Moulinié, Lambert, déjà camarade de Molière, est entré dans la chambre du duc d'Orléans.

Quand ses *Œuvres poétiques* paraîtrant (achevé d'imprimer du 28 septembre 1651). Scarron, Tristan L'Hermite, Colletet père et fils, de Prade, Gabriel Gilbert, Le Vasseur, Scudéry, etc., feront en pièces liminaires, son redondant panégyrique : car l'escouade des fidèles compagnons de la lyre se retrouve toujours en pareille occurence. Elle est à son poste. Beys n'est que son représentant dans l'*Illustre-Théâtre*. Assurément, G. Colletet n'est pas loin, trop heureux de pouvoir dire, un jour :

> Les plus riches enfants de la joie et des ris
> M'avaient nommé le roi des goinfres de Paris.

Loret, dans sa lettre du 4 octobre 1659, donnera à entendre que Beys « n'eut jamais vaillant un jacobus. » Mais Loret a ses licences poétiques aux dépens de la vérité. Et le poëte en titre et en chef de l'*Illustre Théâtre* n'était nullement un famélique. — Mais, et il n'est que temps de vider la question, mais est-il bien sûr que le Beys de la troupe de Molière fût Charles Beys le poëte ? Il signe *D.* ou *Denys* dans le contrat de société, et on se demande s'il n'y eut pas deux Beys. Un sonnet relatif à une excursion en Champagne et diverses particularités ultérieurement indiquées dissipent toute équivoque. En sommes-nous d'ailleurs à nous arrêter à ces variations perpétuelles de prénoms ? Beys se prénomme indifféremment « Denys » et « Charles », comme il est arrivé à Joseph Béjart père d'être prénommé *Georges*, et à Joseph Béjart fils de se prénommer *Jacques*. Denis ou Charles Beys prenait à l'occasion la particule. Nous savons que Germain Clérin se disait *de Villars*. Joseph Béjart fils s'est, dit-on, qualifié aussi de sieur *de La Borderie*. Noblesse de fantaisie, bien entendu. Pour n'ê-

tre pas en reste avec eux, et sans aller loin, Georges
Pinel, né rue de la Couture, se fait de cette même rue
un nom de fief pompeux et s'appellera : Georges Pinel
de La Couture.

Une courte présentation des nouveaux venus sur
l'*Illustre-Théâtre* n'est point inutile. La pénurie des
informations sur chacun d'eux abrégera cette formalité, plus que de raison. Encore que ce ne soient pas
des personnages historiques, il n'est pas sans intérêt
de bien connaître au juste avec qui Molière avait
affaire. — Selon M. Eudore Soulié, Bonnenfant serait un jeune clerc, fils d'un procureur de la paroisse
Saint-Eustache : presque voisin de Molière, presque
compagnon de ses jeux d'enfance, est-il venu au
théâtre par le chemin de l'école buissonnière ? — Madeleine Malingre, selon la plupart des moliéristes, serait la fille d'un menuisier de la même paroisse Saint-
Eustache ; mais il se pourrait bien que son père fût,
non le menuisier, mais l'écrivain Malingre, né à Sens,
lié avec Dassoucy et Beys et autres. Une énorme pro-
duction en tous genres ne l'avait pas enrichi ; son
dernier ouvrage fut le *Journal de Louis XIII.* L'identité de Madeleine Malingre est trop difficile à établir
pour qu'entre les deux généalogies la plus voisine
du monde des lettres et du théâtre ne me paraisse pas
préférable. — Enfin, Catherine de Surlis, issue d'une
famille originaire de Montargis, était fille d'Etienne
de Surlis, commis au greffe du Conseil privé du roi,
et de Françoise Lesguillon. Elle avait seize ans à
peine. On débutait fort jeune au théâtre, en ce temps-
là, et souvent à douze ou quatorze ans. Il n'est point
sûr que Catherine de Surlis n'eût déjà abordé les
planches au Marais. Une débutante absolument étrangère au théâtre ne se fût pas risquée peut-être, avec

la permission et l'assistance de sa mère, dans une entreprise chanceuse et qui exigeait au préalable un peu de pratique. N'avait-elle pas un commencement de réputation comme jolie fille? Un duel, entre deux actrices venait d'avoir lieu « à la farce, » au Marais. Jalousie d'amour plus que de métier. L'affaire avait fait grand bruit. Un moment on put même croire que les duels entre les jeunes femmes galantes et pétulantes, allaient devenir à la mode. Il y en eut plusieurs, coup sur coup. Catherine de Surlis eut le sien : et c'est elle qui, quelques années après, en héroïne qui a gardé les glorieuses marques de ses exploits, montrait à Vulson de La Colombière et à plusieurs de ses amis, « dans un jardin, » les traces visibles d'un coup d'épée reçu à gorge déployée. Entre courtisanes on en venait par envie à se défier en champ clos. Or, quelle plus belle fille que La de Surlis, et plus capable d'exciter de farouches haines! En homme qui sait le prix des choses, comme poëte et comme amateur, Molière eut toujours l'aimable attention de fleurir sa troupe d'un de ces frais et fripons visages printaniers. Avant peu, du reste, Catherine de Surlis aura mis toutes voiles dehors et sera passée experte et renommée coquette. Sarrazin, dans son *Epître au comte de Fiesque* (1645), à propos des amusements parisiens, lui donne en passant un coup de sa mauvaise langue. La jeunesse dorée, la fine fleur des blondins de Paris, la connaît mieux que par ouï dire :

> Et ces mondains tant coins et fort jolis
> Sont bien heureux d'avoir la Des Surlis,
> Qui maintes fois leur est encor cruelle,
> Car demoiseaux payent mal la chandelle.
> Dieu les conserve et gard' les gens de bien
> De n'y rien perdre et de n'y gagner rien...

Sarrazin ne brillait point par la charité. Mais l'histoire des conquêtes amoureuses de la de Surlis n'avait déjà plus rien de commun avec l'histoire de l'*Illustre Théâtre*. C'est dans l'appétissante et verte primeur de sa fougueuse jeunesse que Molière et ses associés l'avaient eue dans leur troupe. Veuillez, entre parenthèses, constater que, dans les catalogues où les érudits ont eue la grave prétention d'inventorier les *amours de Molière*, la de Surlis brille par son absence. A quoi pensaient donc les greffiers du cœur de Molière? L'occasion était bonne; le retour du comte de Modène lui faisait la partie belle. Dans l'hypothèse de ceux qui ont imaginé pour le Molière d'alors le rôle d'amant intérimaire de Madeleine Béjart, une amourette avec Catherine de Surlis, qui en valait la peine, était tout indiquée, comme compensation. Mais on ne pense jamais à tout.

Nous avons négligé de dire que le comte de Modène était rentré en France avec le duc de Guise et son frère. Au point de vue de l'*Illustre Théâtre* et quoique plusieurs moliéristes supposent que ce retour eut quelque influence sur sa fondation, je n'ai pas vu la nécessité d'en parler. Par acquit d'exactitude, ne fût-ce que pour fixer une date peu connue et très élastiquement mobilisée, je dois rappeler que la *Gazette de France* dissipe les doutes à cet égard. Elle nous apprend que « le 29 avril 1643 », « la duchesse de « Guise et ses deux fils, naguère arrivés avec elle d'I- « talie », ont été reçus par le roi. Le comte de Modène était revenu avec les Guise. Mais ni Madeleine Béjart, ni ses frères, ni Molière, ni aucun des fondateurs de l'*Illustre Théâtre* ne comptait sur lui. Entre Madeleine et le comte de Modène, le roman d'amour n'était-il pas à jamais fini, et pouvait-il avoir un autre

post-scriptum qu'une tendre amitié? Non que la
place fût prise par Molière: rien ne témoigne que
Molière eût tenu à la prendre. Tallemant des Réaux
a écrit qu'il avait aimé Madeleine Béjart, mais il a
écrit aussi, dans la même phrase, que Molière « l'é-
pousa. » A qui se fier ? De son côté, Robert Arnaud
d'Andilly, ami du comte de Modène, n'hésite pas à
la faire épouser par celui-ci. Les contemporains en
savent parfois moins que nous. Le comte de Modène
devait plus tard (1666) épouser la fille de son ami
J.-B. L'Hermite. Croit-on qu'il y eût opportunité à
attendre M. de Modène pour créer et organiser l'*Illustre Théâtre* ? L'idée a semblé venir à quelqu'un
d'en faire une sorte de commanditaire de l'entreprise.
Mais pour être bailleur de fonds, il faut avoir des
fonds. Le comte était ruiné. Dans quelques mois,
(février 1644), il allait être forcé de vendre sa pauvre
petite terre de la Souquette, à 2,500 livres environ.
Il en était aux expédients — dont l'expédition de
Naples fut le plus mémorable. Il n'y avait rien à
espérer du comte de Modène. On s'en passa. Voilà
pourquoi j'avais omis d'en parler.

L'*Illustre Théâtre* créé, il faut procéder pièce à pièce
à son organisation définitive. Au jour le jour on y
travaille. On loue une salle, on engage un orchestre ;
et l'installation se poursuit par la filière inévitable des
frais de tout premier établissement. — La salle retenue
— le 12 septembre — par un bail de « trois ans, » est
le Jeu de paume des Mestayers, dont Noël Gallois est
le propriétaire. Le prix du loyer est une rente an-
nuelle de « 1.900 livres tournois, » avec la caution de
Marie Hervé, « principale preneure. » Ce Jeu de Paume
des Mestayers, dont l'emplacement correspond aux
n°° 10, 12 et 14 de la rue de Mazarine, aux n° 11 et 13

de la rue de Seine, mesurait 32 mètres de l'est à l'ouest, 12 mètres du sud au nord. L'entrée en était par « les fossés de Nesle, » la sortie par la rue de Seine. Les fossés de Nesles sont « mouvance du roi pour son comté de Champagne, » dont le prince de Condé, père du grand Condé et du prince de Conti, exerce « les droits seigneuriaux. » Le prince de Conti, à la mort de son père (1646), en sera fieffé à son tour ; et dès à présent on peut dire que l'*Illustre Théâtre* est en un sens sur les terres de Conti. Cette particularité aura sa valeur prochaine, lorsqu'il s'agira de savoir si Molière eut occasion de jouer à l'hôtel du prince, entre 1644 et 1646, comme une ancienne tradition le faisait croire. Nous pèserons les raisons invoquées par M. Bazin pour la récuser. Mais revenons au Jeu de Paume. Des réparations considérables étaient nécessaires pour y recevoir le public. Deux entrepreneurs de travaux, Claude Michaud et Jean Duplessis, en sont chargés. L'ouverture de la campagne théâtrale n'est pas fixée : on semble toutefois avoir le dessein de débuter à la fin de l'année. Et tandis que les ouvriers sont à l'œuvre, l'*Illustre Théâtre* complète son personnel et pense à exploiter Rouen. Par traité du 31 octobre, l'orchestre est engagé. Claude Gobert, Michel Tisse, Adrian Lefebvre et Laurent Gaburet, joueurs d'instruments à Paris, « promettent de servir les dits « sieurs comédiens de l'*Illustre Théâtre* pendant trois « années, toutes fois et quantes qu'ils en seront aver- « tis par chacun jour, soit pour les *comédies* ou les « visites que les comédiens pourront faire et pour ré- « pétition de *ballets*. » En cas d'excursion extra-muros, les musiciens ne seront pas tenus de suivre la troupe. C'est ce qui arrive dès le lendemain, car l'*Illustre Théâtre*, voulant mettre le temps à profit va dès le

1er novembre à Rouen. Là, du reste, à peine débarqué, il a pour premier soin de donner par procuration, en date du 3 — acte passé devant Me Carré, notaire à Rouen, — tout pouvoir à leurs mandataires Antoine Lefebvre et Louis Dubois de contraindre par toutes voies légales et juridiques Noël Gallois, maître du Jeu de Paume, Michault, charpentier, et Duplessis, menuisier, à être exacts dans l'exécution des travaux et à livrer la salle en état convenu dès le retour à Paris.

Cette excursion à Rouen était pour l'*Illustre Théâtre* un moyen de se tenir en haleine et un prétexte à répétitions générales. La Normandie s'ouvrait devant lui comme un champ de manœuvres à souhait pour une jeune troupe impatiente de s'essayer. On lit dans le *Segraisiana* (page 45) : « M. X... disait que l'on faisait des vers dans les autres endroits de la France, mais qu'on en tenait boutique à Caen (1), voulant dire par là qu'il y avait plus de poètes et que l'on faisait plus de vers qu'ailleurs. » Rouen n'était pas en reste, puisque Rouen avait Corneille. Quelques moliéristes ont imaginé que cette « visite » de l'*Illustre Théâtre* à Rouen était motivée peut-être par le désir de rendre hommage à l'auteur du *Cid*, qui, selon le mot de Voltaire, « élevait le génie de la nation. » Au lendemain du *Menteur*, la démarche n'est peut-être pas invraisemblable de la part de jeunes artistes pleins d'enthousiasme. D'autres moliéristes se demandent si la foire du Pardon ou de Saint-Romain, qui se tient du 23 octobre aux premiers jours de novembre, n'avait pas été la véritable cause de leur venue à Rouen. L'*Illustre Théâtre* aurait dressé alors ses « tréteaux »

______

(1) Une édition de l'*Ovide en belle humeur*, de Dassoucy, parut à Caen.

sur le champ de foire. Outre qu'il s'y serait pris bien tard pour s'établir là, puisque le 31 octobre encore il était à Paris, n'avait-il pas où mieux se loger qu'à l'enseigne de la belle-étoile ? Il y a dans les *Œuvres* de Beys certaine *Chanson à boire*, dédiée « au marquis d'Allègre, sur son vin de pinçon en Normandie ; » il y a dans les *Œuvres* de G. Colletet plusieurs pièces adressées à Harlay de Champvallon, archevêque de Rouen, celui-là même qui lui fit si libéralement cadeau d'un « Apollon d'argent ; » il y a dans les *Œuvres* de Dassoucy une épitre au même archevêque,

Grand prélat dont l'esprit égale l'équité ;

— et je ne me charge pas de démontrer que Molière par Colletet et par Beys, et peut-être par Dassoucy encore, pouvant se faire ouvrir bien des portes, se priva du bénéfice de telles références. Les « visites » en ville, dans les hôtels des gentilhommes, des magistrats, des prélats mêmes — il est peu d'évêques qui, à l'exemple de Richelieu, n'eussent le goût de la comédie, — les « visites » étaient pour les troupes une source de recettes et une occasion de se distinguer. L'avantage d'être appelées « aux assemblées, » et de pourvoir aux divertissements de la société aristocratique d'une grande cité n'était pas de ceux qu'on dédaigne. Et si vous admettez que le comte d'Harcourt était peut-être à cette date à Rouen, siège de son gouvernement intérimaire, et qu'il y avait aussi, chez lui, comme d'habitude, Faret et Saint-Amant, est-il probable que le gouverneur de Normandie n'ait pas fait ouvrir à Beys et à Molière, toutes grandes, les portes de son hôtel — de ce geste d'un grand seigneur qui sait jeter l'argent par les fenêtres ? — On s'imagine parfois que ceux qu'on appelait « les grands, »

vivaient séparés du commun des mortels, dans une
sorte de sphère inaccessible et derrière un olympien
nuage. Voilà le maréchal comte d'Harcourt aborda-
ble à quiconque ; et quand Dassoucy est de ses amis
— comme dix pièces de vers de l'empereur du burlesque ne permettent pas d'en douter — je suis d'avis,
par induction, de supposer que chez certains hauts
personnages, et chez le comte d'Harcourt d'abord, un
ami en amène un autre. Non, qu'il soit admissible
qu'on entre là comme au moulin — un moulin où
pénètrent plus que le meunier et son fils ; mais un
homme d'esprit n'est pas tenu d'avoir de cérémonieu-
ses lettres de crédit, s'il est homme de lettres. — Faut-
il craindre plus de froideur séparante et de façons ex-
clusives de la part des poètes célèbres ? Rotrou est au
mieux avec les frères L'Hermite, par confraternité ;
a-t-il oublié le quatrain de Madeleine? Rotrou se laisse
approcher ; parfois même il fait la moitié du chemin.
Or, combien plus, la patriarcale simplicité de mœurs
du grand Corneille, et surtout sa paternelle bonté
n'invitent-elles pas Molière jeune à se présenter à l'auteur applaudi du *Menteur* ? Toutes les probabilités
sont pour un commencement de rapports entre le
maître tragique et le futur maître comique. Tout, jusqu'à Dassoucy, tout trouve aimable accueil chez le
grand Corneille. Le poète qui fit le *Cid* ne dédaigna
jamais Dassoucy, ni comme homme, ni comme poète.
Un sonnet, un rondeau, plusieurs pièces de Corneille
à Dassoucy donnent la mesure des ménagements du
grand poète pour le poète des grands. Une liaison
véritable resta entre eux ; et c'est bien Dassoucy, collaborateur de Corneille, qui composera la musique
d'*Andromède*. Et voyez ce que Corneille en dit
comme musicien, *sur ses airs* :

> Cet auteur a quelque génie,
> Ses airs me semblent assez doux ;
> Beaux esprits, mais un peu jaloux,
> Divins enfants de l'harmonie,
> Ne vous en mettez en courroux :
> Apollon aussi bien que vous
> Ne les peut ouïr sans envie !

Donc, l'occasion s'y prêtant à merveille, et Molière n'étant pas susceptible d'indifférence envers le souverain maître de la scène française, on pourrait ne pas considérer comme invraisemblable une démarche respectueuse de Molière auprès de Corneille, durant le séjour de l'*Illustre Théâtre* à Rouen. Pour la jeune troupe, il était de grand intérêt de se bien faire valoir des auteurs dramatiques ayant influence et succès. Notez que l'*Illustre-Théâtre* sera la seule compagnie de Province autorisée à jouer plus tard l'*Andromède*; notez que plus tard encore Corneille vieilli aura Molière et ses associés pour fidèles servants de sa gloire, en face et à l'encontre même de l'attristante rivalité de Racine et de l'ingratitude populaire. C'est à Molière que le grand Corneille devra l'immortelle occasion de faire vibrer dans *Psyché*, en mélodieux, en sublimes accents, les lyriques transports et l'ineffable, l'infinie tendresse de l'âme amoureuse; c'est à Molière que le grand Corneille devra l'inspiration de son divin chant du cygne! Eh ! bien, ne dirait-on pas que Molière acquittait alors, avec la dette du théâtre national et de la France, une dette personnelle — et qu'il voulût, à force de respect, d'admiration et d'hommages, ramener sur les lèvres de Corneille vieilli un dernier sourire d'orgueil, en souvenir et comme en échange du sourire bienveillant dont il avait encouragé et comme salué la venue de Molière jeune ? Ah ! si l'on pouvait savoir et écrire l'histoire des sentiments mutuels des grands poëtes ! — Mais les éclairs sont insaisissables. Quand donc, ô muse de Molière ! quand donc mettras-tu dans la main d'un biographe exposé à s'égarer au sein de l'épaisse nuit qui recouvre sa vie intime, quand donc mettras-tu une fois, dans nos mains, comme un fil conducteur dans la main d'un aveugle — et dût-il la brûler — un de ces rubans de feu ?

On tâtonne dans l'ombre ; on cherche la bonne voie qui à travers tant d'obscurités pourrait mener à la vérité. Mais comment et où s'orienter ? L'ancienne critique littéraire, peu tourmentée par le souci de l'exactitude, se complaisait à substituer de charmantes légendes à la réalité inconnue. Elle avait imaginé, par exemple, d'attribuer à l'apparition du *Menteur* une influence décisive et dirigeante sur l'esprit de Molière. Le *Menteur* aurait fixé les idées de Molière sur le genre comique à adopter — et l'aurait définitivement poussé vers la comédie de caractère, au lieu de la comédie d'intrigues. Dans une conversation qui aurait été tenue entre Molière et Boileau : — « Oui, mon cher « Despréaux, aurait dit Molière, oui, sans le *Menteur*, « j'aurais sans doute fait quelques pièces d'intrigue, « l'*Etourdi*, le *Dépit amoureux*, mais peut-être n'aurais « je pas fait le *Misanthrope*. » Sur ce, Boileau aurait répondu : — « Embrassez-moi ! voilà un aveu qui vaut la meilleure comédie ! » Et l'on s'empressait de croire que c'était arrivé, sans sourciller d'ailleurs à l'endroit de la pathétique embrassade, car pour beaucoup de lettrés Boileau est si vieux, qu'ils ne l'ont jamais soupçonné d'être, par l'âge, assez jeune pour ne pas prendre vis-à-vis de Molière une attitude de pédagogue protecteur. Tout ce qu'on peut dire, c'est que Molière se donna singulièrement de la réflexion avant de

suivre la route que le *Menteur* semblait, d'après l'a-
necdote, lui tracer tout de suite et toute droite. Il commença même par l'*Etourdi* et le *Dépit amoureux*, au
lieu de penser au *Misanthrope* : preuve, peut-être, que
l'influence du *Menteur* n'opérait qu'à distance et à
long terme. Cependant,— et raillerie à part, et à part
aussi l'enfantillage de la mise en scène et du dialogue
apocryphe — cependant, il y a là un certain fonds de
vérité exégétique. Le *Menteur* comptait trop au théâtre pour que Molière n'en tînt pas compte. Molière
était trop soucieux d'apprendre les secrets de cet art
où il voulait passer maître, pour ne pas demander
au *Menteur* des leçons. En un sens, il n'y a pas à
contester que Molière fut le disciple de Corneille.
Il y avait priorité de maîtrise du côté de Corneille :
et Molière n'avait pas à renier cette ascendance gé-
niale. Mais que nous n'eussions pas eu le *Misanthrope*
sans le *Menteur*, c'est ce que Molière n'a très probablement jamais ni pensé, ni dit; car l'œuvre de Molière commence et se poursuit longtemps, sans faire
soupçonner que Corneille ait pu y être pour rien.
Corneille n'exerça qu'une action à longue portée. Au
demeurant, et ne fût-ce que pour consacrer le voyage
et le séjour de l'*Illustre Théâtre* à Rouen, au mois
de novembre 1643, on pourrait s'entendre et tout concilier. En tant que date historique dans les annales de
la Comédie française, il n'est pas contestable que le
Menteur marque un événement glorieux; en tant que
ville natale et résidence habituelle de Corneille, il
n'est pas moins vrai que Rouen est la patrie morale
aussi bien du *Menteur* que de Corneille. Eh! bien,
admettons qu'en mémoire de ce double fait et en mémoire aussi des débuts effectifs de l'*Illustre Théâtre*
à Rouen, Molière lui-même ait fictivement dressé,

dans la cité normande, une sorte de colonne initiale, comme le milliaire doré d'Auguste, à Rome, à partir duquel il aimait — et nous l'aimerons de même — à compter les distances pour toutes les grandes œuvres de son génie !

En vile prose et pour en revenir aux sentiers plus ou moins battus, il ne paraît guère probable que l'*Illustre Théâtre* allât à Rouen sans voir Corneille. Il était de retour à Paris dans la seconde quinzaine de décembre. Avait-il passé à Rouen tout le temps écoulé depuis les premiers jours de novembre? C'est ce qu'il est difficile de dire. Une excursion à Caen ou ailleurs ne serait pas invraisemblable; cependant, aucun signe ne la laisse deviner. La procuration même du 3 novembre indique assez que, dès son arrivée à Rouen, l'*Illustre Théâtre* s'était trouvé en présence d'une prolongation de séjour non prévue avant son départ, sans cela on aurait peine à concevoir qu'il eût attendu de n'être plus à Paris pour nommer un fondé de pouvoirs. Un nouvel acte du « 28 décembre 1643, » confirme à la fois la rentrée de l'*Illustre Théâtre* et la prochaine inauguration de la salle des Mestayers. L'installation est finie. Il ne reste plus à l'extérieur, à l'entrée, qu'à « esplanader » les abords et paver le terrain sur une longueur de 12 toises et une largeur de 3, afin que les « carrosses » y accèdent sans inconvénient. C'est l'affaire de trois jours; l'acte est du lundi; l'entrepreneur compte avoir achevé « dans jeudi prochain pourvu que le temps le permette ». On peut s'en rapporter à sa diligence et à son bon vouloir, car c'est un brave et digne homme : c'est Léonard Aubry, « paveur ordinaire des bâtiments du roi. » Le moliériste n'est pas comme le préteur romain : *de minimis curat.* On a fait de gros volumes sur la fixation du vé-

ritable numéro de la maison mortuaire de Molière.
Une brève notice — le temps de glisser un ou deux
détails inédits — sur Léonard Aubry, — qui, du reste,
jouera un rôle honorable dans l'histoire de Molière
— ne paraîtra pas superflue. Léonard Aubry était l'un
des « sept entrepreneurs du nettoyement de bouës
« immundices et pavages de la ville, faux-bourg et
« banlieue de Paris. » Le Picart, déjà nommé, était
commissaire général de l'entreprise, formée en syndicat. Les associés étaient : deux anciens tabellions,
Hacquier et Tabouret, celui-ci précédemment cité, et
quatre hommes du métier, « les sieurs Formé, Aubry,
Mesnager et Laurens. » N'omettons rien : le sieur Aubry
disposait de « quinze chevaux, y compris un relay,
« quatorze desquels mènent sept tumberaulx et ung
« le pavé aux atteliers de la ville. » Le lecteur m'excusera de ne pas lui nommer par leur nom authentique les garçons d'écurie. — Léonard Aubry fut-il expéditif et sa promesse fût elle tenue ? Dans cette hypothèse l'*Illustre Théâtre* pouvait enfin recevoir le
public, non le « premier janvier » qui était un ven-
dredi, mais très-probablement le 3 janvier, jour des
Rois et premier dimanche du carnaval.

V

1644

> Et si je m'en souviens, ce fut un jour de fête,
> Car jamais le parterre, avec tous ses échos,
> Ne fit plus de *ah ! ah !* ni plus mal à propos.

Le public des dimanches, vous le voyez, n'a pas changé. Il y eut foule à cette première. Les « carrosses » y vinrent-ils, comme on l'espérait et par égard pour le mal qu'on s'était donné à leur intention ? Beau monde ou non, il y eut du monde. Voilà qui est certain. Quant à connaître le programme du spectacle, il a fallu y renoncer jusqu'à présent. Titre oblige et ce n'est pas s'aventurer trop que de mettre une tragédie sur l'affiche probable du jour. L'*Illustre Théâtre* ne pouvait pas faire moins. La tragédie anonyme fut-elle précédée d'une « farce » à la parade ? Peut-être. C'était l'usage. Le grand monde et le petit monde s'en délectait. A l'hôtel de Bourgogne, le tragique Bellerose était doublé d'un Gautier-Garguille. La tragédie anonyme, précédée d'une farce probable, fût-elle suivie d'une exhibition de « machine » à sensation ou d'un ballet à surprises ? Il ne semble pas qu'aucun acteur associé de l'*Illustre Théâtre* ait jamais été dans les « machines. » Pour un ballet, on avait du moins

la symphonie ordinaire : les quatre joueurs d'instrument. D'après Charles Perrault, cette « symphonie »
aurait dû être « d'une flûte et d'un tambour ou de
deux violons au plus. » Mais le tambour, en 1644,
était déjà une hérésie ; et dans une troupe qui avait
pour amis Lambert, et Dassoucy, et Nyert, et autres
illustres maîtres luthistes ou théorbistes, il n'était ni
permis d'ignorer qu'il fallait un théorbe ou un luth,
ni difficile de le trouver. La Fontaine l'a très bien dit
dans son *Epître à Nyert* :

> Le ballet fut toujours une action muette,
> La voix veut le théorbe et non pas la trompette,
> Et la viole, propre aux plus tendres amours,
> N'a jamais jusqu'ici pu se joindre aux tambours.

Le ballet était la partie récréative et charmante de
toute représentation. Les pièces à décors et machines
étant extrêmement rares, malgré le séjour à Paris de
certains spécialistes italiens, on n'innovait que dans
les détails. Du reste, les fameuses inventions de Torelli lui-même, si vantées et si fameuses alors, n'étaient
que dans l'enfance de l'art. Le malin La Fontaine a
dit son mot là-dessus :

> Des machines d'*abord* le surprenant spectacle
> Éblouit le bourgeois et fit crier miracle.

« D'abord ; » mais l'émerveillement dura peu. On se
ravisa. Et le charme de la féérie fut rompu. On en
voyait trop les ficelles.

> Un dieu pend à la corde, et crie au machiniste.

C'était trop montrer la corde — surtout pour un dieu.
L'*Illustre Théâtre* ne se ruina sans doute pas en
magnificences de ce genre. Il se ruina tout de même.
Les succès du premier jour n'eut pas de lendemain.

L'*Elomine hypocondre* n'oublie pas de relater la nullité des recettes :

> Car alors, excepté les exempts de payer,
> Les parents de la troupe et quelque bâtelier,
> Nul animal vivant n'entra dans notre salle !

Pourquoi ce fiasco rapide ? Pour des raisons qu'on n'a pas dites. Et tout d'abord, peut-être, à cause de ce titre même d'*Illustre Théâtre*, un peu trop marqué de prétentions aristocratiques, ce qui devait médiocrement attirer le gros public, sans que la situation de la salle en un quartier encore peu élégant et peu fréquenté, fût de nature à tenter la clientèle mondaine. Mais la raison majeure n'est pas là. Elle est dans une sorte de déviation de la ligne naturelle où Molière semblait n'avoir qu'à s'engager. Il pécha, non par excès de présomption, mais bien par défaut de confiance en soi-même.—Je voudrais être compris jusqu'au bout ; et je crains que la biographie de Molière, telle qu'elle est conçue, combinée et composée d'ordinaire et de plus en plus, n'ait à la fois trop peu fait pour l'étude proprement dite du poète, et trop fait à l'encontre de la façon dont je l'entends, et en particulier sur ce chapitre. Sous prétexte de recherches positives, on a trop négligé la critique historique des influences littéraires, pour la mise au jour des documents. Encore faut-il mettre le feu sacré aux poudres des archives ! La biographie, trop exclusivement vouée aux dates et aux chiffres, a été détournée de la vraie fonction poétique et publique de Molière à ses débuts par l'intérêt accordé à ses comptes de menuisier, de paveur et de fournisseur de chandelles. Je ne médis pas en soi de ces détails documentaires. Mais s'agit-il d'une spéculation privée, et n'y-a-t-il en cause ici qu'une expertise de syndic de commerce et une vérification d'écritures ? Un biographe n'est pas un teneur de livres ; nous racontons l'histoire d'un poète ! Le plus absolu souci de l'exactitude ne dispense donc pas de subordonner les factures de l'entrepreneur de spectacles aux faits, gestes et gens, lieux et milieux susceptibles d'action morale sur le génie et l'œuvre de l'auteur comique. C'est surtout une précision circonstanciée que nous demandons aux chiffres et aux dates, en raison des nécessités de la critique comparée, appliquée même aux infiniments petits moyens d'information sûre et certaine. Mais il importe essentiellement d'étudier et de connaître les hommes dans la compagnie desquels Molière a vécu. Il y a des corrélations d'existence seules capables de livrer certains secrets. Or,—et je visais cet exemple—faute de savoir que, dès la formation de son théâtre, Molière est en contact, en rapports intimes avec Vulson de La Colombière, l'héraldiste, ami de J. B. L'Hermite, héraldite aussi, l'ami de Beys, Saint-Amant, Scarron, Dassoucy, Boissat, de Chorier encore, dont il est le compatriote, c'est, tout ensemble l'inspiration et la notion des premières années d'erreurs et d'insuccès de Molière qui risquent de nous échapper (1). Vous ne vous expliquez pas la déconvenue de l'*Illustre*

(1) Veut-on, dès maintenant, un détail topique de certaines affiliations d'idées entre la Colombière et Molière — deux noms rapprochés pour la première fois par un moliériste ? Les éditeurs du Molière-Hachette et les commentateurs à leur suite croient que Molière, dans les *Précieuses Ridicules*, a emprunté à une lettre de Dassoucy cette expression : « *l'âme* des pieds », synonyme de musique, à propos de danse. Or, la lettre de Dassoucy, publiée dans les *Rimes redoublées* de 1671, fut, à coup sûr, écrite à Molière, plusieurs années après l'impression des *Précieuses*. Dassoucy lui-même, comme Molière, la tenait de leur ami commun La Colombière, qui, dans sa *Science historique* (Paris, in-f°, 1644), avait dit textuellement : « *Les musiciens donneront l'âme à ces paroles* » (page 489).

Théâtre ? Avec Madeleine Béjart pour jouer la tragédie aussi bien qu'à l'Hôtel de Bourgogne ou au
Petit-Bourbon ; avec la de Surlis pour jouer la farce
aussi bien qu'au Marais ; avec le bon vouloir et même le talent suffisant pour plaire au public à l'égal
des acteurs en vogue — car il ne faut pas croire que
Joseph Béjart, Clérin et Molière, par exemple, ne mé-
ritassent pas d'être applaudis — avec bien des éléments
de succès, l'*Illustre Théâtre* ne réussit point — parce
qu'il avait voulu être une sorte d'Ambigu comique
où tous les genres réunis répondirent mal aux goûts
d'un public de hasard. Molière, cédant peut-être aux
conseils de J.-B. L'Hermite et de son colloborateur
La Colombière, n'avait pas été assez franchement
fidèle à ses propres instincts de fils des Gaules, et trop
de place avait été accordée dans la direction du théâtre à l'engouement, à la manie de La Colombière et de
L'Hermite pour les « illustrations » dont *La Science
Héroïque* (1644) semble avoir voulu être le manuel.
La Colombière et J.-B. L'Hermite se posaient en
professeurs de chevalerie, en précepteurs d'héroïsme.
C'étaient des archéologues de l'honneur antique, féo-
dal et princier : alchimistes du blason, entichés d'idées
nobiliaires, chez qui l'illusion de gagner la faveur de
la cour et des grands, en les aveuglant sur le sens pratique de la vie ordinaire, était poussée jusqu'à croire
qu'on s'intéresserait à des tragédies consacrées à la
louange plus ou moins déguisée d'un grand personnage du temps assimilé à un héros grec ou romain.
En tête de « cette *illustre* pièce » qui s'appellera *Josaphat*, Magnon, un des fournisseurs habituels de
l'*Illustre Théâtre* sur ce modèle d'illustrations à la
cène, Magnon aura l'honneur de prévenir le duc

d'Épernon que « sous des noms empruntés l'on va
« représenter une partie de sa vie. » Autant mettre
Tacite en madrigaux ! Le public résista à cette application de l'histoire ancienne au panégyrique des
grands. Magnon était mieux inspiré quand il voulait
choisir des sujets de pièce dans l'histoire des nations
modernes et les traiter hardiment. Bref, pour employer
un mot à la Molière, l'*Illustre Théâtre* fut un peu,
malgré son archaïsme courtisanesque, « un théâtre de
cour pour la campagne. » Il manqua de gaîté pour
tout le monde. En vain l'*Illustre Théâtre* prodigue
les pièces *illustres* ; en vain représente-t-il, comme
on l'affirme, l'*Illustre Pirate*, l'*Illustre Comédien*,
l'*Illustre Bassa*, l'*Illustre Olympie*, l'*Illustre Amazone*, l'*Illustre Désespéré* : Paris reste insensible à ces
mirifiques beautés, — si bien que, quand Beys compose
à son tour les *Fous Illustres*, il n'est pas sûr que dans
sa pensée la panégyrique des grands n'ait pas cédé la
place à la satire même de leurs flagorneurs en tragédie !
— Dans tous les cas, Beys, tôt ou tard, dit le fond de
son sentiment sur ces décevantes théories de La Colombière. A l'apparition du Vray Théâtre d'honneur
*et de chevalerie ou la mission héroïque de la noblesse,
contenant les combats ou jeux sacrés des Grecs et
des Romains, les triomphes, les tournois, les joutes,
les pas, les emprises, les armes, les courses, les car-
tels, les devises, les prix, les vœux, les sermens, les
cérémonies, les statuts, les ordres et autres magnifiques exercices des anciens nobles durant la paix,* par
M. W. Ch^{er} de la Colombières, 1648, — à l'apparition de cet ouvrage dédié à Mazarin, et dont ce titre
même de *Vray Théâtre* semblait à Beys une allusion
épigrammatique et rétrospective à ce qu'aurait dû être
l'*Illustre Théâtre*, le poète, alors, dit ce qu'il avait sur

le cœur, dans un sonnet qui servira de moralité à la mésaventure de Molière et de ses amis :

Depuis qu'avec honneur tu mets les armes bas,
Tes ouvrages savants instruisent la noblesse,
Et, luy représentant les jeux et les combats,
Luy donnent à la fois la valeur et l'adresse.

Tu charmes les amants, tu conduits les soldats,
Tu fais ressusciter l'Italie et la Grèce,
Et par les grands exploits et les pompeux esbats
Tu pourrois esveiller la plus morne paresse.

Mais, cher La Colombière, espargne un peu tes soins.
Afin d'acquérir plus tu devrais faire moins ;
Pour toy la vertu tremble et dégénère en vice.

Tes livres, pleins de grâce et pleins de majesté,
Estonnent tellement la libéralité
Qu'elle en est immobile autant que l'avarice.

« La noblesse resta « immobile ». Elle boudait et ne bougea pas. Le titre d'*Illustre Théâtre* ne la séduisait guère elle-même ! L'honneur d'être la « troupe de Son Altesse le duc d'Orléans, » ne fit pas sur l'aristocratie l'effet d'un talisman. Elle battait froid ; « sa libéralité » faisait la sourde oreille et montrait des airs distraits aux avances les plus alléchantes. Le cordon des bourses se déliait d'autant moins que la saison était très mauvaise. On manquait de pain à Paris. Les Parisiens étaient mal disposés aux plaisirs. Le monde élégant et galant sentait peser sur lui le cauchemar de la misère publique et de la guerre civile. On n'avait pas le cœur aux divertissements. Et après s'y être porté sur un premier mouvement de pure curiosité, on oubliait le chemin de l'*Illustre Théâtre* — ce chemin si soigneusement réparé, préparé ! O ironie ! avoir tout fait pour recevoir les équipages et n'en voir plus venir un seul — si ce n'est, avec la perspective de la débâcle et par figure de rhétorique — le « carrosse » même qui conduisait la troupe à l'hôpital ! Et comment conjurer le péril, couvrir les risques courus ? Pas plus que « la noblesse » le duc d'Orléans n'était généreux pour l'*Illustre Théâtre*. Il faisait toujours grise mine. C'était sa coutume d'impatienter ses serviteurs par son indifférence. Et rien n'est même plaisant à ce sujet comme l'interpellation que finit par lui adresser Dassoucy, qui n'y tenait plus :

> De grâce, dites-moi si c'est durant ma vie,
> Que vous me donnerez, ou bien après ma mort !

Mais aussi, soyons justes, et n'accusons pas le public de tous les torts dans l'affaire. L'*Illustre Théâtre* avait-il mis toutes les chances possibles de son côté et n'avait-il pas trop fait fonds sur la complaisance de la fortune à se tenir à ses ordres ? Sans compter les causes imprévues par lesquelles périclitaient sa prospérité et son existence même, car on jouait gros jeu, n'avait-on pas inopportunément engagé la partie ? « J'introduirai au Théâtre l'histoire de France ! » disait le jeune Magnon, plein de vastes pensées. Au lendemain d'*Horace*, de *Cinna* et de *Polyeucte*, l'année même de *Rodogune*, espérer réussir par une réforme et une innovation dans la tragédie classique, n'était-ce pas trop préjuger des forces des jeunes auteurs qui voulaient se produire par cette tentative, et de la versatilité des admirations publiques ? Détrôner Corneille — par une concurrence loyale et respectueuse, du reste — Magnon le pouvait-il, même s'il eût osé y prétendre ? Or, Magnon n'eut même pas la liberté voulue ; poète aux gages de la troupe, il dut modérer, modifier son élan : il n'agit plus ni avec l'ardeur d'une conviction profonde, ni avec la foi qui sert de viatique aux grandes ambitions. Magnon écrivait sur commande; c'est à la tâche qu'il fournissait, avec une prodigieuse facilité d'improvisation, ces tragédies apologétiques sous déguisement grec ou romain. Il ne donna aucun des drames nationaux qu'il rêvait. *Artaxerce* fut la seule des pièces connues de lui, qui ait été imprimée aux frais de l'*Illustre Théâtre*. *Sejanus*, *Josaphat*, sont des œuvres de fabrique et de métier. Ce sont des pièces de rapport, moyennant les dédicaces. Le côté faible et fâcheux de l'entreprise était là, dans cette subordination de la question d'art à la question d'argent : résultat inévitable d'ailleurs de l'esprit égalitaire dans lequel étaient rédigés les statuts de l'*Illustre Théâtre*. A parité de droits — sauf pour le choix des rôles — et dès l'instant que le comité de lecture recevait les œuvres à la pluralité des voix, quelle garantie suffisante pouvait-il y avoir contre la prépondérance des intérêts étrangers à l'art et à la poésie? Le suffrage universel appliqué à la littérature dramatique en a-t-il jamais élevé le niveau? En fait et en droit, dans la troupe transformée de Molière, de Clérin et des Béjart, l'autorité de Beys n'étant pas souveraine, et l'opinion de Bonnenfant ou de Madeleine Malingre étant « équipollente », en fin de compte, à celle de tout autre, que devenait la libre initiative de Molière? A la décharge de sa responsabilité personnelle dans l'insuccès de l'*Illustre Théâtre*, faisons ressotir et retenons bien ce fait, à savoir, que les choses n'étaient pas comprises comme il les entendait. Tous les biographes constatent que Molière ne donna signe de vie comme auteur que bien des années après s'être fait comédien et co-associé de directeurs de troupes. On ne lui attribue que des farces jusqu'en 1653, date de l'*Etourdi*, et à partir de laquelle il semble et l'on croit qu'il a enfin la haute main sur les affaires de l'*Illustre Théâtre*. Les uns voient, dans cette abstention personnelle de toute velléité littéraire, ou une défiance de soi-même bien invraisemblable, ou une extraordinaire tardiveté du talent. Evidemment, cette constitution en syndicat de l'*Illustre Théâtre* et des troupes qui le suivirent ne devait nullement favoriser l'éveil et le développement du génie de Molière. Le moins qu'on ait à reprocher à ce mode d'organisation, c'est de trop placer éventuellement la supériorité d'un vrai poète sous la dépendance d'une majorité d'esprits médiocres. La muse alors, si elle intervient, risque de n'être plus qu'une humble servante, et selon un mot de l'époque, « une muse de ménage. » Tel que nous comprenons Molière, on s'explique alors qu'il ait laissé à d'autres, cette cuisine vulgaire. Molière se réserve d'être auteur quand il pourra l'être, à sa tête — et tête haute. Qu'il apporte son tribut d'esprit et de talent — les jours de cotisation générale — pour bâcler une farce, une scène, vers ou prose, c'est tout naturel. Mais à part ce coup de pouce lestement donné, il s'économise, il se retient et se réserve. Au fond, je trouve également inadmissible l'ajournement volontaire de son affirmation comme auteur et l'involontaire retardation des prémices de son génie. Tallemant des Réaux avait entendu dire, car il est un écho, que le rôle de Molière, tout à fait au commencement de sa liaison avec les Béjart, se bornait à « donner des conseils à la troupe ». Cela suppose une autorité de lettré. Molière aurait donc commencé par où l'on voyait finir Beys ? C'est bien mon avis ; même tout jeune et quand le dit Tallemant des Réaux parle d' « un garçon nommé Molière, » —

il était déjà quelqu'un. Il fut quelqu'un toujours ; et si « garçon » il y eût, c'est en grand garçon qu'il était entré au théâtre. Sa discrétion, son parti-pris de se dérober au jugement précipité de la foule, ne sont que la mâle coquetterie d'un esprit mûr avant la saison, mais qui sait, qui veut attendre. Passez-moi l'allitération à la Gui-Patin : il ne s'avoue pas pour se savourer mieux. — Dans la mésaventure de l'*Illustre Théâtre*, il était avec beaucoup trop d'autres pour être lui-même. Ne pouvant ou ne voulant pas être Molière, il préféra n'être rien — et n'y être pour rien. Qui sait — car j'hésite toujours à incriminer les Parisiens qui admiraient Corneille, de n'avoir pas même pressenti Molière — qui sait, en définitive, lequel des deux, alors, a manqué à l'autre, de Molière ou du public ?

Dès les premières représentations données au jeu de paume des Mestayers, Molière avait dû voir clair dans la situation et se convaincre que la bataille était perdue d'avance. N'étant ni le maître, ni le seul arbitre des destinées de l'*Illustre Théâtre*, fut-il libre de remédier au mal et de reprendre la partie sur nouveaux frais ? Il faudrait, pour se prononcer, avoir des documents que nous n'avons pas. Mettons-le hors de cause, s'il s'agit de faire peser sur lui seul la responsabilité de la faillite à laquelle l'*Illustre Théâtre* ne semblait ne pas pouvoir échapper. C'est la triste fin des associations dépourvues d'accord. Dans celle-ci, de fréquentes modifications n'eurent peut-être pas toutes pour motif un excès d'entente et d'harmonie entre les sociétaires. N'y pouvant rien, Molière, à ce compte, n'y fut pour rien. Il est vrai que cela ne l'empêcha pas, à l'échéance fatale, d'assumer le poids des fautes communes, et de revendiquer avant tous et pardessus tout, l'exclusive obligation d'en subir les conséquences, à tout prix. Il n'y a qu'un mot pour résumer la situation : Molière était mal associé. — Mais j'empiète ici par des réflexions générales sur la moralité d'un dénouement incertain et encore éloigné. Continuons d'étudier ce qui pouvait l'amener. Aussi bien, est-ce, à mon sens, un des plus instructifs sujets que l'histoire de Molière impose à la critique historique.

La tragédie ne faisait pas d'argent à l'*Illustre Théâtre*. La comédie en aurait fait ; et peut-être Molière se récusait-il comme auteur, non par égoïsme, mais plutôt par désintéressement d'amour-propre personnel : je n'ose dire par calcul, car le calcul eût tourné contre lui, puisque c'est lui qui finalement tint à solder la facture des mécomptes. Molière n'était pas auteur comique avéré et déclaré. Restait la farce à exploiter. — Qu'avait à y faire Molière en particulier ? C'est là une question que je demande la liberté de ne pas tenir pour élucidée : éludée, je ne dis pas. Si peu que puissent valoir mes opinions, je me suis trop appliqué à ne les faire, souvent à l'encontre des autres, pour qu'une fois miennes, je consente à les sacrifier avant sommation, à celles qui ont cours, toutes faites. Je sais qu'il est d'usage de répéter que Molière, acteur et auteur, débuta au théâtre par la farce — à l'italienne, et comme jeu et comme genre. Farceur et *Contemplateur*, la rime y est, quoique pauvre ; mais la raison ? J'en doute. Je ne l'ai pourtant pas fait mélancolique, le néophyte des cabarets de Paris qui, peut-être, le baptisèrent *Molière !* Mais je n'ai pas eu les moyens de me persuader que, dès son enfance, surtout de 1632 à 1636, Jean dit Jean-Baptiste Poquelin « étudiait le jeu des Italiens. » J'ai cru le reconnaître à sa sortie du collège, parmi les spectateurs assidus de l'Hôtel de Bourgogne, où Saint-Amant cite des farceurs français — et c'est bon à savoir — qui

> Font la figue au plaisant Scapin ;

et malgré une jolie épitaphe de la Fontaine en l'honneur de Scaramouche, élève « de la nature » et « maître de Molière, » je n'ai guère pu distinguer si Molière était moins l'élève des rivaux de Scapin que l'élève de Scaramouche et si, à l'école de la Nature — « de la Nature, » vous m'entendez bien ! — Scaramouche et Molière ne furent pas simplement condisciples, au temps où Molière était encore un écolier dans l'art comique. On a trop cédé et concédé de choses aux Italiens. Peut-être siérait-il de faire réintégrer le domicile national à quelques-unes. Il y a lieu à révision sur plusieurs. Et par exemple, sur le trop de Molière qu'on leur a libéralement octroyé, il est temps d'en reprendre un peu, assez, et même beaucoup. Je ne désespère pas d'en arriver à une réaction salutaire, et de voir ce bon pays de France plus jaloux de sa propre gloire, en toutes choses — même en ces choses-ci — que de la gloire des étrangers.

Mon sentiment personnel, pressé de se traduire en une image frappante, coupera court pour aujourd'hui aux informations multiples et minutieuses. Vous connaissez la curieuse toile — attribuée à Verrio — et qui représente, à la date de « 1670 » les *Farceurs français et italiens depuis soixante ans* (1). C'est, en un tableau, comme le musée des souverains de la farce. Ils sont là avec le costume et l'action de leur emploi. Les Italiens s'appellent : Briguella, Scaramouche, le Doc-

---

(1) On sait qu'elle appartient à la Comédie Française.

teur, Pantalon, Arlequin et Mezzetin. Les Français se
nomment : le Matamore, Turlupin, Gros-Guillaume,
Gaultier-Garguille, Guillot-Gorju, Jodelet, Gros-
René. Dans un coin, non plus en costume de théâtre
ou de tréteaux, non plus en farceur, mais habillé
en bourgeois de Paris de vers l'an 1644, en civil et
en citadin, Molière est là, lui aussi, mais à part —
comme un « Monsieur ». Eh ! bien, cela signifie pour
moi, et sans le tableau j'aurais trouvé cela tout seul,
cela signifie que, même à la farce, Molière — fils de
Marie Cressé — Molière même là, est encore et toujours : *Monsieur* Molière. Et il est plus qu'assez
« Monsieur » pour les Italiens ! Mais Molière plus
« farceur » à la française, à la gauloise, qu'à l'italienne, était-il en somme, en 1644, farceur autant qu'il
l'aurait fallu pour faire recette ? M. Moland dit que
« c'est l'acteur qui s'éveilla en lui le premier, et *non
pas l'acteur comique*, mais l'acteur tragique. » Marie
Cressé m'explique le *Contemplateur* ; Gassendi m'expliquerait l'acteur-auteur comique, plutôt peut-être
que l'acteur tragique. Quant au mot de passe pour
aller au « farceur, » il manque. Et n'est-ce pas l'absence d'un véritable farceur—comme Gros-René, par
exemple — n'est-ce pas le défaut d'un vraiment populaire amuseur qui, brusquement, après les premières soirées, et la curiosité des amateurs satisfaite,
cause le vide dans la salle de l'*Illustre Théâtre*, et
entraine la rupture de ses communications avec le
public ?

Le premier acte notarié connu et relatif à l'*Illustre
Théâtre*, pour l'année 1644, nous révèle d'importantes modifications dans son personnel et dans son
programme. Le 28 juin, pour parer à l'insuffisance
manifeste des machines et des phénomènes, le dan-

seur-gymnasiarque Daniel Mallet, élève et pensionnaire du fameux Cardelin, est engagé, d'urgence, avec
dédit et en dépit de son directeur et maître. On l'a
fait venir de Rouen, où il était domicilié et où, lors
de la récente excursion de l'*Illustre Théâtre*, Molière et ses camarades l'avaient « assisté dans ses extrémités et maladies. » Molière fut toujours charitable.
Les comédiens malheureux éprouvèrent sa généreuse
bienfaisance. Le danseur Mallet est un des premiers,
le premier peut-être, sur la longue liste de ceux qu'il
se fit un devoir d'obliger. Dans sa reconnaissance envers Molière, Mallet avait-il oublié le traité qui le
liait déjà avec Cardelin ? Un article de son nouvel
engagement le donne à croire. Il y est stipulé que
« en cas que ledit Mallet fût recherché ou inquiété par
« le nommé Cardelin, » l'*Illustre Théâtre* y pourvoi-
rait. Il y avait à compter avec Cardelin, après tout,
car c'était presque un personnage en son genre. En
1641, il avait représenté la Victoire, en dansant sur
une corde, environné de nuages, dans le ballet de la
Prospérité des Armes de France, Il était d'une agilité
vertigineuse et d'une sveltesse aérienne. Comme vol-
tigeur, son pareil était à trouver ; et ses grâces légères
étaient passées en proverbe. Bacheaumont dans la
jolie réponse *A la Levrette des comtesses* fait dire au
Levrau :

Je saute mieux que Cardelin.

En un mot, Cardelin était un des artistes célèbres du
Paris pittoresque. Daniel Mallet, qui lui servait de
second, le quitta pour devenir son émule. Pourtant, il
n'avait point pour unique spécialité la gymnastique
et l'acrobatie. Il « dansait » habilement. Dans la
troupe de Molière il était appelé à rendre plus d'un

service : moyennant une rétribution de « 45 sols », il figurerait « tant en comédie que ballet. » Les ballets, à l'*Illustre Théâtre*, laissaient à désirer jusque-là : Il n'était guère permis de les retrancher d'un programme attrayant et bien ordonné. Certains théâtres même ne coupaient pas seulement les pièces d'intermèdes chorégraphiques et musicaux, la gymnastique y était introduite de force pour ses tours d'adresse.

L'une des particularités curieuses à signaler, entre plusieurs, dans l'engagement de Daniel Mallet, c'est la signature de *Molière* que J.-B. Poquelin mettait ainsi pour la première fois au bas d'une transaction, sans même les initiales de ses nom et prénoms de famille. Jusque-là, dans les actes, traités, contrats et polices, il avait signé de ses vrais prénoms et nom; et on voit quel crédit mérite le conte sempiternel qui attribue l'adoption du pseudonyme de *Molière* à un scrupule de fils égaré, mais qui a bon cœur au fond, et qui, pour ne pas chagriner ses parents, cache avec soin son nom de maison qu'il pourrait compromettre dans une vie de bohême. Cependant, par exception, cette fois un rapprochement de dates pourrait, jusqu'à un certain point, et à condition de subtiliser, associer un sentiment de délicatesse à l'emploi de ce nom de guerre. La bonne et digne aïeule Agnès Mazuel se mourait à cette heure. On l'enterra, le 12 juillet suivant, au cimetière des Innocents : le service funèbre avait été célébré à Saint-Eustache. La chère morte avait été pour Jean-Baptiste Poquelin une seconde mère ; peut-être celui qui allait la regretter en la pleurant déjà ne voulut-il pas qu'il existât quelque part, au bas d'un acte, la preuve qu'en de telles circonstances il n'appartenait pas tout entier, même de nom, à ses affections domestiques et à ses devoirs de fils ! D'ailleurs, quelle que soit la raison à donner ici, c'est encore et toujours à une explication de sentiment qu'il faut demander la raison d'être de ce pseudonyme de *Molière*. La coïncidence actuelle voile momentanément d'un crêpe la pensée joyeuse qui, dans le principe, avait sans doute présidé à son choix. Mais ce nom de Molière, même ici, n'est il pas après tout un deuxième nom de maison pour Jean-Baptiste Poquelin ? — Pour en revenir à l'examen de l'acte du 28 juin — correspondant jour par jour, à quarante-huit heures près, avec l'anniversaire même de la fondation de l'*Illustre Théâtre* — on y remarque un signataire nouveau : Nicolas Desfontaine, poète et comédien, dont nous aurons à reparler bientôt, et on y constate l'absence de Beys et de tous les Béjart. Nous savons où les trouver, et nous les retrouverons dans un instant. Achevons l'appel nominal du personnel. Nicolas Bonnenfant s'est retiré. Par contre, et toujours en vue de renfoncer la partie faible, la partie des « machines, » par acte du 1er juillet, ce Philippe Millot, de Dijon, déjà présenté au lecteur, entre dans les rangs. Philippe Millot fabrique et exhibe des inventions merveilleuses; Nicolas Desfontaine, compose des tragédies. La comédie chôme toujours. — Mais parlons des absents.

Où sont les Béjart ? Par acte du 14 avril de cette même année, Alexandre Sorin, médecin d'Angers, s'engage à guérir Joseph Béjart, qui est « bègue », de « la difficulté de parler, » dans l'espace de « vingt jours, » au prix de « 200 livres. » Guéri ou non, Joseph Béjart, qui a suivi son traitement à Paris, a formé très probablement, dans les premiers jours de juin, en compagnie de Beys, de Madeleine et du reste de sa famille, le détachement comique qui va visiter la

Champagne, en profitant des carrosses du duc de Guise dirigés vers les Flandres. — On lit, dans la *Gazette*, (année 1644, page 448,) que le 16 juin, « le duc de Guise partit en poste » de Paris pour le « siège de Gra-« velines. *Son équipage étoit parti dès le 12,* composé « de cent-cinquante chevaux tant de sa grande que « petite escurie, dix-sept charrettes chargées de bagages, « douze mulets et *deux carosses à six chevaux.* » Le départ des équipages avait été précédé — je vais l'établir — d'une distribution générale de costumes à tous les comédiens renommés de la capitale. La preuve de cette distribution — sinon de la date, qui sera fixée définitivement ci-après — la preuve, tous les moliéristes l'ont supposée dans un recueil de vers « imprimé en 1646, » dit M. Bazin, mais peut-être faut-il plus exactement dire en 1652, car ce recueil, qu'on a oublié de décrire autrement, pourrait bien être L'*Eslite des bons vers*, etc. (1653, in-12). Là en effet (2ᵉ partie, page 15), là sont les « Stances » introuvables ailleurs, qui furent « *adressées au duc de Guise sur les pré-* « *sents qu'il avoit fait de ses habits aux comédiens de* « *toutes les troupes,* » stances documentaires et qu'on cite comme pièces justificatives. L'auteur anonyme, qui n'est, sans doute, que J.-B. L'Hermite, après avoir rappelé que Floridor du Marais et le Capitan du Petit-Bourbon viennent de recevoir leur part du riche cadeau, termine :

> Déjà dans la troupe royale,
> Beauchateau, devenu plus vain,
> S'impatiente, s'il n'étale
> Le présent qu'il a de ta main.
> La *Béjart*, *Beys* et *Molière*,
> Brillants de pareille lumière
> M'en paroissent plus orgueilleux ;

> Et depuis cette gloire extrême
> *Je n'ose plus m'approcher d'eux,*
> Si ta rare bonté ne me pare de même.

Le poëte est évidemment de l'entourage de la Béjart, Beys et Molière — puisque d'ordinaire il s'approche d'eux. Pourquoi serait-ce J.-B. L'Hermite, comme je l'ai dit, plutôt qu'un autre? Parceque, en cette année 1644, il fut plus que jamais « attaché à la maison du duc de Guise, » comme le démontre sa collaboration avec « messire Blanchard de La Borde, » secrétaire gentilhomme de la même maison, collaboration d'où sortit l'*Éloge des premiers présidents*, dédié au duc de Guise et imprimé à Reims en mai 1645, à la suite d'études à Troyes, à Reims et dans toute la Champagne. Cette fois, la devise du généalogiste-poëte était mise en pratique comme toujours, résultat à part: *Prier vault à L'ermite*. Son frère et lui ne discontinuaient pas d'adresser des vers à leurs protecteurs. Que d'odes, et de stances, et de sonnets, et d'épigrammes au duc et à la duchesse sa mère sur les moindres incidents de leur vie! Quel est le poëte alors en pied chez les Guise et en intimes rapports avec la Béjart, Beys et Molière, qui le soit plus que J.-B. L'Hermite? Et notez l'exceptionnelle participation de Molière, Beys et la Béjart aux libéralités que vient de faire le duc. Un seul acteur par troupe est honoré de ses présents; ils sont de la même troupe tous les trois : d'où vient cette différence de faveur? On sait l'histoire de la Béjart, élevée presque chez les Guise. Les liens d'autrefois se sont encore resserrés depuis que le duc d'Orléans accorde son patronage honorifique à l'*Illustre Théâtre*. Si Molière et ses camarades ont été appelés en visite quelque part, durant le dernier carnaval, c'est bien à l'hôtel de Guise, n'en doutez pas. La

douairière de Guise est une des hautes patronnesses
de la comédie contemporaine, et quel grand seigneur
de France et de Navarre regarde-t-il moins à la dépense que le duc son fils, chez qui bals et ballets, comédies et divertissements se succèdent sans interruption ?
L'un n'y attend pas l'autre. Ils se suivent comme les
jours — et ne se ressemblent pas davantage. Il a dis-
tribué, non pas sa défroque personnelle, mais sa magnifique garde-robe du dernier carnaval, sa collection variée de costumes travestis en disponibilité. Ceux qui
trouveraient étonnant que les plus célèbres comédiens
du temps s'honorassent de recevoir en présent les habits d'un illustre gentilhomme, et qui objecteraient,
peut-être avec raison, que de tels cadeaux ne se faisaient
qu'aux valets de tout temps, mais non depuis le moyen
âge, aux acteurs, ceux-là tiendront pour assez naturel
que des costumes faits pour des pièces de théâtre re-
vinssent par destination aux gens de théâtre : ce qui
est le cas. En comédiens plus spécialement de la maison, la Béjart, Beys et Molière furent les mieux par-
tagés. C'était de droit.

Maintenant, et ne fût-ce que pour faire ressortir —
à l'appui de ma méthode systématique, l'intérêt qu'a
offert il y a quarante ans et qu'offre encore aujour-
d'hui une pièce de vers pour servir à l'histoire ; maintenant, dégageons la date exacte, authentique, de ces
« Stances ». M. Bazin, qui pourtant se piquait d'é-
clairer la biographie de Molière par la confrontation
des renseignements qui la composent avec « les faits
publiés et avérés de l'histoire » et « en rétablissant les
dates et les personnes, » M. Bazin, juste, pour l'un
des trois ou quatre renseignements qu'il a pu ajouter
aux notions antérieures, est tombé dans le défaut qu'il
reprochait aigrement à ses prédécesseurs. Il fixe à

l'année « 1646 » la date de la distribution des habits
du duc de Guise, dans laquelle Molière ne fut pas
oublié. Il indique 1646 parce que le « duc Henri de
Guise, dont il est question », partit « pour Rome »
dès le mois d'octobre de cette année. Mais en 1646,
Beys n'était plus de l'*Illustre Théâtre* ni d'aucun
théâtre, du moins à partir du 25 septembre 1646. Je
suis sûr de cette date. M. Eudore Soulié a cru que la
retraite de Beys remontait aux premiers mois de
1645 ; mais il s'est trompé. Pour éliminer tout à fait
l'année 1646, il suffit de savoir, non pas que « Molière n'était plus à Paris, » comme d'aucuns l'allé-
guent, mais que le duc de Guise n'avait plus de magnifique garde-robe à donner. Le 18 août 1646, un
arrangement de famille entre les Guise avait dû in-
tervenir pour « permettre au duc d'aller exercer la
charge de lieutenant-général de Son Altesse Royale
en Flandre. » C'était, à l'égard du duc, une manière
d'interdiction retournée. La fortune des Guise, quoique évaluée à « huit millions de livres, » était assez
obérée pour qu'il devînt urgent de ne pas la laisser
plus longtemps indivise et toute à la merci d'un seul,
à cause des dépenses excessives antérieurement faites
par le duc Henri. Les embarras d'argent remontaient
plus haut. Le duc négligeait même beaucoup sa tenue depuis plus d'un an. Tallemant des Réaux (t. V,
p. 339,) à propos de cette nomination comme lieutenant du duc d'Orléans en Flandre, dit qu'après avoir
envoyé son train, « il ne put se résoudre à partir » et
« fut *fort longtemps en justaucorps.* » Il s'arrêta à
Fontainebleau et y prit « des eaux » avec sa maîtresse, Mlle de Pons. Le duc de Guise, de plus en plus
excentrique, menait une existence de moins en moins
brillante. Ses grandes fêtes avaient cessé, même en

1645. M. Molland, dans son dernier ouvrage (page
56) estime « qu'on peut hésiter » entre les années
1644 et 1645. Mais il y a présomption absolue en
faveur de 1644 si, comme le fait M. Molland, on est
d'avis que la distribution des habits put être faite
« avant de suivre le duc d'Orléans » dans l'une de ses
deux successives campagnes de Flandre, en 1644 et
en 1645. Il n'est pas certain que le duc de Guise ait
suivi le duc d'Orléans en 1645. La *Gazette* n'en dit
rien. Au contraire, elle annonce, dans les termes pompeux qu'on a vus et lus, le départ pour le siège de
Gravelines. Pour cette campagne de 1644, il y a non
seulement à ne pas douter que le duc de Guise y soit
allé, mais il y a dans la certitude du fait et dans les
circonstances qui l'ont entouré les plus curieux éléments d'information pour l'histoire d'une partie de
l'*Illustre Théâtre*. Laissons J.-B. L'Hermite avec
Blanchard De La Borde, partis dans les carrosses du
duc de Guise, s'attarder aux recherches généalogiques
en Champagne ; mais j'ai déjà dit que Beys et les Béjart avaient été du voyage ; et j'ai même à leur intention souligné, dans la citation de la *Gazette*, le passage relatif aux « deux carrosses à six chevaux, »
parce que ces carrosses ne sont point partis vides et
que tout ce train, en somme, va moins à la guerre qu'à
la parade. Ce sonnet de Beys le confirme :

> *Dans un char bien doré*, sur la rase campagne,
> Exposés aux rayons du plus ardent soleil,
> *Avec un magnifique et pompeux appareil,*
> *Nous allons visiter les bourgs de la Champagne.*
>
> De trois qu'un soin divers, en ces lieux accompagne,
> L'un tombe de chaleur dans un profond sommeil,
> Moy je forge des vers, et l'autre à son réveil
> Parle des intérêts et de France et d'Espagne.

> *Cependant, vers La Mothe on nous dit que Cliquot*
> *Rançonne les passants qui n'osent dire mot,*
> *Et chez tous ses voisins jette l'inquiétude :*
>
> O dieux ! ne suis-je pas plus faible qu'un enfant
> *De monter à Paris sur un char triomphant,*
> Pour me précipiter dans une servitude ?

C'était assez la coutume des comédiens en campagne de voyager dans les « carrosses » des grands seigneurs, qui n'y voyaient pas d'inconvénient. Dassoucy eut maintes fois cet avantage ; et il s'en vante :

> Grand Séguier me fîtes l'honneur
> De me renvoyer en carrosse !

Il n'y avait pas d'indiscrétion à Beys, Joseph, Louis, Madeleine et Geneviève Béjart à demander la permission de monter dans l'un des «chars dorés» — style noble — du duc de Guise, qui n'en faisait rien. En été, les troupes de théâtre de Paris se dédoublaient pour faire « une sortie » en province. Les bords de la Loire jusqu'à Roanne, Lyon et tout le Midi, enfin la Normandie ou tout au moins Rouen avaient été visités par les Béjart ; la Champagne offrait l'agrément de la nouveauté comme aussi le plaisir probable de quelques bonnes aubaines productives. Une partie de l'*Illustre Théâtre* avait donc été détachée du gros de la troupe pour faire dans « les bourgs de Champagne » une excursion d'été. Et les détails datent bien de l'été de 1644 ce sonnet de Beys, qui d'ailleurs ne l'a pas daté autrement. C'est bien pendant l'été de 1644 que, poussé par les ennemis de la France, « Cliquot, » colonel de cavalerie, gouverneur de « La Mothe » en Barois, ravageait les environs de cette ville. Ses déprédations en Champagne, comme en pays conquis, forcèrent le maréchal Magaloti à investir la

place, vers le mois d'octobre 1644. Elle capitula le
« 1er juillet » de l'année suivante, entre les mains du
marquis de Villeroi, le maréchal Magaloti ayant été
tué à Chaumont. Le comte d'Arpajon et Cyrano de
Bergerac étaient parmi les assiégeants. Cyrano de
Bergerac aurait bien pu être l'un des compagnons de
route de Beys, celui qui

> Parle des intérêts et de France et d'Espagne,

car c'est pour la France et contre les Espagnols ou
leurs alliés de l'Est qu'il allait combattre. — Voilà
donc longuement expliquée l'absence des Béjart et
de Beys, qui ne figurent pas sur l'acte du 28 juin 1644.
Ils ont été détachés en province, en Champagne, tandis que l'*Illustre Théâtre* garde la place et tire parti
de la situation à Paris.

La saison, à Paris, promettait de n'être pas trop
mauvaise pour Molière. En juillet, fêtes à l'hôtel de
Schomberg : le maréchal est à Paris pour prêter ser-
ment comme lieutenant-général du Languedoc « sous
le gouvernement du duc d'Orléans, » mais « avec tous
les honneurs et émolumens dont il a ci-devant joui
tandis qu'il a été gouverneur en chef de la dite province. » Fêtes à la cour en l'honneur du nouvel ambassadeur d'Angleterre, reçu au nom du roi par « le
marquis de Chandenier, » compatriote et protecteur
de Magnon : la tragédie d'*Artaxerce,* « représentée
par l'*Illustre Théâtre,* » et peut-être en cette circonstance lui est dédiée. — En août, fêtes au Luxembourg
et dans tout Paris, à propos de la prise de Gravelines.
La ville s'est rendue le 29 juillet ; Gaston d'Orléans
de retour de l'armée est l'objet d'universelles démonstrations et de réjouissances. Le 11, « grands et petits » sont reçus au palais du Luxembourg. Les « 24

violons du y roi jouent » toute la soirée. M. Eudore
Souliéa supposé que Molière et ses camarades avaient
dû être chargés des divertissements, bal, ballet ou comédie. C'est possible, quoique le compte-rendu de la
soirée publié par la *Gazette* ne dise rien qui le fasse
soupçonner. On a prétendu, et M. Eudore Soulié n'y
est pour rien, que le ballet de la *Fontaine de Jouvence*
et celui de la *Sibylle de Pansoust* avaient été représentés alors au Luxembourg par la troupe de Molière.
C'est peu probable. Mais les hypothèses ont été plus
loin. Les deux ballets auraient pour auteur Molière
lui-même. Sur quoi se base cette dernière opinion ?
Il faut se résoudre à l'ignorer. — Le mois d'août dut
être fructueux pour les comédiens de Paris, car il y
eut des « assemblées » extraordinaires dans tous les
hôtels princiers. En province, à Bourbon, le casuel
ne fut sans doute pas moins rémunérateur. La reine
d'Angleterre y fit une cure, et le beau monde y afflua.
— Le mois de septembre ne continua pas la série. La
chronique parisienne n'enregistre qu'une seule fête
dont l'*Illustre Théâtre* aurait pu profiter : c'est à propos du mariage du « duc de Saint-Simon, premier
escuyer de la Petite Ecurie, avec Mlle de Portes, fille
du marquis de Portes. Leurs majestés et la cour y
assistèrent. » Le duc de Saint-Simon, qui fut le père
du mémorialiste et qui était gouverneur de Blaye,
comptait Séverin de L'Hermite, frère de Tristan et de
Jean-Baptiste, parmi les officiers attachés à la cita-
delle qu'il commandait. J'ai eu occasion de rappeler
que les *Meslanges* de J.-B. L'Hermite lui sont dé-
diés. Il y a dans les *Œuvres mêlées* de Dassoucy un
sonnet au duc de Saint-Simon à l'occasion de son
mariage. Car c'est invariablement ainsi : la présence
de Molière n'est pas plutôt probable quelque part

qu'on ne tarde pas à découvrir que celle de Dassoucy est certaine. Soyez persuadé qu'à l'occasion de la prise de Gravelines et des réceptions au Luxembourg, Dassoucy n'était demeuré en arrière de personne en fait de flagorneries dithyrambiques à *la gloire de S. A. Mgr le duc d Orléans*. Trois sonnets en témoignent. Il se produit souvent ce curieux phénomène dans le milieu où vit Molière : tous les poètes, ses amis, comme s'il y avait entente et conspiration, se rencontrent dans l'adulation de certains personnages, à jour fixe. Comme Dassoucy, Tristan L'Hermite, G. Colletet et autres célébrèrent à toute volée de rimes le triomphe du duc d'Orléans.

C'est à la date du 7 septembre qu'avait eu lieu le mariage du duc de Saint-Simon. Deux jours après, Pierre Du Bois, « maître brodeur », contractait un engagement avec l'*Illustre Théâtre*, et « messire Louis Baulot » prêtait aux associés une somme de onze cents livres, destinée à payer le loyer, la salle et les droits d'auteur, dit-on. Le *Scévole* de Du Ruyer et la *Mort de Crispe*, de Tristan L'Hermite, auraient été achetés à cette occasion. *L'Innocence malheureuse ou la mort de Crispe* par Grenaille, un Limousin, venait d'être jouée depuis peu. Rien n'est plus fréquent en ce temps-là que le choix des mêmes titres de pièces par les auteurs rivaux. On ne considérait pas ces emprunts comme des procédés de concurrence déloyale. *La mort de Crispe ou les malheurs domestiques du grand Constantin*, par Tristan L'Hermite, qu'on place à l'année 1644, est de l'année suivante. C'est dans la *Mort de Senèque* du même poète, jouée en 1644, que Madeleine Béjart tenait supérieurement le rôle d'Epicharis. Est-ce en partie pour acheter la *Mort de Crispe* ou la *Mort de Senèque* que l'on avait eu recours au crédit de Louis Baulot? Il n'est pas certain que Tristan L'Hermite se fît payer sa collaboration à l'*Illustre Théâtre*. On l'a toujours dit pauvre ; mais quand il mourut, dix ans plus tard, à l'hôtel de Guise, il était loin d'être dans un hôpital. Il y était logé en 1644, et c'est même dans l'appartement qu'il y occupait alors qu'il avait invité à l'y venir voir « M. Bourdon, gentilhomme de la maison de M. le comte de Saint-Aignan », — c'est-à-dire Sébastien Bourdon. L'objet de la visite était de jeter un coup d'œil sur la petite mais précieuse collection de tableaux du poète.

> Tes yeux seront régalés
> De dix tableaux étalés
> Qui montrent par aventure
> Que j'ai du bien en peinture.

Dans ce petit nombre étaient des fleurs de Picard et plusieurs toiles « du Poussin. » Que ces relations de Tristan L'Hermite avec Sébastien Bourdon ne surprennent pas trop. Le beau-père du peintre était l'ami d'enfance au poète. C'est Du Guernier qui a gravé le portrait de Tristan L'Hermite placé en tête des *Vers héroïques du sieur Tristan*. D'autre part, Sébastien Bourdon avait un oncle « avocat au parlement, » qui fut en relations contentieuses avec le prince de Conti. — Tous ces amis et connaissances de Molière ont l'air d'être coude à coude. A combien de relations, tôt ou tard utiles à la fortune de Molière, le poète Tristan L'Hermite n'a-t-il pas alors contribué et présidé ? Voilà Sébastien Bourdon et Molière qui se peuvent déjà serrer la main ! Et par moment, je me demande si le Raoul « Du Guerner, chef du gobelet du roi, » ami de la famille Béjart, ne doit pas à une erreur de lecture le faux air de n'être plus un parent de Sébastien Bourdon. Je ne voudrais pas introduire dans l'histoire de Molière et de ses camarades une messéante fantaisie ; mais est-il bien sûr que la critique des noms soit à l'abri de toute reprise ? Et, par exemple, pour en revenir au bailleur de fonds Louis Baulot, n'est-ce pas au « Baudot », vu à Dijon et dont le nom a été déjà estropié à Lyon, où il devient « Brudot, » que nous avons affaire ici ?

Apparemment, l'escouade de comédiens détachée de la troupe l'*Illustre Théâtre*, n'était pas revenue des « bourgs de Champagne » avec fortune faite, puisqu'il fallait recourir à un emprunt. Qu'en rapportaient-ils ? Les Béjart, Joseph et son frère Louis, semblent y avoir gagné deux noms de rechange. D'après M. A. Vitu (1) dès « 1644 » Joseph Béjart « prenait le titre de sieur de La Borderie. » N'est-ce pas au contact de messire Blanchard de la Borde que cet appendice homonymique lui était venu, plutôt que par « héritage ? » Désormais aussi Louis Béjart se surnomma « L'Éguisé. » Un président « Léguisé » figure parmi tous ces présidents dont J.-B. L'Hermite et messire Blanchard de La Borde ont fait l'*Éloge* à la suite du voyage à Troyes. Même en ajoutant à ce double supplément nominatif le sonnet de Beys comme bénéfice de l'excursion en Champagne, il faut avouer qu'ils n'y avaient pas gagné grand'chose. — Ce n'est pourtant pas à nous à faire trop bon marché de ce médiocre sonnet de Beys; car, mérite littéraire à part, il vaut seul ici plus qu'un long poème — qui n'aurait aucun rapport avec l'histoire de Molière. Il nous apprend du moins les motifs de l'absence de Beys et des Béjart, constatée d'après l'acte du 28 juin, et qui était restée

(1) *Figaro* du 24 juin 1884.

inexpliquée jusqu'à présent. A la rigueur, et en examinant de près les dates de l'engagement de Nicolas Desfontaines, on tire du sonnet de Beys cette autre conclusion que Nicolas Desfontaines n'a pas laissé trace d'une longue collaboration à l'*Illustre Théâtre*. — Il était acteur-auteur, et avait un fils également « du parti de la comédie ». Les historiens du Théâtre Français ne lui attribuent pas moins d'une douzaine de tragi-comédies ou tragédies avant 1644. Directeur de troupe ou pensionnaire, ou « gagiste, » il avait couru les provinces, sans acquérir la fortune ni conquérir la célébrité. Acteur estimable, auteur estimé, il avait une double manière d'être froid. En vingt années de théâtre, il n'avait pas eu le temps de démentir le proverbe qui veut qu'il n'y ait pas de fumée sans feu — pas de fumées de gloire sans feu sacré. Nicolas Desfontaines était comme on dit aujourd'hui « une grande utilité ». Avait-on à espérer qu'il relèverait la fortune chancelante de l'*Illustre Théâtre* ? Ni son talent d'acteur expérimenté, ni la valeur de ses médiocres pièces n'étaient susceptibles d'un tel prodige. La noire déveine s'acharnait contre l'entreprise. Et Desfontaines ne conjura pas le sort implacable. Il avait cependant des relations. Par là peut-être aurait-il pu rendre de précieux services. Il avait été, vers 1637, en faveur à l'hôtel de Soissons, grâce à Catherine-Françoise de Vertus de Bretagne, à qui est dédié son *Eurymédon*. Mlle De Vertus était alors « de la maison de la comtesse de Soissons. » Molière avait pu entrevoir la silhouette de Desfontaines du côté de la rue des Vieilles-Étuves, les jours d'assemblée à « l'hôtel de Brissac. » Quelques jours, huit jours tout juste avant son traité avec l'*Illustre Théâtre*, Desfontaines ne revint-il pas dans le même quartier, pour « assister à la cérémonie funèbre en l'honneur » de celle qui avait été si bonne et secourable aux artistes ? La comtesse de Soissons mourut le 17 juin 1644. Un des derniers jeunes gentilhommes que la courtoise bienveillance de la grande dame avait accueillis et déjà recommandés par son patronage, le marquis de La Vergne-Guillerague, quelque peu parent de Mlle De Vertus, allait devenir — et dès ce moment peut-être — le secrétaire particulier du prince de Conti, en attendant d'être à Paris d'abord, en Languedoc ensuite, un des véritables amis de Molière... Mais voilà deux fois, coup sur coup, que les affiliations de l'entourage de Molière nous ramènent le nom du prince de Conti sous la plume. Serait-il hors de propos de reprendre et de résoudre à nouveau un problème d'érudition qu'on a trop aisément considéré comme définitivement mis hors de conteste ? L'*Illustre Théâtre* n'a plus que quelques semaines à passer au jeu de paume des Mestayers. Il n'y a pas de temps à perdre pour savoir si, — durant son séjour sur ce qu'on peut appeler les terres du prince de Conti — Molière et ses camarades jouèrent ou non dans son hôtel » ou plutôt dans l'hôtel de Condé.

Un biographe parfois suspect, mais parfois plus suggestif que suspect, Le Gallois de Grimarest, a été vertement rabroué par M. Bazin pour avoir cru et rapporté que vers l'époque où nous sommes, en effet, l'*Illustre Théâtre* avait été appelé en visite chez le prince. M. Bazin s'indigne au seul énoncé d'une semblable supposition. Il déclare la chose « impossible, » et il s'évertue à le démontrer, avec une dialectique... qui ne prouve rien. Voici le morceau, car il est fameux :

« Le fait allégué est tout bonnement impossible. Le prince de Conti, *âgé de seize ans*, avait soutenu, en 1644, ses thèses de philosophie. Destiné à l'Église, c'est-à-dire au cardinalat, il étudiait, en

1645, la théologie. Son père vivait encore, *avare, sévère et dévot, dans le logis duquel il demeurait. Ce n'était donc là ni un âge ni un état à tenir joyeuse maison, à protéger des comédiens.* »

M. Bazin, il faut être de bonne foi avant tout, croyait en 1847, quand il écrivait ses *Notes historiques*, modèle (à ne pas suivre) de critique négative et dissécative (1). M. Bazin croyait que l'*Illustre Théâtre* ne s'était fondé qu'en « 1645 » et il ignorait en outre l'installation de la troupe dans ce jeu de paume des Mestayers, c'est-à-dire en un endroit dont, par « mouvance du roi, » le prince de Conti était seigneur en perspective, comme héritier déjà certain du prince de Condé, son père, dans le gouvernement de Champagne et de Brie. Ceci dit à la décharge légitime de M. Bazin, y a-t-il dans sa trop autoritaire affirmation un seul argument de fait, de date, d'état, un seul argument positif ou moral, qui infirme le dire de ce pauvre Grimarest ? — Fils de cette princesse de Conti dont le goût faisait loi en matière de comédie ; filleul, j'allais dire fils encore, du « cardinal » de Richelieu, qui fut toute sa vie un si passionné amateur de théâtre, le prince de Conti, par sa naissance et son éducation de famille, n'était pas préparé à battre froid aux comédiens. On aimait le théâtre autour de lui ; pourquoi ne l'aurait-il pas aimé à seize ans et avant seize ans ? Il avait soutenu « en 1644 ses thèses de philosophie : » je le conteste d'autant moins que je puis être encore plus précis et dire qu'il les avait soutenues, ses thèses, « le 6 août 1644. » Ce n'était pas là une raison pour détester le théâtre! Même « destiné au cardinalat, » était-il obligé de fuir les spectacles ?

(1) M. Cousin a déclaré un jour que la véritable critique sur Molière date de M. Bazin. Mais M. Cousin ne ménageait pas toujours ses expressions.

A commencer par le plus vertueux peut-être des prélats du temps, Le Camus, on aurait grand peine à citer un cardinal ou un évêque qui en sa jeunesse ne les eût pas fréquentés. Les gens d'Église n'étaient point alors si scrupuleux qu'on le prétend sur ce chapitre (1). L'étude de « la théologie » interdisait si peu les distractions au jeune Conti et c'était si peu dans la pensée des personnes les plus « dévotes », même de sa famille, de l'en sevrer, que « le 20 octobre 1644, » d'après l'*Inventaire* de la maison de Conti, la tante et marraine du prince, la pieuse princesse Félicie des Ursins, veuve du dernier des Montmorency, lui fait don — pour ses menus plaisirs — de « 80,000 livres, à cause qu'elle a eu l'honneur de le tenir sur les fonts de baptême. » La piété de Félicie des Ursins n'excluait pas pour le futur cardinal la possibilité de s'amuser en attendant. L'avarice du père avait-elle raison des goûts de dépense et de dissipation du fils? Conti était « commandataire de l'abbaye de Saint-Denis » et de bien d'autres, dont le duc de Guise, l'ex archevêque de Reims, avait été privé à sa sortie des ordres en 1641 ; et si Conti n'en touchait pas les revenus à cause de sa minorité, croit-on qu'il ne fallait pas compter avec lui? Voir ses affaires de tutelle! Et avant tout autre examen, croit-on qu'il fût réduit à la liste civile d'un fils de concierge? Le don de sa marraine indique assez qu'il ne menait pas une existence d'ascète. Dans « le logis » paternel, ce prince selon le monde, ce futur prince de l'Église, même sans tenir joyeuse maison — et il la tenait — n'avait-il pas « sa maison » mon-

(1) Voir plusieurs lettres de Vauzelles sur le carnaval à l'archevêché de Lyon, au temps du vertueux frère de Richelieu. (1637) Péricaud les a publiées dans ses recueils de documents.

tée, selon les usages des princes du temps ; et dans ses
appartements particuliers — qui n'avaient rien de commun avec une cellule — la sévérité, la dévotion paternelles avaient-elles rien à voir à une « assemblée » que le
jeune Conti aurait voulu se permettre à titre de passe-temps ? C'est que, précisément, le jeune prince n'était
pas facile à mener en laisse ! Il était ingouvernable,
entêté, « méchant, » et si brusque et brutal qu'à lire,
par exemple dans le *Journal* d'Ormesson, la manière
dont « il insultait à ses contradicteurs, » pendant sa
soutenance de thèse, on risque de ne plus avoir d'illusions sur sa douceur évangélique. Mon Dieu !
dût-on en gémir dans un ou deux mondes, où M. Bazin continue à passer pour un habile homme, qui a su
le premier mot de la biographie de Molière, — je ne
vois pas ce qui aurait empêché le prince de Conti de
recevoir des comédiens en son hôtel ! Par contre, je
vois très-bien ce qui lui aurait permis de ne pas se gêner s'il en avait eu le caprice : son âge, ses goûts
comme ceux de sa mère, de son parrain, de tout son
entourage, sans compter — à une date où l'*Illustre
Théâtre* pouvait trouver la chose à propos — sans
compter les « 80,000 livres » d'argent de poche à lui
et pour lui seul données en étrennes et pour son unique agrément ! — Conclusion : le prince de Conti
était d'humeur à faire jouer la comédie pour son
plaisir — et il en avait les moyens. Aucun cas d'impossibilité allégué par M. Bazin n'est donc décisif.
Au contraire. Ici, à pierre de touche, l'érudition de
M. Bazin est fausse, archi-fausse. Et quand je dis
« ici, » je pourrais bien ajouter qu'il en est de même
ailleurs.

Pourquoi la critique moliéresque a-t-elle accepté,
sans contrôle, les despotiques arrêts de M. Bazin ?

Non seulement il n'a jamais eu la notion et le sens de cette copieuse histoire de Molière, qui devrait être une pièce de résistance homérique, mais il l'a prise à contre-sens. Peu s'en est fallu qu'à force de couper et scalper, il ne la réduise à quelques aigres et maigres rogatons pour tout régal. Le voyez-vous, d'un ton rogue et rugueux, cassant et agaçant, dire : « c'est impossible ! » Et si je prouve, moi, que non seulement c'est possible, mais qu'il y a de possible bien pis que cela ? Le prince de Conti, qui n'était pas d'un « état » à « protéger des comédiens » — protégeait Dassoucy ! Dans le *Jugement de Pâris*, du poëte burlesque, publié en « 1647, » l'auteur a réuni à la fin du volume quelques poésies diverses. L'une est adressée au prince de Conti, l'autre à M. de Lavergne (Guillerague). Toutes deux sont de 1644 ou 1645. Dassoucy prédit au prince « destiné au cardinalat » qu'il sera, « malgré le Turc » — c'est le moment des irruptions turques du côté de Vienne — qu'il sera mieux que cardinal : successeur de « Mgr saint Pierre. » C'est le cadeau des 80,000 livres, — Dassoucy a du flair — qui sans doute excite sa veine poétique :

> O vous en qui reluit ici
> La vertu de Montmorency !...

Mais, comme à l'exemple de M. Eugène Despois, vous pourriez croire que Dassoucy ne fut reçu chez le prince « qu'en Languedoc » (1656) « et qu'en considération de Molière, » voici un passage de la pièce concernant le jeune comte de Guillerague qui vous édifiera, en vous montrant que dès 1644 ou 1645, Dassoucy est l'ami, le camarade, du « secrétaire » particulier du prince. Ils sont à tu et à toi :

> *Ami des amis la fleur,*
> *Secrétaire* plein d'honneur

> Que sur tout autre j'honore,
> *Noble et généreux garçon*
> Loyalemnt bel et bon
> Qu'honnête vertu décore…

Si la théologie eût détourné le prince de Conti de Molière — elle ne l'aurait donc pas rendu plus difficile pour cela. Bref, « il est possible » qu'en 1644 ou 1645 Dassoucy ait été un de ses familiers. Les documents sont là. A la démonstration par l'absurde de M. Bazin les faits répondent en coupant court aux raisonnements.

Dieu préserve la biographie de Molière de l'intervention des régents atrabilaires ! Ils tranchent et retranchent sans se douter que la serpe, selon le mot du fabuliste, est là plus qu'ailleurs, « instrument de dommage. » Tant et si bien en a imposé la doctorale assurance de M. Bazin, sur ce point comme sur d'autres, que les biographes les moins timides se le tenant pour dit, n'ont plus soufflé mot des « visites » possibles de Molière à l'hôtel de Condé vers 1644-45. On n'en parle plus. Eh ! bien, il faut, on doit en parler et en reparler — et plus et mieux que jamais ! C'est peut-être là un des épisodes les plus curieux à connaître de la vie de Molière. Il serait, ma foi ! intéressant de savoir si notre Molière d'alors était jugé indigne de jouer devant cette princesse de Conti, l'un des arbitres de la scène contemporaine ; indigne d'en être remarqué et encouragé, comme tant d'autres acteurs-auteurs qui ont fait depuis plus de tort à la pénétration d'esprit de la très haute, très illustre, très puissante — et très plaisante — matrone ! Quelques représentations données par l'*Illustre Théâtre* à l'hôtel de Condé ne nous obligeraient pas, d'ailleurs, à adopter jusqu'au bout la version de Grimarest et à

tenir pour indubitable et historique le rendez-vous
« en Languedoc », trop invraisemblablement assigné,
dès lors, à Molière par le prince de Conti, qui ne s'y
prenait pas tant à l'avance. Mais nous y verrions matière à inductions utiles sur la valeur relative de la
troupe de Molière et sur le degré d'attention qu'on
accordait dans le grand monde à ses débuts personnels. La princesse, si au courant des choses de théâtre, n'avait-elle pas daigné prendre garde à l'existence
d'une salle de spectacle, considérable ne fût-ce que
par son importance matérielle, et qui, située à l'un
des bouts de cette rue de Seine dont l'hôtel de Condé
occupait l'autre extrémité, se trouvait, pour ainsi dire,
immédiatement dans la zone littéraire de sa protection ? Lui était-il permis d'ignorer que l'*Illustre
Théâtre* était la troupe privilégiée du duc d'Orléans?
Les retentissantes victoires du grand Condé, Rocroy
hier, Nordlingue demain, étaient un magnifique sujet
de fêtes extraordinaires, et non moins, comme il va
de soi, à l'Hôtel de Condé que dans tout Paris et
dans tout le royaume. Molière n'y fût-il pas appelé
à fournir son appoint de gaîté et de joie dans le concert des réjouissances universelles ? Je regretterais
moins, pour Molière, l'occasion manquée de pouvoir,
comme le célèbre poète dont parle Balzac, prendre à
témoin de son mérite d'auteur sans compter « Madame la douairière de Guise, Madame la princesse de
Conti », que l'occasion perdue de fêter dans sa famille même le triomphe du héros, et de tirer en son
honneur d'éclatantes fusées de son rire immortel.
Elle est classique l'antithèse où l'on voit

> Le grand Condé pleurant aux vers du grand Corneille !

J'aimerais assez voir aussi, et pour varier, sans mentir à l'histoire — un Molière qui rit aux exploits de

Condé ! Les pédants m'interdisent trop d'y songer. Et je mets les pédants à leur place. Vadius lui-même a le droit d'écrire l'histoire de Molière — mais j'ai le droit de le siffler ! J'en use. En aurons-nous bientôt fini avec les moliéristes B… azinant ? Ces gens là font mal à l'âme de la France quand ils prétendent étudier un grand homme. Et la vérité ne sort pas moins abîmée des mains de ces rustres que la vive fantaisie française — quelquefois plus vraie que la vérité même ! J'ai pris le parti d'étudier la jeunesse inconnue de Molière, non avec le concours des savants de profession, qui l'ignorent et l'ont toujours plus ignorée que quiconque, mais avec l'aide et par les informations mêmes des poètes que Molière eut ou put avoir pour amis. Beys et Dassoucy n'en apprennent-ils pas plus long sur l'année 1644 que toute l'encyclopédie hargneuse et aride des vieilles et invariables rubriques moliéresques ?

Quelles qu'aient pu être, vers le mois d'octobre 1644, les relations possibles de Molière et les relations certaines de Dassoucy avec la maison de Condé et le prince de Conti, elles furent sans influence sur les destinées de l'*Illustre Théâtre*. Tout va de mal en pis. L'argent manque, le crédit s'épuise, et le « maître brodeur » Pierre Dubois, en posant de beaux galons d'or et d'argent aux costumes, n'aura bientôt plus travaillé que pour les prêteurs sur gages, les premiers confidents habituels des déconfitures comiques ! On lutte, cependant, on lutte contre la mauvaise fortune. Mais les emprunts usuraires ne font qu'aggraver le mal. Le présent n'est plus seul engagé, l'avenir l'est aussi Des gens dont c'est le métier grèvent de frais l'exploitation aux abois. Bien heureux s'estiment encore les infortunés comédiens que la complaisance coûteuse de quelque usurier leur permette d'apaiser les créanciers trop récalcitrants ! L'hiver est rude, les recettes sont rares : il n'y a plus rien à espérer dans cette salle des Mestayers dont une année de sacrifices n'a pas appris le chemin au public. Réflexions faites, conseil pris, on se résout à déménager. On ira tenter fortune dans un autre quartier. Une combinaison financière leur permet de réaliser ce dessein. Un manieur de fonds, un homme d'affaires, le sieur F. Pommier, prête à la société de l'*Illustre Théâtre* une somme totale de « 2,000 livres » en deux contrats, l'un de 1,700 livres, l'autre de 3oo, sous la caution expresse de Marie Hervé, qui garantit particulièrement pour 3oo livres ses deux filles et Molière. F. Pommier sait qu'il a affaire à des « enfants de famille » pour la plupart, mais il ne juge pas superflu de se réserver un droit de main mise sur les recettes : le remboursement n'en sera que moins aléatoire pour lui, et de plus, l'*Illustre Théâtre* sera à sa discrétion et merci en cas d'insuccès trop persistant. C'est le 17 décembre qu'a lieu la passation de l'acte en vertu duquel, et contre un prêt de 2,ooo livres, l'*Illustre Théâtre*, outre une hypothèque sur les biens de Marie Hervé, s'engage envers F. Pommier à le désintéresser graduellement et même « avec les premiers deniers qui lui reviendront de la co- « médie, tant en chambrées, visites, que autrement, « en quelque sorte et manière que ce soit. » Comment vivra donc la troupe, désormais, sous le coup de cette aliénation de ses ressources éventuelles ? L'espoir confiant de réussir ailleurs lui fait voir, avant tout, dans la disponibilité de ces 2,000 livres, le moyen d'une libération immédiate. Noël Gallois, le propriétaire du jeu de paume des Mestayers, est désintéressé du loyer : il consent à une amiable résiliation du bail,

qui devait être d'une durée de trois ans ; — et le départ suit le congé. Gallois est réglé le 19 décembre.
Le lendemain même, par marché conclu avec le maître charpentier Girault, la salle de la *Croix Noire*
qu'ils avaient en vue, rue des Barrés, et qu'ils ont
louée de suite pour un an, est mise en réparation.
L'ouverture s'en effectuera « le 8 janvier prochain ».

VI

1645

La salle de la *Croix Noire*, située à proximité du Marais ou de la Place Royale, confine au port Saint-Paul. Elle appartient à « dame Denise Philippe, épouse du sieur Philippe de Parade, contrôleur des gages de MM. du Parlement » et domicilié rue des Barrés. Comme d'ordinaire, le nouveau théâtre est un jeu de paume; et c'est avec le maître paumier qui l'occupe qu'on a traité pour l'avoir. L'entrée donne sur le quai des Ormes, au coin de la rue des jardins Saint-Paul : la rue même où Molière prend son domicile personnel dès ce jour, « en la maison d'un mercier. » Du fait de ce déménagement général, la famille des Béjart est revenue dans son ancien quartier. On rentre dans le mouvement parisien; car la vie de Paris est intense et active vers la rue du Temple. Là-bas, d'où l'on revient, c'était le désert, en comparaison. Et la de Urlis s'en était bien vite aperçue. Aussi plus que personne avait-elle eu hâte d'en déloger ! — Elle n'était pas faite pour les ermitages — ayant le diable au corps. Au Marais, elle était dans son élément, et, comme elle, allaient y être les actrices galantes que l'*Illustre Théâtre* pouvait ou pourrait compter dans ses rangs. Catherine Bourgeois était-elle une demoiselle du Marais? » On l'a dit — mais que n'a-t-on pas dit ? — de Madeine Béjart, et c'est bien la moindre des choses. On sait ce que cela signifiait. A propos du *Timocrate*, de Thomas Corneille (1656), dont la scène est à Argos, Tallemant des Réaux raconte que Jodelet, avait appris qu'il y « avait dans cette ville une fontaine où Junon, tous les ans, revenait prendre une nouvelle virginité. » — Ah ! dit Jodelet, s'il y avait une fontaine comme cela au Marais, il faudrait que le bassin fût bien grand ! » Au Marais l'esprit y avait la liberté des mœurs. Scarron y était bien chez lui. Il y donnait le ton — même au théâtre. Et c'est dans l'endroit le plus joyeux de Paris que le fils de Jean Poquelin, dont la vie est pleine de douloureux contrastes, allait passer par la phase la plus critique de sa carrière. — La misère l'attendait là pour le prendre corps à corps et pour savoir enfin s'il était capable de se moquer de tout et d'être Molière quand même !

En changeant de quartier, l'*Illustre Théâtre* a-t-il rien changé à ses conditions et à ses moyens d'existence ? Le personnel et le répertoire, comme le public, sont-ils différents ? Il n'y paraît pas. Il traine ici le boulet de ses engagements récents. Le droit de percevoir les recettes accordées à François Pommier paralyse sa liberté, annule son crédit. Le présent et l'avenir sont rivés au passé, Molière a les mains liées par la main de fer d'un usurier. Comment payer les fournisseurs et les gagistes ? — Le personnel est le même, à un nom près, celui de Georges Rabel. Nicolas Desfontaines est sorti des rangs, au retour de Beys, dont il avait rempli les fonctions de lecteur et conseiller littéraire, par intérim et l'espace d'une saison. Comme beaucoup d'autres comédiens de campagne, il était venu passer l'été à Paris. Molière et ses camarades feront ainsi plus tard. Nicolas Desfontaines, si vous tenez à le savoir, est sans doute allé rejoindre la troupe privilégiée du duc d'Epernon, dirigée par Ch. Du Fresne, à laquelle il appartenait sûrement en 1643, et avec laquelle l'*Illustre Théâtre* fusionnera prochainement. G. Rabel, le nouvel engagé, n'est pas précisement un comédien. C'est un danseur. Plus tard, on le retrouvera dans le ballet de Lulli et de Molière, car, tôt ou tard, ces artistes qui vont et viennent, reviennent aussi. Ce Rabel remplace Daniel Mallet. Vous intéressez-vous à Daniel Mallet? Il figurera aux États de Pézenas (1650-51) aux côtés du musicien Jacques Boisset, pour les concerts, et dans la troupe encore de Molière. Rapprochement singulier! ce Mallet, objet du premier témoignage connu de la bonté de Molière pour les comédiens malheureux, devait être également l'objet, en la personne de sa fille, de la dernière preuve de confraternité de Molière envers les membres de la grande corporation comique. Six jours avant sa mort, le 11 février 1673, Molière tiendra sur les fonts baptismaux de Saint-Sauveur une fille de « Claudine Mallet, » épouse de Jean Uscet de Beauchamp. Et ce Beauchamp sera le partenaire de La Pierre dans le *Ballet des Muses* de Lulli. La dispersion des acteurs nomades n'est jamais telle qu'ils aient à désespérer de se revoir jamais, et c'est ce qui fait attacher aux noms des artistes d'alors, même aux « moucheurs de chandelle » comme Ragueneau, une importance documentaire et justificative pour l'histoire de Molière. On a sans doute remarqué l'époque où l'*Illustre Théâtre* s'installe à la *Croix Noire*, et la date (8 janvier) où la salle doit être entièrement mise à sa disposition. L'engagement d'un danseur était commandé par les circonstances, puisqu'on est aux premiers jours du carnaval. Encore et toujours, les ballets, l'acrobatie et la gymnastique, avec accompagnement de machines et de musique, sont une nécessité du programme. — La tragédie seule, même signée de Corneille, ne suffit pas à la consommation publique.

Quelles tragédies allait-on jouer? On a cité *Artaxerce*; mais la pièce fut imprimée en cette année 1645, et c'est une raison pour en croire la mise à la scène antérieure. C'est aux frais de l'*Illustre Théâtre* qu'elle fut éditée, pour la vente en librairie et la ferme des droits de représention aux troupes de campagne. Les pièces n'étaient mises dans le commerce qu'après épuisement de succès par la troupe qui en avait l'exclusive propriété. Ce n'est donc pas sans toute sorte de motifs que nous avons rapporté la mise à la scène d'*Artaxerce* à l'année précédente. La date d'impression d'*Artaxerce* indique seulement que le poète Magnon était de plus en plus attaché à l'*Illustre Théâtre* comme fournisseur ordinaire et extraordinaire. *Josaphat* et *Séjanus*, qui vont se produire en 1646, attesteront la continuation de son concours. Mais aucun des auteurs habituels, payés ou non, ne fait défaut, probablement. N'a-t-on pas songé à faire des avances à Scarron? Celui que Dassoucy a qualifié de « dieu du burlesque, » pour s'en déclarer « l'empereur, » n'a-t-il pas été sollicité pour quelque nouveauté comique? Besogneux et par conséquent très jaloux de son « marquisat de Quinet, » c'est-à-dire de l'exploitation de ses œuvres, il n'eût pas résisté à l'appât de quelque remunération et d'un surcroît de bruit — nous disons de réclame aujourd'hui — autour de son nom. Mais est-il prouvé qu'à cette même date Scarron fût à Paris, non au Mans? La Beaumelle — dont l'assertion a été reprise de nos jours — reportait vers 1636 l'obtention du canonicat qui l'attira quelque temps dans le Maine; mais La Beaumelle a été rectifié par M. Guizot à l'aide d'un témoignage assez péremptoire — celui de Scarron même. Scarron n'a-t-il pas, dans une de ses poésies, indiqué à ne plus s'y méprendre, que le « bénéfice » du Mans lui fut octroyé lors de « la taxe des aisés, » soit en 1644? Il y aurait quelque avantage à retirer de l'élucidation péremptoire et définitive de ce petit problème, que soulève la durée exacte des séjours de Scarron au Mans et à Paris, à cette époque. Ils est hors de toute vraisemblance que Scarron n'ait pas même ouï parler de Molière en 1645, quand l'*Illustre Théâtre* jouait à sa porte, et peut-être jouait telle de ses pièces tombées dans le domaine public. Les théâtres à Paris n'étaient pas si nombreux, les troupes montées sur le pied de celle de Molière n'étaient pas si communes, pour que les auteurs, surtout les auteurs intéressés, n'en eussent souci. Scarron veillait au grain. Mais cette question des rapports de Scarron et de Molière a trop d'importance et comporte trop de développements pour qu'elle ne soit pas traitée à part. Nous y reviendrons plus tard. De Scarron à Molière, c'est une affaire de succession comique à étudier. Par Scarron, Molière retrouvera généralisée et popularisée au théâtre, et plus peut-être en province qu'à Paris, l'action littéraire de l'école gauloise, à laquelle la présence de Beys dans l'*Illustre Théâtre* prouve sa fidélité personnelle, si la trop mince part faite aux idées et aux principes de Saint-Amant et de son groupe n'atteste pas les services qu'il leur rend par son action, sur la scène. Mais Molière, nous le savons, n'est ni maître, ni libre à cet égard. La tragédie par tradition ou habitude, et mê-

me quand elle l'occupe mal, dispute la place à la comédie. Elle demeure chez Molière contre Molière, par
droit de tacite reconduction.

A la *Croix Noire* comme à la salle des Mestayers,
il va sans dire que Tristan L'Hermite n'abandonna
pas ses amis, et s'il est vrai que l'*Illustre Théâtre*,
comme on l'a cru et écrit, fut mis ou se maintint dans
les bonnes grâces — platoniques trop souvent — d'un
certain monde et du grand monde, à coup sûr Tristan L'Hermite y était pour sa légitime contribution
d'influence. Chez le duc d'Orléans, Molière était en
pied. Le 7 février, il y eut bal et ballet au palais du
Luxembourg. L'*Illustre Théâtre* y fut de service
peut-être bien. Mais qu'était-ce que le bénéfice d'une
soirée, plus ou moins payée, pour solder l'arriéré et
combler le déficit ? Car l'*Illustre Théâtre* ne faisait
pas mieux ses frais à la nouvelle salle qu'à l'ancienne.
Là le public ne venait pas. Pourquoi ? Cet hiver encore
la misère était grande et le froid était rigoureux.
Dassoucy — qu'il ne faut pas chercher loin — en
perdit son « luth fracassé. » Le carnaval eut un entrain médiocre. La chronique de la vie parisienne,
telle qu'on peut vaguement la reconstituer par les
menues indications de la *Gazette de France* et par
les *Mémoires* du temps, la chronique mondaine de
janvier et février 1645, n'offre qu'un maigre relevé
de prétextes aux « visites » des comédiens. Dès le 10 février, le duc d'Orléans part pour les eaux de Bourbon,
d'où il ne revient que le 12 mars après une absence
de « cinq semaines. » L'*Illustre Théâtre* est en plus
triste position que jamais. La ruine s'achève — et le
désastre à courte échéance est fatal. A bout de ressources, « le 31 mars, » Molière souscrit à une espèce de
revendeuse à la toilette, Jeanne Levé, demeurant mai

son La Barre, au Temple, une obligation de 291 livres, pour nantissement et sûreté de laquelle il dépose « deux rubans en broderie d'or et d'argent. » Au taux proportionnel, ces 291 livres représenteraient une valeur de 12 à 1,500 francs de notre monnaie. « Ces rubans, d'une si grande valeur, observe M. Eudore Soulié, provenaient sans doute de la part que Molière avait eue dans les présents faits par le duc de Guise aux comédiens de Paris. » Peut-être avaient-ils cette origine, en effet; mais il faut croire aussi que dès la création de l'*Illustre Théâtre*, surtout dès 1641, Molière, en fils de sa mère qui avait le goût des beaux habits et des bijoux rares, Molière avait pu se monter une riche garde-robe. Toujours il se piqua d'avoir de superbes costumes : la première fois qu'il reparaîtra devant le prince de Conti en province, « c'est par « la richesse des habits » qu'il l'emportera d'abord, en attendant mieux, sur le concurrent qui lui dispute le terrain. Des magnificences du premier jour, Molière, au 31 mars, devait avoir de beaux restes, même sans compter les présents du duc de Guise. Ce n'est pas sans doute à cause des seuls galons, rubans, broderies et passementeries d'or, d'argent et de soie, distribués par ce grand seigneur, qu'un « brodeur » est aux ordres et au service de l'*Illustre Théâtre*. Parfois, c'est chez le même passementier que gentilhommes et comédiens se fournissent, quand les comédiens, comme Molière hier, savent et peuvent y mettre le prix. J'ai comme une idée que c'est de chez « Thiénard, » brodeur de M#gr# le duc d'Orléans, que sortaient les rubans et broderies engagés à Jeanne Levé. Je n'ai pas la patience d'étendre la main pour chercher la note où s'en trouve la preuve authentique. Ne perdons pas de vue Molière lui-même : il n'y a que trop de fri-

perie dans son histoire ! Donc, il engage des rubans
et des galons d'or et d'argent. Ah'! si sachant d'où viennent ces passements, j'apercevais ici, du même coup,
où Molière veut en venir en les engageant ? Par le
harcèlement de quel cruel besoin était-il amené là ?
Lui fallait-il d'urgence quelques écus pour calmer les
exigences inexorables du farouche créancier Pommier ? Avait-il, et sans retard, à donner du pain aux
camarades dans la gêne ? Ou bien réalisait-il quelques fonds pour une nouvelle expédition provinciale
d'une partie de l'*Illustre Théâtre* — juste à l'époque
où se reformaient les troupes de campagne? Les trois
hypothèses, et d'autres encore, sont possibles et plausibles.— Molière ne s'abandonnait pas : au milieu des
difficultés surgissantes et incessantes, il se retrouvait
le fils de son père, homme de tête, résolu à faire face
à tout, quand même. A mesure que les tiraillements
et les déboires s'accroissent et s'aggravent, le vieux
instinct des marchands endormi dans le poëte semble
se réveiller, pour résister et défendre la place contre
l'assaut des créanciers. Jusqu'à la fin il sera sur la
brèche, faisant flèche de tout bois. Et sans relâche,
il s'ingénie à suffire à tout ; et maintenant sa personnalité prend le dessus; et l'homme d'affaires repoussera le danger, retardera la chute ! — et s'il n'évite
pas la faillite, il l'aura du moins jusqu'à la dernière
extrémité combattue à outrance et sans défaillance !
Il lui faut du pain — pour et après les autres; de
l'argent — pour et après les autres; de l'honneur
— pour lui le premier! C'est la charité bien ordonnée que lui a sans doute apprise son père. Et puis,
voyez-vous, ce poëte fils de bourgeois qui n'est pas
habitué aux privations et aux détresses matérielles,
je ne suis pas sûr qu'il n'ait pas des facilités et des

forces, et comme un endurcissement préventif à opposer aux épreuves, à la souffrance, à la misère. Il les sent moins, parce qu'il a le cœur et le sang plus chauds. Où donc ai-je lu que, durant la retraite de Russie, le froid tuait moins de soldats venus de Provence que d'ailleurs? Les hommes de génie sont fils des pays du soleil, même quand ils naissent sous les brumes du Nord. Molière lutte et luttera donc jusqu'au bout — debout! Et, qui sait? dans cette même rue des jardins Saint-Paul où le hasard le fait loger, par privilège d'imagination poétique, peut-être a-t-il entrevu et entendu, en rêve, l'ombre joyeuse et gouailleuse de Rabelais, mort dans cette rue même, lui disant : « Eh! eh! mon fils, veux-tu que je t'apprenne à rire? »

Molière, aux premiers jours d'avril, avait donc deux partis à prendre : ou quitter Paris avec toute la troupe — et c'était une désertion; ou, comme l'année précédente, dédoubler son personnel — et avoir ainsi deux branches à son arc et à son art. L'escadron volant détaché, comme l'an dernier, de l'*Illustre Théâtre*, irait-il à l'ouest, cette fois? *Les Aventures de Gazette* devaient faire craindre un piètre résultat. Bordeaux n'était pas encore la ville dont le *Poète basque* dira plus tard :

Pour les comédiens, c'est où tombe la manne.

Pour les comédiens il n'y avait encore que le désert. Le départ du premier duc d'Epernon (juillet 1641), puis l'exil du second, réintégré d'hier dans son gouvernement de Guyenne, avaient fait la solitude et le vide à Bordeaux. Bernard de Nogaret d'Epernon s'installait à peine. Comme son père, ami des artistes et des lettrés, il se composerait une véritable cour, tout l'indiquait, et déjà il avait essayé, par de gracieuses et flatteuses avances, d'attirer « à Plassans, » entre autres célébrités, Balzac, qui s'en excusait à regret. Mais le temps de reprendre ces aristocratiques errements paternels avait fait défaut. D'ailleurs, J.-B. L'Hermitte en était-il à prévenir Molière que le duc d'Épernon faisait « son voyage à la cour » vers le mois de mai jusqu'en septembre? Il est vrai, Severin L'Hermite à Blaye et Nicolas de Malebranche à Bordeaux, et d'autres connaissances ou références, pouvaient être des points de repère et d'appui. Mais risquer d'aller si loin sans engagement formel, n'était-ce pas une témérité? Encore qu'il ne convint pas de battre ni l'estrade, ni la semelle sur place, on avait sans doute d'autres plans moins hasardeux à concevoir et à préférer. Les *manuscrits* de Nicolas de Trallage (1) disent bien cependant que « le sieur Molière commença à jouer la comé- « die à Bordeaux en 1644 ou 1645 »; mais si nous savons positivement que Molière ne quitta point Paris en 1644, et si nous ne voyons pas l'intérêt qui l'aurait conduit à Bordeaux en l'absence du duc d'Epernon, il reste encore assez de temps à courir pour que Nicolas de Trallage n'en ait pas l'entier démenti. Il y aura moyen de tout accorder. Conjecturons, dès à présent et en l'état des choses, que la section ambulante de l'*Illustre Théâtre*, destiné à faire la campagne d'été en province, cette année, dut avoir un autre objectif que Bordeaux. — Je ne veux pas fouiller tous les buissons creux de la vraisemblance, pour tracer conjecturalement l'itinéraire à suivre et suivi en cette occurrence. Les routes sont peu sûres ; nulle équipe d'agent-voyers érudits ne les a même assez bien tracées pour qu'on s'y reconnaisse.

(1) Déposé à la Bibliothèque de l'Arsenal. Voir le tome IV page 238.

Ne nous écartons donc pas trop de Paris—nous n'en
serons peut-être pas plus éloignés de la réalité. Car il
est possible que les pérégrinations concertées se bor-
nent à évoluer dans un rayon de 20,30 ou 40 lieues
autour de la capitale. N'alla-t-on pas à Sens, à Auxerre, à Montargis, et Orléans, par exemple? Dassoucy
a fait à pied et à cheval, en carrosse, coche ou bateau,
de toute manière, avec arrêts facultatifs à Corbeil,
Melun, Moret et Montereau, le *Voyage de Sens*, célébré d'ailleurs par sa muse. L'archevêque Octave de
Bellegarde,qui se mourait à Montreuil à cette heure,
l'avait jadis fêté autant et mieux que l'archevêque de
Rouen. C'est qu'il n'y a pas que des lettrés sans aveu
qui le lisent—et le goûtent—et le gâtent ! Dassoucy
a raison, il a pour amis « les plus rares et les plus
honnêtes gens » de France. Octave de Bellegarde,

Prélat charmant et magnanime,

avait pour maxime favorite, bien digne d'enchanter
les épicuriens de passage :

Plus d'amis et moins de trésors !

Le polygraphe Malingre, — « a-t-il écrit assez de
mauvais livres ! » disait de lui Guéret, l'auteur de cet
autre voyage, la *Promenade* de Saint-Cloud, — Malingre, le bien nommé, reverrait peut-être avec joie
sa fille Catherine, s'il est vraiment le père de « Catherine Malingre ; » et peut être qu'Etienne Bachot,
né à Sens (1610), ami de Dassoucy, je le sais et l'assure, attend cette occasion pour se montrer digne de
devenir l'ami de Molière en accueillant ses camarades.
Bachot fut médecin du roi—et quoique médecin,com-
posa à la mort de Molière une des meilleures épitaphes
latines qu'on ait faites sur le grand comique. Si l'on
allait à Joigny encore ? Le président « Jehan Ledoux, »

dont la femme était la marraine de Louis Poquelin, second frère de Molière, demeure là : n'y trouverait-on que portes closes ? Qu'ils se disent, même sans nommer Molière, « les comédiens ordinaires de Son Altesse Msr le duc d'Orléans, » et vous verrez en leur honneur, « madame la baillive et madame l'élue » se mettre en quatre — pour avoir de l'esprit comme deux. Comment se nommait donc cet apothicaire d'Auxerre, que Dassoucy ne laisse pas assez deviner dans telle de ses bouffonneries poétiques ? Le brave homme faisait des vers, et peut-être aurait-il été bien heureux de pouvoir, une fois dans sa vie, en héber-geant des comédiens, mettre de façon ou d'autre quel-ques rieurs de son côté ! D'Auxerre, sans aller plus loin, on avait la route d'Orléans jalonnée par Mon-targis, où tous les de Surlis, oncles, tantes et cousins et cousines de l'ex-grande coquette de la troupe, ne bouderaient pas à qui s'en réclamerait d'aventure. On n'a pas l'horreur des comédiens dans cette famille : à preuve que Françoise , sœur de Catherine, épousera en légitimes noces « Jeannequin dit *Rochefort* », le Rochefort que Dassoucy fait naître, comme d'autres, des mythologiques cailloux des *Métamorphoses*, et qui, à son tour, par un procédé moins primitif, va contribuer au repeuplement du monde. Malgré la par-ticule, les de Surlis n'étaient point, comme lui — qui pouvait du moins s'en vanter — noblesse de vieille roche. Cependant, et peut-être parce que Françoise de Surlis n'avait pas le cœur dur, ils firent à eux deux, elle et Rochefort, des cailloux encore, sinon comme ceux de la fable, du moins comme ceux des contes de fées. Parlant des enfants des comédiens qu'on bapti-sait souvent dans les villes de province où l'occasion les fesait naître, et dont les actes de naissance et de baptême servent aujourd'hui à la constatation authentique de la présence des troupes comiques en ces endroits : « Ce sont, dit un biographe de Molière, ce sont les cailloux blancs que le Petit-Poucet semait le long de sa route pour retrouver la maison paternelle (1) ». Le passage de Claude Jeannequin dit Rochefort, natif de Soissons, et de Françoise de Surlis, se révélera ainsi par un baptême, à Fontenay-le-Comte, en 1656. — Mais hâtons-nous de regagner Paris. Laissons aller à Orléans la bande comique qui doit y aller — pour n'avoir peut-être pas à s'y rendre exprès et par ordre de Son Altesse Royale, au mois de juillet.

Qu'est-il advenu à Molière et à l'*Illustre Théâtre*, pendant le récit de ces courses dans les villes circonvoisines de Paris? D'abord — et c'est le commencement de la fin — « le 10 mai, » François Pommier, dont la rapacité, qui monte la garde à la *Croix Noire*, a obtenu une sentence, dite « arrest de quatre mois, » contre Molière, pour les sommes à lui prêtées et par lui dues. L'arrest de quatre mois est une signification d'emprisonnement pour dette, au bout de ce délai, si le débiteur ne s'exécute pas. Molière forma-t-il opposition? Nul document ne le fait soupçonner ni supposer. François Pommier a tenu à ne pas être le dernier à prendre ses précautions. Le 20 juin, autre sentence de même nature obtenue par Jeanne Levé, pour être autorisée à vendre le nantissement de sa créance de 291 livres. Molière s'est-il opposé à cette demande? Rien encore ne le donne à entendre. Molière s'est-il dérobé — en mettant la clef sous la porte? Est-il parti? a-t-il disparu? Son si-

____

(1) M. L. Moland, ouvrage cité, page 61.

lence est preuve d'absence ; c'est apparemment par
défaut que les sentences sont prononcées ; mais elles
sont prises et, croit-on, bien prises. — Eh ! bien, il
est frappé au moment même où il espère enfin sauver
la situation et sortir de ces embarras. C'est au moment
où il croit se relever qu'on travaille à l'abattre sans
merci ! Car Molière a repris confiance, et non sans
raison. Il s'est produit autour de lui un réveil de
sympathies chaleureuses ; et sa fortune semble prendre une face nouvelle. Il est appelé en visites à
l'hôtel d'Epernon d'abord, puis à Fontainebleau,
où la cour réside. Lambert, son ami, est entré au
service de Mademoiselle, et les bons offices de sa
cordiale camaraderie ont amené la duchesse d'Epernon à choisir Molière pour organisateur de ses fêtes
et concerts. — « L'hostel d'Espernon, » d'après *La*
(sic) *Guide de Paris*, de Chuyes (1646), était situé
« rue Plastrière », entre « la rue Montmartre, devant
la rue Quinquetonne, » et la rue « de Grenelle ».
Molière revenait ainsi dans son quartier natal. Convaincu de se suffire à lui-même, et quoique l'affection
paternelle ne lui ait jamais manqué, il garde pour
lui seul le secret de ses préoccupations d'argent. Il se
sent, il se sait à la veille d'être le comédien privilégié
du duc d'Epernon en sa cour de Guyenne. Et c'est
avec orgueil qu'il songe réaliser et la liquidation d'un
passé chargé de dettes et les espérances trop longtemps déçues d'une ambition que les retards n'ont fait
qu'exciter ! Pouvait-il attendre davantage d'un gouverneur de province que du frère même de l'ancien
roi, l'oncle de Louis XIV ? Le duc d'Epernon serait-il
plus généreux que le duc d'Orléans ? On se disait
déjà parmi les comédiens qu'il allait vraiment faire
tomber pour eux « la manne » à Bordeaux ; et on l'en

savait capable. Cette année, il reprenait son train de
maison princière d'autrefois; il faisait magnifiquement
sa rentrée dans la haute vie parisienne, avant d'aller
régner en sa province, si même il ne se fixait pas définitivement à Paris pour de plus hautes destinées. Il
lui fallait un homme d'esprit et de talent pour répondre à ses goûts de représentations fastueuses. Vulson
de La Colombière — qui dans son *Vrai Théâtre
d'honneur* allait publier un compte-rendu des fêtes
splendides célébrées à Bordeaux, en 1627, à l'occasion
de la naissance du duc de Candalle, fils d'Epernon, —
pouvait à la fois et désigner Molière comme assez son
propre disciple pour organiser des fêtes pareilles en
l'honneur de la vingtième année du même duc de
Candalle, et donner à Molière la certitude que, quand
il s'agissait de « jouissances » aristocratiques, et des
réjouissances populaires, nulle part on ne regardait
moins au prix dépensé.

Bernard d'Epernon, avec ses hautes qualités comme
avec ses vices brillants, était le véritable type du
grand seigneur, au milieu du XVIIe siècle. — Pour
lui, « pair de France, » était bien près de signifier
« égal de roi ». — Nous le retrouverons à Bordeaux;
et nous l'y connaîtrons mieux. Dès à présent, la note
des *Manuscrits,* de Trallage, qui le concerne mettra en
pleine lumière le rôle que sa protection réservait à
Molière. Les documents originaux sur Molière sont
très rares, mais ce n'est pas une raison, semble-t-il,
pour qu'on les lise plus attentivement. La reproduction intégrale — que je n'ai trouvée nulle part — est
d'autant plus significative, au moment où Molière
commence d'être agréé par le duc et la duchesse d'E-
pernon pour leurs fêtes parisiennes—à Paris ces fêtes
relevaient encore plus de la duchesse que de son ma-

ri, car elle n'habitait guère Bordeaux, et à Paris elle était censément chez elle — cette reproduction textuelle et complète est d'autant plus caractéristique et frappante que, dans la pensée de Nicolas de Trallage, et par transition naturelle, Molière passa des fêtes de Bordeaux aux fêtes de Versailles ; il aurait préludé à celles-ci par celles-là. Louis XIV serait redevable à d'Epernon de Molière, tout au moins au point de vue des divertissements de cour. Faute de comprendre ainsi cette note, on n'y a vu qu'un cailletage abstrus. Je copie (tome IV, page 238) : « Le sieur Molière commença à jouer la comédie à Bordeaux en 1644 ou 1645. M. d'Epernon estoit pour lors gouverneur de Guienne ; il estimoit cet acteur qui lui paraissoit avoir de l'esprit. La suite a fait voir qu'il ne se trompoit pas. *Lorsque le roy estoit le plus amoureux de Mlle de La Vallière, il la vouloit régaler de temps en temps de quelque nouveau spectacle. C'est pourquoi il prisoit fort extraordinairement Molière qui travailloit nuit et jour.* » Le duc d'Epernon eut aussi sa La Vallière : elle avait nom Mlle de Lartigue. Même à l'apogée de son génie, Molière se considérait comme son amuseur public, et la gloire de « divertir le plus grand roi du monde » lui semblait de toutes la plus enviable. La première comédie de Molière à laquelle le roi devait assister, *Les Fâcheux*, comme Molière lui-même le remarque, contient cette nouveauté : l'adaptation d'un ballet à la pièce. Les intermèdes primaient l'œuvre du poète : ils étaient le grand attrait pour Louis XIV. — Chez le duc d'Epernon, Molière débute non comme auteur ou acteur comique, mais comme improvisateur de fêtes et féeries merveilleuses — à la baguette. — C'est dans une curieuse *Epître à Mme d'Epernon*, que

Benserade nous apprend dans quelles conditions Molière — qu'il ne nomme pas — a pu se trouver en série de « visites » chez la duchesse d'Epernon. puis avec elle à Fontainebleau. La duchesse était en ce moment l'inséparable compagne de Mademoiselle. Benserade se demande où et comment elle passe ses journées :

> Peut-être pour aller en cour,
> Attendez-vous Mademoiselle,
> Qui va vous mener avec elle ;
> *Peut-être que le rendez-vous*
> *De tout le beau monde est chez vous,*
> *Que toute la cour vous fréquente,*
> *Et même que Lambert y chante,*
> *Ou bien que vous donnez le bal*
> Au retour du Palais-Royal.....

Mais non, à présent (juin) Mme d'Epernon n'est pas à Paris ; elle est où sont la cour et Mademoiselle, et le poëte sait bien

> Que Mademoiselle et la cour
> A Fontainebleau font séjour,
> *Que Lambert en ce lieu dégoise.*

Qui dit Lambert doit penser à Molière. Lui aussi est à Fontainebleau. Tous les artistes et poëtes de cour n'ont plus que faire ailleurs. L'année 1645 et, de cette année, les mois de juin, juillet et août, marquent la période la plus fameuse de la carrière de Lambert. Mademoiselle est engouée de son talent, de son esprit — j'allais dire de sa personne. Il excite l'enthousiasme de cette âme toujours excessive dans ses impressions, et qui perd l'équilibre à chaque transport. Lambert est le héros de cette villégiature à Fontainebleau —en attendant que des cuisines de sa royale maîtresse sorte, pour se montrer, plaire et affoler à son tour, le futur maître des ballets, le collaborateur de Molière dans les splendeurs de Versailles — le marmiton Lulli. Sait-on bien d'où part ce qui s'élève, et jusqu'où ce qui descend peut tomber, dans cette cour bizarre, agitée et que tourmente l'inquiet souci d'une impossible distraction d'elle-même? Les filles d'honneur de la reine — que l'on « cajole sous ses yeux » sans qu'elle s'en étonne — allument des réchauds sous le lit de Mme Dupuis en plein mois d'août, pour s'amuser, tandis que, pour jouer avec le feu aussi, la première femme de chambre de Sa Majesté la Régente, Mme de Beauvais, *Cathau-la borgnesse*, dont les sept péchés capitaux n'égalent pas la laideur, se réserve le suprême dédommagement d'un auguste ¡prélibation. Tout est contraste dans ce milieu où la comédie humaine défie Molière de s'occuper d'elle; — et pour que rien ne manque au tableau des mœurs, des ridicules et des travers—tandis que l'un des deux frères L'Hermite, sempiternel quémandeur, fait des vers *à Mme de Beauvais pour un bon office dont elle honora l'auteur près de Sa Majesté*, Dassoucy, logé « à Fontainebleau » comme les autres, et avec Molière sans doute, pleurniche en vers burlesques et par peur terrible de la prison — où, décidément, Molière va être mis et dont il ne se plaint pas lui-même ! Changement étrange ! Dassoucy est à présent le Jean qui pleure de Molière qui rit — un peu jaune — mais qui rit ! Dassoucy qui bouffonne toujours, en est lamentable. Et ce n'est pas le côté le moins comique de cette triste affaire.

Quelque extraordinaire que puisse paraître cette perpétuelle ubiquité de Dassoucy dans la vie de Molière, l'histoire de l'empereur du burlesque, il n'est que juste de le dire, en est parfois, ici surtout, une sorte d'extrait pour copie informe. Le fait est trop

positif pour qu'on néglige de le relever, de le remarquer. Vraiment, ici, Dassoucy est comme la doublure,
l'envers simiesque de Molière ! C'est Molière qui
est sous le coup d'une sentence de prise de corps, et
c'est le marmiteux Dassoucy qui se voit déjà sur la
paille humide; et quelle terreur est la sienne! Il se
regrette d'avance. C'est dans une pièce *à la Reine*
qu'il expose le malheureux sort dont il est menacé,
sans pouvoir s'y faire et sans savoir qu'y faire :

> Car las ! *si par dure menotte*
> *J'étais un jour emmenotté,*
> Je serais un enfant gâté
> Qui désormais ne pourrais mie
> *Jouer du luth en comédie.*

Qui donc en veut à ses jours, à sa liberté? N'y aurait-
il dans cette élégiaque déploration qu'un grotesque
pastiche, comme tant d'autres? Non, cette fois, Dassoucy ne plaisante pas : sa plainte et son navrement
sont sincères, sa situation personnelle s'identifie même de telle sorte avec celle de Molière, que force est
bien de croire à une communauté d'intérêts. Dassoucy était pour le moins attaché à l'*Illustre Théâtre*
comme « joueur de luth. » Il craignit pour sa peau,
extensivement, par instinctive et vague appréhension
de la justice. Dans son étourdissant effroi, et la reine
ayant été peu touchée de sa larmoyante supplique,
Dassoucy s'adressa à d'autres, à *M. de Lyonne*, par
exemple, avec toute l'ingénuité d'un égoïsme alarmé.
Hanté de visions folles, et tout halluciné, il geint et
appelle au secours, par toutes sortes d'invocations
extravagantes :

> Par le froid de l'hiver passé,
> Par mon pauvre luth fracassé...

Par mon lit de Fontainebleau...
Et par votre amy solennel
Noble homme Pierre de Niel (Nyert).

Dassoucy gémissant! Voilà cet éternel railleur qui se laisse prendre à la tristesse. Écloppé, ahuri, misérable, il ne plaisante plus. Le reconnaissez-vous en ce

... pauvre poète burlesque,
Non tant crotté comme crotesque,
Que théorbes ont espaulé
Et machines ont affolé ?

Dassoucy n'est plus lui-même, ou plutôt, si, il est bien tel quel — et c'est la plus bouffonne caricature qu'il ait jamais faite de personne que cet hyperbolique effarement qui l'oblige à se montrer à nu, sans masque de fausse gaîté. Molière, lui, reste beau joueur; et la différence des attitudes accentue la tout autre trempe de sa franche et forte nature. Son rire ne l'a pas quitté pour si peu. Rabelais peut être content : Molière est le vrai fils de Rabelais; Dassoucy n'en est que le singe.

Dès le 1ᵉʳ août, Molière et l'*Illustre Théâtre* rentrent de Fontainebleau à Paris. Le « service » des fêtes pour le duc d'Épernon et pour la cour ou les courtisans n'a pas été sans bénéfice. Le duc surtout, qui est généreux d'ordinaire, a libéralement payé en galant homme. Et c'est bien avec l'intention de désintéresser d'abord les créanciers récalcitrants, ni de mettre ordre à toutes ses affaires que Molière rentre, dans la capitale. Molière n'a pu ignorer jusqu'à la fin la sentence de prise de corps obtenue contre lui — sous réserve de « l'arrest de quatre mois — par François Pommier ; mais il a vu clair dans cette procédure ténébreuse, et avec son sang-froid, qui ne se dément pas, il fera valoir ses droits à une surséance, main-

levée et prorogation, de par son titre de comédien de
« son Altesse Mgr le duc d'Orléans ». Tout officier,
pensionnaire ou serviteur de la couronne — et il y a
ici assimilation — n'a pas seulement comme pour
« dettes civiles » les quatre mois de l'arrêt suspensif de
toute poursuite, il en a « six ». Donc, François Pommier aura à compter avec lui. Au pis aller, Molière,
fût-il considéré comme simple « civil », a dix jours de
réflexion, car, même dans ce cas improbable, la sentence du 10 mai n'est pas exécutoire encore. Mais
ces dix jours de répit, dont il croit pouvoir disposer
ne fût-ce que pour courir au plus pressé, d'autres
créanciers — ils se sont tous donné le mot — font tout
au monde pour ne pas les lui laisser. François Pommier déjà devancé par Jeanne Levé, l'avait été également par le fournisseur de chandelles du théâtre,
« Antoine Fausser ». Pour celui-ci, le départ de Molière
et de ses camarades avait produit l'effet d'une dispari-
tion suspecte; ce déplacement lui avait paru tellement
louche que, sans retard, il avait sollicité et obtenu,
dès le 1er mai « par défaut, » une sentence à son profit.
C'est celui-là qui ouvre le feu. Le 2 août, le lendemain même de son retour, Molière est « arrêté et
emprisonné » au Grand Châtelet, en vertu de cette
sentence qu'il ignorait. Le maître chandelier n'est pas
tendre, et il fait mettre un homme en prison pour
peu d'argent. L'*Illustre Théâtre* lui doit, en deux
parts, la somme de « 115 livres, » plus celle « de 27
livres. » Molière refuse de payer de suite et n'a pas
de peine à obtenir du lieutenant-civil Dreux d'Au-
bray l'infirmation de la sentence « par défaut » et sa
mise en liberté sur sa caution juratoire « pour six
mois. » Le voilà débarrassé de celui-là, pour le moment. Il va sortir de prison, quand fondent sur lui,

comme des vautours sur leur proie, coup sur coup
l'inévitable François Pommier et le « linger Dubourg ». Le sieur Dubourg n'a pas mieux calculé que
le sieur Fausser. Pour le payement des « 152 livres, »
qu'il réclame, il attendra six mois encore. Pour si expéditif que soit le lieutenant-civil, Molière est obligé
de passer deux nuits au Châtelet, celles des 2 et 3 août.
C'est au tour de François Pommier de s'entendre dire
qu'il y a lieu à surséance de poursuites et procédures
pour deux mois de plus. Toutefois, Molière, dont le bon
vouloir égale la bonne foi et qui tient à en finir, règle
F. Pommier jusqu'à concurrence en moins de 300 livres, qui resteront payables par abonnement, à raison
de « 40 livres » par semaines et par mois sous la garantie de Léonard Aubry, pleige caution de Molière. Réduit de 2,000 livres à 320, le compte de F. Pommier
témoigne que Molière en ces derniers mois n'a pas dû
perdre son temps. Mais il n'a pas tout donné à ce
créancier. Depuis le jeu de paume des Mestayers, on
était débiteur de « 1,500 livres envers François Amblard, marchand de bois : » cette grosse dette se solde
dès maintenant par un reliquat de 300 livres, que « le
sieur Blot » sera chargé de payer pour « les comédiens
de Monsieur le duc d'Orléans ». Car ils sont autant que
jamais, et il n'est pas inutile de le répéter, « les comédiens de son Altesse Royale ». Un jugement du « 7
janvier 1646 » donnera défaut d'exécution par « le
« sieur Blot ». Le baron Blot, qu'on a vu parmi les
habitués des cabarets, est sujet aux oublis et distractions. Honnête homme, certes ! mais il est de ceux
qui aiment laisser le souci de leurs propres dettes à
leurs créanciers — à plus forte raison les dettes des
autres. Retenons ce détail du jugement qui intervien-
dra le 7 janvier prochain : Blot, qui est gentilhomme

de la maison du duc d'Orléans, aura probablement à toucher ces « 3oo livres » sur « la pension » des comédiens de son Altesse. L'*Illustre Théâtre* en retirait donc quelque chose — outre son titre, qui était à la fois un insigne et une enseigne ?

Molière fut-il mis en liberté le 4 août, ou seulement le 13, comme le pensent quelques érudits ? Les formalités résolutoires, qui seules pouvaient prolonger son incarcération préventive du 2 au 4, n'existent plus après le 4. Molière en prison — deux jours — et de par l'âpre cupidité de deux fournisseurs et d'un usurier, c'est bien assez ! Etait-il d'humeur à se livrer à de trop amères pensées durant ces quelques heures ? Blessé dans la lutte, mais non lassé de combattre, il gardait sans doute au fond du cœur l'allègre vaillance de la jeunesse qui en appelle toujours des premiers arrêts du sort. Il entrait, sans doute, dans ses sentiments éprouvés en de telles heures, plus d'humiliation pour un traitement indigne et si offensant envers son inattaquable probité, que de découragement et de désespoir. L'avenir n'est jamais fermé aux rêves virils de la jeunesse ; et dès à présent, l'horizon ne semblait-il pas s'éclaircir ? Une moralité salutaire se dégageait — un peu trop brutalement, il est vrai, — de cette déplorable aventure : c'était l'obligation pour le poëte de mesurer l'étroite limite qui sépare, chez les insouciants à la manière de Blot, le défaut de sens pratique du défaut de sens moral. Molière voyait là par expérience ce qu'il en pouvait coûter à la dignité et à l'honneur d'un honnête homme, de ne pas savoir assurer mieux l'indépendance des idées et de la conduite par l'indépendance de la fortune. Qui sait s'il ne comprit pas que son génie était réfractaire à ce même désordre où d'autres devaient chercher l'inspiration ? Insouciance est trop souvent synonyme d'inconscience. « Le gentil et savant Molière » était-il fait pour la vie de bohême, et se résignerait-il jamais à n'être qu'un cabotin famélique ? C'est peut-être tout le problème de sa destinée morale et la question d'être ou de n'être pas pour son génie, qui, alors, s'agita dans le cerveau de Molière, entre les quatre murs de la prison pour dettes. Est-ce la honte d'être là, ou la douleur d'y avoir été amené par l'insuccès de ses entreprises, qui tourmentaient la pensée du poète ? L'une et l'autre sans doute, mais plus celle-ci que celle-là, et il était homme à s'en souvenir — pour l'éviter à jamais. Il est des chutes dont on se relève et qui relèvent la volonté. Quelles qu'aient pu être les pensées de Molière dans sa prison du Châtelet, elles ne conclurent pas, croyez-le, au mépris des richesses. D'ailleurs, quand on aime, comme lui, à payer pour les autres, on ne fait pas vœu de pauvreté. Ce fut peut-être un bien pour lui d'avoir affaire aux manieurs d'argent, aux usuriers même : sorti trop tôt de la maison paternelle pour apprécier les vertus dont la richesse ou le bien-être résument la capitalisation quotidienne, il eût été exposé, sans cette leçon, à n'avoir ni assez d'estime pour les hommes d'affaires comme son père, ni assez le sens des affaires. Quant aux usuriers il leur pardonna — ni de bon, ni de mauvais cœur — avec l'indifférence philosophique d'un esprit supérieur qui admet la société avec ses vices, sachant bien que l'homme n'est pas parfait. Rien ne serait plus téméraire, certes ! que de vouloir paraphaser et traduire la confession générale et mentale de Molière en un pareil lieu et en un tel moment ; mais Molière qui plus que tout autre poète écoutait les voix intérieures et surtout la voix des milieux, ne fit-il pas là comme l'examen de conscience de sa jeunesse, à l'appel même du *genius loci* ; et n'eut-il pas pour pensée dominante de s'efforcer de comprendre — sans pleurer, sans s'indigner — les conditions inéluctables de la mission d'artiste et de poète qu'il avait à accomplir ? Il avait des choses à se dire depuis son entrée au théâtre : le temps lui avait manqué pour s'en expliquer avec lui-même. Tout bien pesé, à cela du moins malheur avait été bon. Désormais, Molière allait savoir mieux ce qu'il avait à faire.

L'*Illustre Théâtre*, qui aimait Molière,— on l'eût aimé à moins — s'était senti frappé à la tête, au cœur surtout, par l'emprisonnement de son chef. Spontanément, les camarades de Molière avaient tout mis en œuvre pour le délivrer, de suite. Sachant la particulière obligeance du paveur du roi qui avait « esplanadé » jadis les alentours du jeu de paume des Mestayers, sachant à quel point il lui était facile de leur venir en aide, ils n'avaient pas hésité à recourir à son crédit; et voilà pourquoi Léonard Aubry s'était trouvé là, tout à propos, pour terminer l'affaire Pommier. Dans un élan de gratitude, qui même en exagérant la portée du service était assurément fort louable, mais qui surtout donne la mesure des angoisses par lesquelles la troupe venait de passer, une réunion générale des artistes associés fut tenue, le 13 août, dans le local de la *Croix Noire*, où d'un commun accord, on « s'engagea solidairement envers hono-« rable homme Léonard Aubry, à l'indemniser de la somme garantie, « d'autant plus, est-il spécifié dans l'acte des notaires Morel et Levasseur qui en fait foi, « d'autant plus que ce qu'en a fait le dit sieur Aubry « n'a été qu'à leur pure requête et pour leur faire plai-« sir, et pour tirer hors des prisons du Grand Châte-

« let le dit Poquelin. » Ne diminuons point par de restrictives observations le mérite du service rendu par Léonard Aubry. C'était un brave homme, qui gagnait beaucoup d'argent, et l'utilisait à se gagner les cœurs. Il savait quel bonnête homme était, devait être le fils de ce Jean Poquelin, domicilié à deux pas de son propre associé Le Picart ; n'importe ! Tant de gens aiment si peu à se déranger pour faire du bien aux autres, même gratuitement ! En se portant « pleige » de Molière, Léonard Aubry n'exposait rien, cette fois ; cependant — c'est une justice à lui rendre — eût-il couru quelques risques, il n'en eût pas agi sans doute autrement. La bienfaisance s'exerce sous bien des formes : Léonard Aubry n'était ni le premier ni le dernier entrepreneur parisien qui se ferait un plaisir d'obliger des artistes. Cela se pratique journellement à Paris sans que les actes notariés le relatent. Mais encore une fois, n'amoindrissons pas l'honneur de sa bonne action. Du moins, l'expression de reconnaissance qui se retrouve dans l'acte du 13 août, atteste qu'il n'avait pas obligé des ingrats ; et elle atteste pardessus tout quels cœurs chauds et loyaux étaient ces comédiens, bien dignes de l'amitié de Molière ! — Pour achever de peindre cette bonne et sympathique figure de Léonard Aubry, je puis dire que, de leur côté, « les grands » ne l'appréciaient pas moins que les petits ; et là où un témoignage de confiance pouvait équivaloir à un titre d'honneur, Léonard Aubry, sans le demander, l'obtint hautement. Étrange retour des mêmes noms ! n'est-ce pas de notre Léonard Aubry qu'il s'agit encore dans cette « ordonnance » de la princesse Martinozzi, veuve d'Armand de Bourbon, prince de Conti, écrivant « le 10 avril 1670, » à son trésorier « Jasse, » à Paris, de remettre « au sieur

Aubry, 3,ooo livres *pour se rendre en Guienne,* »et une fois-là, de lui assurer une autre somme de « *97,000 ivres pour être distribuées aux communautés particulières de ladite province?* Ne le reconnaissez-vous pas, toujours dans son rôle? Et l'acte de bienfaisance dont la princesse de Conti a tenu à le charger, ne le montre-t-il pas fidèle à ses habitudes? Mais d'autre part, et sans chercher dans le rapprochement de ces noms de Molière et de Conti la nouvelle occasion d'une pure antithèse, ne dirait-on pas que Léonard Aubry, liquidateur de dettes de théâtre en 1645, et liquidateur de dettes d'église en 1670, paie la rançon de l'âme du prince de Conti après sa mort, comme il a payé la rançon de la liberté de Molière? En Guyenne, « le sieur Aubry » alla acquitter des dettes de conscience. — Et voyez encore et toujours à quelles rentrées en scène inattendues on assiste dans l'histoire de Molière! En 1672, un fils de Léonard Aubry, très riche alors comme avant, épousera Geneviève Béjart, et deviendra ainsi le parent, le beau-frère, de Molière lui-même!

A la réunion des sociétaires de l'*Illustre Théâtre*, quelque plénière qu'elle voulût être, n'avaient pas assisté tous les artistes de la troupe. Ceux qui formaient la compagnie franche détachée en province — très problablement encore sous les ordres de Ch. Beys — étaient dans l'impossibilité de s'y rendre. Ils étaient, selon toute apparence, à Orléans, où l'on s'apprêtait à baptiser une fille du second mariage de son Altesse Royale. Les comparants étaient : Germain Clérin, Joseph Béjart, G. Rabel, Madeleine et Geneviève Béjart, Catherine Bourgeois, — et Molière, cela va de soi. Marie Hervé ne paraît pas : il est vrai que depuis l'acte du « 3o juin 1643, » elle est toujours invisible, quoique

présente. A ce compte, Ch. Beys aurait amené avec lui
Georges Pinel et Madeleine Malingre, plus quelques
recrues faites à la fin du carême parmi les comédiens
de province sans engagement à Paris. Si Beys s'était
trouvé à Paris, il n'aurait pas manqué de se montrer
aux côtés de Molière à la *Croix Noire*. Il était incapable de défection ou de désertion en pareilles circonstances. On a cru qu'il n'appartenait plus à la
troupe ; mais on l'avait cru de même l'année précédente, faute de savoir le fin mot de ces fausses sorties.
Ch. Beys ne soupçonnait peut-être pas le dramatique
épisode qui venait de mettre en si grand émoi les
camarades restés à Paris, et sans doute ne l'apprit-il à
Orléans que par le baron Blot, rappelé pour son service auprès de Son Altesse vers le 23 août. — Donc,
les associés de Molière s'étaient groupés et serrés autour de sa personne, pour se déclarer solidaires. Puis-
je m'empêcher de dire que, tout compte fait, « à raison de 320 livres, » la rédemption de Molière revenait bon marché à Léonard Aubry ? Il allait en avoir
plus d'honneur que pour son argent. Molière ne s'en
était pas tiré à prix si réduit. Aux 320 livres garan-
ties et à verser, il avait fallu ajouter, rubis sur l'ongle,
de bien autres sommes. Léonard Aubry n'avait fourni, et en crédit, en promesse de versement éventuel,
qu'un appoint minime. Où Molière avait-il trouvé
les véritables moyens de payer le plus gros de la dette
commune ? D'où lui étaient venus les fonds suffisants
pour réduire de 1,500 à 300 livres la facture d'Amblard, et de 1,700 (sinon 2,000) à 320 livres l'obligation souscrite à Pommier ? La troupe avait dû réaliser
d'importantes recettes ou entrées dans ces derniers
mois, car il n'existe pas trace de nouveaux emprunts.
La division en tournée de l'*Illustre Théâtre* avait-elle,

et sans prévoir les événements, mais par précaution
et pour provision, envoyé quelque argent à la troupe-
mère ? Si l'on n'admet pas que le duc d'Epernon dut
grandement contribuer, en dons ou rémunérations, à
l'acquittement de la majeure partie des charges de
Molière et de ses amis, il devient bien difficile d'expliquer la provenance des fonds qui s'y employèrent ;
— et si l'on repousse de prime abord cette conjecture,
qui va être précisée et régularisée, il est plus que
difficile, il est impossible de déchiffrer le sens de la
dédicace de *Josaphat*, à l'endroit où, parmi tant d'hom-
magiales louanges, le poète Magnon, exprimant la
gratitude de « tout le Parnasse, » rappelle, par une
allusion à Madeleine Béjart, que c'est le duc d'Epernon qui la retira « du précipice. » En galant homme
qu'il était, le duc d'Epernon n'attendait pas sans
doute, et eût interdit au besoin, que l'on relatât par
acte devant notaire le bien qu'il avait fait à l'*Illustre
Théâtre* ; tout au plus ne s'offusqua-t-il qu'à demi
d'en lire l'aveu public fait par un poète et au risque
de quelques excès d'admiration poétique.

Il était dans les mœurs d'alors, et il arrivait assez
souvent, qu'un grand seigneur se complût à faire, refaire ou parfaire l'équipage d'un chevalier ou d'un
artiste, d'une compagnie de soldats ou d'une troupe
de comédiens. Le duc d'Epernon était très riche et
non moins libéral, et il pouvait être très généreux envers l'*Illustre Théâtre* sans que cela lui fit cet effet.
L'on sait déjà que pour ses plaisirs il en mène large :
le roi, qui dans ses lettres l'appelle son « oncle, »
peut se flatter d'être son cousin. N'oublions pas que
nous sommes au début d'une régence où règne — en
se laissant gouverner — le caprice d'une femme résolue à être encore plus femme que reine et qu'on a

toujours accusée de ne vouloir pour ministre, et dût la France en pâtir, qu'un homme — entendez-le comme vous voudrez — qu'un homme qui soit son homme. Tant pis pour qui ne sait pas qu'on n'est homme d'Etat auprès d'elle qu'à la condition de lui plaire, et que sa vanité sensuelle, jouant sur les mots, comme elle se joue des maux qu'elle peut causer, ne considère les grâces déjà surannées de son égoïste personne que comme autant d'exemplaires incarnés de la grâce d'Etat. C'est à qui, parmi les grands de la cour, et le duc d'Epernon n'est pas le dernier en ce moment, c'est à qui déguisera sa vraie passion pour les charmes du pouvoir politique, sous les espèces ou apparences d'un acte d'allégeance au pouvoir de ses charmes. J'ai fait entrevoir tout à l'heure ce qui se passait autour d'elle. C'est le temps où Anne d'Autriche — cette anecdote empruntée à Tallemant des Réaux prend ici un air d'apologue — c'est le temps où la Régente, parvenue au bord de je ne sais quelle mare, y hasarde le bout de satin blanc de son élégante chaussure, en demandant à la maréchale de Thémines, experte-jurée en fait de boue : — « Celle-ci est-elle de la bonne, au moins? » A quoi la maréchale, humant l'air : « Non, Madame, répond-t-elle, d'un air capable, non, elle n'est pas assez faite ». C'est ce temps-là — non un autre et non celui, par exemple, où un Buckingham étendait sous les pieds de la reine son manteau tout étoilé de diamants! Le duc d'Epernon sait à quoi s'en tenir et ce n'est point par anachronisme de chevalerie qu'il se met en frais de représentations ou de séductions, et qu'il étendrait volontiers encore sous les pas de la souveraine son aristocatique manteau — qui n'est pas celui de l'innocent Joseph ; — mais il n'ignore pas que, sur le

chemin de son ambition, il faut passer sur un corps
de femme pour arriver au but! Je vous demande un
peu si, en de telles disposions d'esprit, et quand il
s'agissait d'opérer, après trois ans de déshérence in-
termittente, quelque chose comme la captation de
l'héritage public de Richelieu; je vous demande si le
« haut et puissant prince Bernard de Foix, duc d'E-
pernon, de la Vallette et de Candalle, pair et colonel
général de France, chevalier des ordres du Roy et de
la Jarretière, prince et captal de Buch, comte de Foix,
d'Astarac, etc., etc., sire de l'Eparre, etc., etc., enfin
gouverneur et lieutenant général pour le Roy en
Guyenne, » — était d'humeur à vérifier les comptes
des manèges de son orgueil! Molière? eh! bien, ce
« garçon » nommé Molière, on en était content ; il
ne s'acquittait pas mal de sa tâche de boute en-train
joyeux et d'artificier d'esprit; et il était assez bon
prince, « le prince Bernard, » pour lui « faire fête » à
son tour — par réciprocité, et en prince, s'entend! —
La bourse de Molière n'en sonna plus creux. D'ailleurs, si le père eût négligé d'être assez bon prince,
par hasard, le fils, le jeune duc de Candalle,

Prince des Beaux et roi des Bons

comme l'appelle Dassoucy, « le beau Candalle » eût
réparé l'oubli; car le jeune Candalle était là, et c'était
sous couleur de l'introduire à la cour que tant de
fêtes se donnèrent à Paris et à Fontainebleau. Et si de
ces fêtes Benserade n'a donné que la note parisienne,
relisez Magnon, et Magnon vous en donnera le dia-
pason d'abord intime et domestique — puis moliéresque.

Nous avons dit que le duc venait d'être réintégré
dans son gouvernement de Guyenne, sauf espoir de

mieux. « Les cœurs de toute la Guyenne, dit Magnon,
sont des biens successifs dans votre famille. Je pourrais encore vous louer par un autre avantage. N'estes-
vous pas aussi glorieux père qu'heureux mary ? »
Je souligne surtout « heureux mary, » car une correspondance secrète du duc d'Epernon va nous apprendre qu'il attache du prix à paraître tel. Je continue la citation : « Mais je n'entreprends pas de faire
icy le Panégyrique de toute vostre maison ; et je laisse
à quelqu'autre bouche à discourir de ce bonheur, outre que je ne dirais que des choses très connues, elles
paraissent trop pour estre montrées. Ce n'est point
par là que je veux vous glorifier. » Ici, le duc, fausse
modestie à part, dut un peu s'interroger pour savoir
ce qu'il avait fait de si mémorable en 1645 : vingt ans
plus tard il eût trouvé la réponse de suite et tout
seul ; mais en 1645 était-ce une chose si glorieuse
que de « protéger » des comédiens, même les comédiens qu'on préférait ? Laissons la parole à Magnon :
« *Je veux choisir la dernière de toutes vos belles qualités. Cette protection et* CE SECOURS, Monseigneur,
(et Magnon en a des larmes dans le style) CE SECOURS
QUE VOUS AVEZ DONNÉ A LA PLUS MALHEUREUSE ET A L'UNE
DES MIEUX MÉRITANTES COMÉDIENNES DE FRANCE, *n'est
pas la moindre action de votre vie. Et si j'ose entrer
dans vos sentiments,* JE VEUX CROIRE QUE CETTE GÉNÉ-
ROSITÉ NE VOUS DÉPLAIT PAS. » Le trait porte, car en
effet, et je l'ai dit, le duc d'Epernon pouvait faire
beaucoup de bien, être « généreux » avant de commencer à s'en apercevoir. L'importance du bienfait
est ici trop en raison inverse de la fortune. Magnon,
un an après l'événement et quand le duc d'Epernon
a pu juger encore mieux du mérite de la Béjart et de
Molière, Magnon a raison de penser qu'il ne le re-

grette pas. Il pouvait ne pas s'en rendre un compte
exact, mais ce qu'ajoute Magnon était susceptible de
lui « ouvrir les idées là-dessus, » selon un mot de
Molière. « TOUT LE PARNASSE, dit Magnon, *vous en
est redevable et vous en rend grâces par ma bouche :
vous avez tiré* CETTE INFORTUNÉE (*comédienne*) D'UN
PRÉCIPICE OÙ SON MÉRITE L'AVAIT JETÉE, ET VOUS AVEZ
REMIS SUR LE THÉÂTRE UN DES BEAUX PERSONNAGES QU'IL
AIT JAMAIS PORTÉS. » Cette comédienne, il n'y a pas
à équivoquer, c'était bien Madeleine Béjart, que Scudéry, à cette même date, déclarait « une des plus grandes comédiennes du siècle ». Pas un mot de Magnon
qui ne s'applique à elle. « Tout le Parnasse , » ce n'est
pas trop dire, et Corneille, en souriant à Rotrou, eût
souscrit à la légitime exagération de l'auteur de *Josaphat*. Et quand, enfin, Magnon, moins tenu à la discrétion que Madeleine Béjart et Molière, et tout l'*Illustre Théâtre*, reporte sur le duc d'Épernon l'honneur
d'avoir sauvé, tiré du « précipice » la belle et noble actrice, ne sentez-vous pas que cela est plus juste et plus
vrai, ainsi formulé par un poète que si le notaire y
avait passé ? Que le bonhomme Aubry, à qui j'ai fait
la part assez belle d'ailleurs, ne m'en veuille pas ! il
n'était pas de ceux dont pour « 320 livres, » on im-
mortalise « la générosité » dans une dédicace de tragédie. Magnon, qui n'était pas un ours, même bien
léché, eût trop appréhendé de jeter à la tête de l'honnête
entrepreneur un de ces pavés — qu'Aubry excellait à
mettre sous les pieds des gens.

Quant à la chute dans le « précipice, » que Magnon
attribue « au mérite » même de Madeleine Béjart,
cela se peut traduire de deux sortes, quoique les moliéristes soient embarrassés pour le traduire d'une
seule. Cela signifie : ou que la supériorité de son ta-

lent a fait compter sur des résultats pécuniaires qu
ne se sont pas réalisés, et dans ce cas les dépenses en
rapport avec sa valeur ont été d'autant plus ruineu-
ses qu'on avait escompté, pour les faire, des recettes
extraordinaires (pareils faits se voient encore aujour-
d'hui comme au XVII° siècle) ; ou bien, cela signifie
encore que Madeleine Béjart a été tout simplement
victime de quelque cabale qui a fait le vide autour
de l'*Illustre Théâtre*, à cause de sa bonne tenue et de
sa résistance aux « blondins tant coins et si jolis. »
Ici je rentre dans ma thèse, et je retrouve Madeleine
Béjart, que je reconnais là ! Ce n'est pas au hasard
que je mets les blondins en cause ; et la cabale possible aura sa vraisemblable et logique explication dans
le prochain chapitre, quand une liaison éphémère de
Madeleine Béjart avec Georges de Scudéry augmen-
tera d'un spécimen de plus la déjà nombreuse collection des prétextes que la vanité d'un sot, et même
d'un homme d'esprit, peut se créer pour se venger sur
l'artiste du défaut de complaisance de la femme. Rien
que la mort n'était peut-être capable d'expier un pareil forfait de Madeleine Béjart. On le lui fit bien
voir, sans doute ; par malheur, en ce point spécial, le
lecteur ne le voit pas bien, de façon ou d'autre. Ce
qui est visible, ce qui éclate aux yeux, c'est que, malgré tout, malgré les Boulanger de Chalussay et ses
continuateurs volontaires ou involontaires, Madeleine
Béjart, chère et noblement chère à « tout le Parnasse » en 1645 — « était un des beaux personnages
que le Théâtre eût jamais portés, » et qu'elle était proclamée telle à M. le duc d'Épernon, parlant à sa personne, dans la dédicace de *Josaphat* par Magnon. —
Mais, direz-vous, cette tragédie de *Josaphat* ne fut achevée d'imprimer que « le 12 octobre 1646 ; » le privilège

est du « dernier aoust » précédent. Je n'y contredis pas.
C'est même très positivement, en 1646, que *Josaphat*
fut représenté pour la première fois. Mais relisez attentivement la dédicace, ou, pour avoir plutôt fait, rappe-
lez-vous les extraits textuels et non frelatés que je viens
d'en reproduire, et vous ne contesterez pas une minute
que Magnon raconte de faits antérieurs « au jour »
de cette première représentation. Rapprochez ce qui
va suivre de ce qui précède : « *Elle* (la célèbre comédienne) *elle n'est remontée sur le Théâtre, Monseigneur, qu'avec cette belle espérance* DE JOUER UN JOUR
*dignement son rôle dans cette illustre pièce ou sous
des noms empruntés l'*ON VA REPRÉSENTER *une partie
de votre vie.* » Evidemment, ce n'est pas de la veille
que l'actrice est remontée sur les planches pour jouer
cette pièce le lendemain. En août 1645, quand l'*Illustre Théâtre* se fut un peu remis de sa terrible secousse, la pensée vint naturellement à tous et à chacun d'acquitter envers le duc d'Épernon la dette de la
reconnaissance. La pièce — une pièce toute à son intention — fut projetée : Magnon en eut la commande
sur la mesure de leur gratitude ; et Madeleine Béjart,
qui avait « le choix de ses rôles », s'y promit d'y
jouer le sien « dignement », de son mieux, mieux
que personne, devant leur commun protecteur —
c'est-à-dire leur bienfaiteur. Ainsi tout se place, se
classe et s'éclaire à vif dans cette page prétendue am-
phourique de Magnon.

Un point reste à traiter. Il y a plus que des éclair-
cissements historiques et biographiques à retirer de
la dédicace de *Josaphat* : en effet, il y a encore des informations psychologiques très utiles à mettre en
lumière. C'est quand la date des faits manque ou se
précise mal, que la chronologie des sentiments devient

un des curieux et décisifs facteurs d'une question
obscure et controversée comme l'est celle des rapports
de Madeleine Béjart avec ses contemporains, depuis
les plus illustres jusqu'aux plus infimes. Voilà Magnon, chargé par l'*Illustre Théâtre* en général et par
Madeleine Béjart en particulier, de célébrer leurs actions de grâces au duc d'Epernon. Pour sûrement
« chatouiller de son cœur l'orgueilleuse faiblesse, » Magnon le vante et comme « heureux mari, » et comme
glorieux père ». Si Madeleine Béjart est l'impure ba-
fouée qu'on prétend, vous avouerez qu'elle se mêle ici
et bien singulièrement de ce qui ne la regarde pas. Il
est vrai que quelques érudits ont accordé au cynisme
le plus imperturbable une sorte de présidence viagère
sur les actions de Madeleine Béjart: quoi qu'elle fasse
ou puisse faire, elle agit sous l'inspiration de ses vices.
On vous insinuera tout aussi bien que, comédienne
autre part qu'au théâtre et pour d'autres choses que
celles du théâtre, Madeleine Béjart ne fait parler ici
du bonheur conjugal et paternel du duc d'Epernon
que par rouerie de métier — afin de détourner les
soupçons. Au fond,— et le sens tout moderne et na-
turaliste qu'on prête à ce mot de « protecteur » n'y
contribue pas médiocrement, — au fond, Madeleine
Béjart n'est, dit-on, que la maîtresse du duc d'Epernon. Tout cet affichage de bonheur conjugal et paternel serait de la pure grimace. Le duc n'en est sans
doute pas à compter ses conquêtes faciles ou difficiles : il est de ceux qui pensent qu'on est ici-bas pour
s'amuser un peu; mais au portrait qu'on a fait de la
Béjart, qui a eu deux enfants et qui s'est donnée à qui
en a voulu, et sans disputer des goûts ni des couleurs
— Madeleine sent « le gousset », dit celui-ci, et Madeleine était « rousse », dit celui-là, — n'est-ce pas,

alors, infliger au duc « des régals trop peu chers ? » Et si
Madeleine Béjart est encore un morceau de prince ou
de roi — d'un roi que *Cathau-la-borgnesse* n'aurait
pas instruit — il faut croire que, pour être demeurée
en si bon état de conservation, elle aura ménagé sa
beauté, et alors comment cela s'accorde-t-il avec son
habitude de s'offrir au plus offrant et dernier enché-
risseur ? Eh ! qui m'assure que Madeleine Béjart ne
fut pas aimée du duc d'Epernon, comme de tout le
monde — je veux dire simplement en buste ?

Il y a dans la correspondance inédite du duc d'É-
pernon, à la Bibliothèque Nationale, une lettre entre
toutes, une lettre intime, la seule de cette nature et
qui semble s'être égarée là par l'inadvertance d'un
collectionneur. Elle n'a pas de date et pas d'adresse ;
mais elle pourrait bien dater de 1645, et avoir été
adressée à Madeleine Béjart. Avec une courtoisie délicate, le duc d'Épernon y fait à une personne inconnue l'amical reproche d'avoir montré une de ses
lettres : non que cette légère indiscrétion puisse chez
lui, et en rien, amoindrir l'estime dans laquelle il la
tient, mais parce que le malin vouloir du monde y
pourrait découvrir autre chose que la vérité. Les con-
venances lui commandent à cet égard une réserve particulière... Et je ne jurerais pas que cette lettre eût un
autre but que d'ôter à l'expression de la reconnaissance
de Madeleine Béjart la publicité immédiate qu'elle
avait eu la pensée de lui donner peut-être, moins pour
en tirer vanité que pour rendre hommage à la générosité de son « protecteur. » Elle se rattacherait donc
à la rédemption de Molière et fixerait les termes dans
lesquels le grand seigneur et la grande artiste pouvaient être à cette époque. Et j'en conclûrais que toutes les galanteries, entre elle et lui, auraient bien pu se

borner à un baiser à fleur de peau, à un spirituel et tout accidentel contact de deux lèvres aristocratiques et de deux blanches épaules, un soir que, plus que de coutume, la foule des adorateurs de celles-ci — les faisait hausser.

En somme, par Molière et par Madeleine Béjart, l'*Illustre Théâtre* venait de se faire agréer, sinon tout à fait adopter, par le duc d'Épernon. Le « coup de partie, » comme on disait alors, tournait à son avantage. A quelque chose malheur avait été bon. Molière pouvait d'autant mieux s'applaudir du résultat, que l'honneur d'être dans les bonnes grâces du « prince Bernard » n'était pas médiocrement envié, sollicité. Les récentes fêtes données à Paris avaient excité les convoitives des artistes et des poètes; et l'on peut se rendre compte de l'état des esprits dans le monde des lettres et des théâtres par ce qu'écrivait alors un auteur resté obscur, mais qui alors jouissait de quelque faveur. Rangouze, dans ses *Lettres héroïques* (1645), disait au duc d'Épernon : « Vous êtes l'astre de la Guyenne et vostre Grandeur avait caché longtemps sa lumière pour nous la faire voir ensuite plus belle qu'auparavant…. Aussi comme les souhaits et les vœux de tous les François ont esté exaucés, vostre heureux retour a aussi trouvé des acclamations et des joies publiques, non seulement dans vostre gouvernement, mais en toute la France. » Être en pied chez le duc d'Épernon, c'était l'être presque à la cour. Donc, au lendemain de sa sortie de la prison pour dettes, Molière était dans une situation moins précaire, meilleure. Parmi les troupes de la capitale, l'*Illustre Théâtre* comptait à coup sûr ; et il pouvait entrevoir la possibilité prochaine d'être « illustre » plus que de nom seulement. — On a cru

et on croit encore qu'après le 13 août 1645, il dut faire
« le plongeon » et disparaître de Paris. N'est-ce pas,
au contraire, du 13 août à l'entrée de l'hiver qu'il remonte sur l'eau plus que jamais — et notamment et
sans figure, le 16 septembre, à l'occasion des fêtes
données sur la Seine, pour « l'anniversaire de la
naissance de Louis XIV? » On était dans une période de rejouissances. — Le 21 août, *Te Deum* pour
la victoire de Nordlingue, et feux d'artifice, bal et réceptions, où se distingue le duc de Brézé; Balzac
écrit du fond de sa province « pour mesler sa voix
parmy les acclamations publiques qui sont aujourd'hui
la musique de l'hôtel de Condé. » Molière n'y
mêle-t-il pas sa voix autrement, et de plus près? — Le
5 septembre, *Te Deum* pour la prise de Béthune par
le duc d'Orléans: cette fois, il s'agit pour Molière
d'une sorte de fête de famille, puisqu'il est toujours
de la maison de son Altesse Royale. Il en est, malgré
les affirmations contraires, et il en sera encore, d'apparence et d'office, pendant quelques mois. Dans le jugement qui, le 5 janvier 1646, sera prononcé contre l'*Illustre Théatre*, à la requête du marchand de bois F.
Amblard, « Jean-Baptiste Pocquelain sieur de Mo-
« lières, Magdeleine et Geneviesve Bejard et leurs consorts » seront qualifiés de « Comédiens de M. le duc
d'Orléans ». — Le 16 septembre, *La Gazette*, où le
valet de chambre d'Alceste n'est pas encore mis, *La
Gazette* nous donne des nouvelles de Ch. Beys, dans
le compte-rendu des feux d'artifice et de la pièce fée-
rique offerts au Roy « par son Eminence pour son
entrée en sa huitième année ». « L'*Isle de Colchos*,
cette invention du sieur de Saint-Malo, artillier ordinaire et ingénieur des feux d'artifice des plaisirs
du Roy, était composée de plus de 200,000 pièces de

feu, entre lesquelles il y avait plus de 700 ballons tant par air que par eau; cet élément ennemi du feu s'accommodant à l'allégresse publique au point de conserver ces flammes au lieu de les esteindre... Après quoy, leurs Majestez, Mgr le duc d'Anjou, Mgr le duc d'Orléans, et les cardinaux Bichi et de Mazarini s'en retournèrent fort satisfaits, *comme leurs Majestez le furent aussi des vers que leur présenta le sieur de Beys sur ce sujet.* » Ch. Beys avait en effet composé une « ode pour le sujet du feu d'artifice fait sur la rivière « devant le Louvre pour célébrer le jour de la naissance du roy, » comme on peut s'en convaincre dans ses *Œuvres*. Molière et l'*Illustre Théâtre* n'ont-ils pas eu de rôle à jouer dans la partie chorégraphique et musicale de la soirée? « La Béjart, Beys et Molière » ne forment-ils pas toujours la trinité des noms en vedette de la troupe de Monsieur, oncle du Roi ?

Les relations de plus en plus nombreuses que l'*Illustre Théâtre* s'est créées au jour le jour rendent vraisemblable sa mise en réquisition pour les « assemblées » extraordinaires. Et ces relations ne sont pas les moins utiles que des artistes puissent souhaiter ! Au mois de septembre 1645, c'est-à-dire, à l'époque où l'on suppose communément que Molière est en plein désarroi et pleine déroute — en quelle compagnie capable d'inspirer confiance sur sa position le voyons-nous, à la ville et à la cour? Duc d'Epernon et duc d'Orléans à part — la liste est honorable et longue de ses protecteurs en haut lieu. Voici d'abord — et pour toute la vie — le comte, plus tard duc de Saint-Aignan. Tristan L'Hermite lui a dédié *La Mort de Sénèque*, où Madeleine est si remarquable et où il n'a pu que la remarquer. Dans un ballet, Tristan L'Hermite a fait les vers qu'il est censé réciter sous

le personnage d'un « maître de musique. » C'est un
des plus distingués mélomanes de France, ou pour
mieux dire, c'est un amateur universel :

> Favorisant armes et lettres,
> Aymant musique, prose et mètres,
> L'honnête amour, item un peu,
> La bonne chère et le bon jeu.

A la cour, M. de Saint-Aignan va être désormais le
grand promoteur des divertissements, avec les organisateurs en titre, « M. Clément, » gendre de M. De
Mons, attaché au service du duc d'Orléans, et M. de
Villequier (1). Encore deux connaissances de Tristan
L'Hermite, ces MM. de Villequier et Clément. A une
époque où le mérite contribue moins que les protections à la fortune, c'est avoir un atout considérable
dans son jeu que de pouvoir compter sur les sympathies de M. le comte de Brion, introducteur des am-
bassadeurs,

> Comte noble et généreux
> Et qui fait assez connaître
> Que son cœur est amoureux
> De la gloire de son maître.

Ces vers sont encore de Tristan L'Hermite, qui s'est
constitué comme le frère quêteur des jeunes poètes et
des jeunes acteurs. Il sait que M. de Brion est « noble et généreux, » en effet, à l'égard des artistes. Ses
gens, ses « domestiques, » toucheront à l'avenir de
près à Molière. Jean Brion, marquis de Cambronde,
et baron de Salverte, fils d'un conseiller au Parlement

(1) D'après l'*Inventaire* de la maison de Conti, lors du mariage de
Bussy-Rabutin avec demoiselle Marie de Lancoy, le prince de Conti
(12 novembre 1651) aurait donné « à ladite demoiselle 9,000 livres
qui luy ont esté payé des deniers de *M. de Villequier*, qui les a
presté à mondit seigneur et prince. »

de Paris, a épousé Anne-Marie de La Borde, fille du marquis de La Borde-Marolles, jadis « ambassadeur « pour le roi vers les cantons Suisses et Grisons. » L'ambassade de La Borde-Marolles fut contemporaine de l'établissement à Lyon de Jacomo de Gorla ou de Gorles, originaire aussi du pays des Grisons, et père de la fameuse *Marquise* Du Parc. En 1650-51, aux Etats du Languedoc, à Pézenas, « les domestiques de M. le comte de Brion » recevront une gratification au même titre que les artistes pour « services » duran la session. Et comme aux sessions des Etats le servicet de comédie, musique et danse était constamment fait par deux troupes au moins, l'hypothèse d'une ren· contre à Pézenas de *Marquise* de Gorles avec son futur mari Du Parc, et avec Molière, entre du coup dans le champ des probabilités rationnelles. A Pézenas, les « domestiques de M. le comte de Brion » ont l'air d'être là comme le « valet de chambre du roi » qui a nom J.-B. Poquelin. Je reviendrai à l'occasion sur ces indications sommaires ; il me suffit de marquer d'un trait rapide les rattachements éventuels à l'histoire de Molière. Ce comte de Brion reparaîtra en 1651, dans un ballet, juste à côté de Molière, rentré de la veille à Paris. Ne sera-t-il pour rien dans la prochaine excursion de l'*Illustre Théâtre* à Lyon ? — Quoi qu'il en soit, M. de Brion, M. de Villequier, M. Clément, et M. de Saint-Aignan ne sont pas les seuls personnages de la Cour qui s'intéressent à Molière et à ses amis ; mais peut-être n'en-est-il pas d'autres dont les fonctions et l'influence correspondent mieux à la nature des services qu'il en attendait. Ces noms-là du moins ont leur signification caractéristique ; et sur le dessin encore indécis de la biographie de Molière à cette époque ignorée, ils arrêtent les contours et fixent la couleur — à la manière des cloisons sur les émaux — en ajoutant d'ailleurs à la solidité de l'ensemble.

Durant cette période écoulée du milieu d'août jusque vers la fin de l'année, c'est-à-dire jusqu'à l'expiration du bail de la *Croix Noire*, Molière, qui n'appartenait pas encore définitivement au duc d'Epernon, fut d'autant plus libre de se créer de nouvelles protections que le gouverneur de Guyenne était revenu pour quelque temps en province. La perspicacité de Mazarin, toujours sur le qui-vive pour déjouer les calculs vrais ou supposés des ambitions rivales, apparentes ou réelles, avait obtenu de la Régente l'éloignement du duc d'Epernon. Vers le 20 août, le « prince Bernard » était chargé d'une haute mission en Rouergue; il fit ensuite quelque séjour à Agen, l'une de ses résidences préférées. C'est là qu'il est encore le 16 décembre, « attendant », écrit-il lui-même à Mazarin, « attendant les ordres de leurs Majestés et de votre Excellence pour mon voyage à la Cour. Je demeure avec la même satisfaction avec laquelle je serais parti, si la Reyne et vous me l'aviez ordonné » (1). Le duc d'Epernon dissimule son dépit et joue au plus fin avec le cardinal-ministre. L'*Illustre Théâtre* attendait sans doute sa rentrée à Paris, pour connaître ses intentions : l'espoir d'être accepté comme troupe privilégiée, quelque fondé qu'il pût paraître, n'était pas une certitude. De père en fils, depuis longues années déjà, les d'Epernon avaient leurs comédiens ordinaires, sous la direction de Charles Du Fresne. Peut-être convenait-il au « prince Bernard » avant de prendre

(1) *Archives de la Gironde*, tome IV. Correspondance du duc d'Epernon.

une décision formelle, quant à l'admission de l'*Illustre Théâtre* à son service, d'avoir signifié à Charles Du Fresne ses desseins à cet égard. L'*Illustre Théâtre* quelque autorisé qu'il se crût à compter sur sa bienveillance, n'avait pas à compter sur une promesse qu'on ne lui avait pas faite. Il attendait donc. Le séjour de son protecteur de la veille et sans doute du lendemain se prolongeant trop — il dut prendre un parti. A l'expiration du loyer de la *Croix Noire*, il se résigna ou se résolut à une campagne à Lyon, pour quelques semaines ou quelques mois, selon la tournure des événements. Voilà pourquoi, « le 7 janvier 1646, J.-B. Molière, Madeleine et Geneviève et leurs consorts », n'étaient plus à Paris, au moment de « l'affaire Amblard, » — et pourquoi surtout, « le 22 janvier 1646,» les registres de la Charité de Lyon inscrivaient la somme de « 283 livres, 11 sols reçue de Messieurs les comédiens de Son Altesse Royale pour la provenance de la comédie qu'ils ont donnée pour les pauvres » (1). M. Eudore Soulié a cru que « le duc d'Orléans avait sans doute retiré « à Molière et à ses camarades sa protection et l'avait ensuite accordée à une autre troupe de comédiens de campagne ». Mais M. Eudore Soulié basait cette supposition sur un fait qui ne comporte plus les conséquences qu'il en a tirées. Il alléguait « que le 13 août 1645, dans le *dernier document* connu jusqu'à présent sur cette troupe, les comédiens de l'*Illustre Théâtre* ne se disent plus entretenus par Son Altesse Royale. » Or, le document Amblard est postérieur à celui du 13 août — postérieur de près de six mois. D'ailleurs, la révélation corrective apportée par le procès Amblard ne se fût

____

(1) Brouchoud : *Origines du Théâtre de Lyon*, pag. 60.

pas produite, que les errements de l'*Illustre Théâtre*, tels que nous les avons mis en lumière, nous auraient tenu en garde contre l'hypothèse de M. Eudore Soulié, la présence de comédiens de Son Altesse Royale à Lyon pouvant n'être qu'un alibi. En fait, M. Soulié se trompe. Du 1ᵉʳ au 13 août 1645, le duc d'Orléans n'était pas à Paris d'abord, pour retirer sa protection à l'*Illustre Théâtre*, ensuite, du 2 au 4, durant l'instance résolutoire du lieutenant-civil, Molière ne se dit-il pas de la troupe « entretenue par Son Altesse Royale? » N'est-ce pas en vertu même de ce titre que François Pommier, Antoine Fausser et Dubourg étaient amenés à une surérogation de délai? La troupe qui se montra à Lyon, « le 22 janvier 1646 », pouvait très logiquement et devait être, en totalité ou partie, l'*Illustre Théâtre*, et non un autre. J'ai fait allusion à la possibilité d'un alibi qui serait inadmissible, il est vrai, selon la thèse ordinaire qui, dès la fin de l'année 1645, dirige Molière sur les provinces, on ne sait trop comment, et par la route du Mans, on sait encore moins pourquoi. Car où est la preuve, la probabilité la plus élémentaire, à l'appui de cette assertion conjecturale? L'alibi de l'*Illustre Théâtre* n'est-il pas, au contraire, des plus vraisemblables, si nous jugeons de ses mouvements éventuels d'après ses habitudes positives? Quand Beys parcourt la Champagne, l'*Illustre Théâtre* n'est-il pas à la fois à Reims et à Paris? La plupart des grandes troupes — comme celle dont une partie est vue au Mans dans le *Roma Comique* et qui est une des « plus fortes de la province, » — la plupart des grandes troupes ne se fractionnent-elles pas, sauf à se rejoindre sur un point de ralliement indiqué comme but de leur itinéraire? A Nantes, l'*Illustre Théâtre* arrivera en deux détachements; aux

Etats du Languedoc presque toujours l'effectif général se complètera par une double arrivée successive et en sens contraire. Donc, au 22 janvier 1646, l'*Illustre Théâtre* peut non seulement être à Lyon et s'y qualifier légitimement de troupe de Son Altesse Royale; mais il peut encore être à Paris, et ne pas s'y dire avec moins de droit la troupe du duc d'Orléans. Toute la question est de savoir si, en janvier 1646, l'*Illustre Théâtre* formait deux tronçons : l'un à Paris, l'autre en province. — Molière était-il à Lyon à cette date?

VII

A la fin de 1645, c'est-à-dire au commencement de la saison théâtrale 1645-46, Paris — « Paris sans pairs, » comme dit Sarasin,

> Paie et nourrit maintes troupes comiques.

Les paie-t-il et surtout les nourrit-il autant que cela ? L'*Illustre Théâtre* a eu des occasions d'en douter, et il a des motifs de craindre le contraire. Les faveurs de ces compagnies ont si rarement un lendemain ! Parmi elles, c'est à qui dévorera leur règne d'un jour. L'*Illustre Théâtre*, qu'une récente expérience a rendu circonspect, laisse arriver l'expiration de son bail de la *Croix Noire* sans le renouveler, et sans même en contracter un nouveau dans un autre quartier. A l'exemple de tant d'autres troupes, il ira attendre en province un avenir mieux assuré avec la protection du duc d'Epernon en perspective. L'auteur d'*Elomire Hypocondre*, qui n'est pas un chroniqueur impeccable, au contraire, veut faire croire que Molière n'aurait déménagé du jeu de paume de la *Croix Noire* que pour aller s'installer dans celui de la *Croix Blanche*, (au n° 11 actuel de la rue de Buci).

> N'accusant que le lieu d'un si fâcheux destin,
> Du Port Saint-Paul, je passe au faubourg Saint-Germain.

Nous verrons que Molière ne passa que quelques mois plus tard au faubourg Saint-Germain. — Le 14 décembre, les artistes italiens avaient donné avec éclat, dans la salle du Petit-Bourbon, la première représentation de la *Folle supposée*, de Jules Strozzi, avec décorations de Torelli et ballet de Balbi. Le grand succès de la saison s'annonçait pour eux. Les Italiens triomphaient du reste sur toute la ligne: Scaramouche, Trivelin, Briguelle, Gracian Balançon, Mario, Marinette, Aurelia, Pantalon, Mioo, Virginio, Lucille, pêle-mêle, faisaient le vide dans les théâtres rivaux. C'est à peine si «l'Espagnol fort en rodomontades » renforcé de Jodelet, dans une traduction par Scarron de Frascesco de Rojas, pouvait soutenir cette terrible concurrence. Molière quitta Paris, non pour longtemps comme on l'a dit encore — pour quelques mois. — Il ne dit pas adieu à Paris, mais au revoir. Ce n'est pas de la fin de 1645 que date bien rigoureusement le départ définitif et ce qu'on pourrait avec prétention appeler l'hégire moliéresque. Molière ne brûlait pas ses vaisseaux et ne se jetait pas dans la vie de province, tête baissée. — Donc, vers la fin de décembre, vers l'époque où se réglaient les pensions de « la maison » du duc d'Orléans, ayant chargé son bon ami le baron Blot de toucher pour son compte les « 300 livres » lui revenant sur la cassette de son Altesse, et de les remettre au marchand de bois Amblard, Molière, selon toute apparence, prit le chemin de Lyon.

On peut en être certain, l'*Illustre Théâtre* ne se mit pas alors en campagne dans le mince et piètre équipage de l'ex-pâtissier Ragueneau allant, lui aussi, courir la province et tâter du théâtre libre. Les moliéristes en général font escorter Molière de ce bon Ragueneau, un des types les plus amusants de l'exode

comique. Il n'est pas bien sûr que Ragueneau eût re-
tardé son départ jusqu'à cette époque pour s'engager
« dans le parti de la comédie. » Des raisons de famille
l'avaient pu pousser au théâtre, non [moins que l'a-
mitié de Beys. Quand vous lirez, dans un acte découvert à Rouen, daté de 1652, et concernant la troupe
de ce La Roque déjà vu à Dijon avec La Pierre et
Baudot (et j'aurais dû ajouter, avec « Morel, » car le
danseur Morel, futur gagiste de Lulli, y était aussi);
quand vous lirez dans cet acte le nom de « noble
homme Laurent Conseil, sieur *d'Argil,* » veuillez
faire un léger retour en arrière et vous souvenir que
ce « sieur d'Argil » n'avait probablement pas été pour
peu de chose dans l'aventure de Cyprien Ragueneau.
Noble homme Laurent Conseil, sieur d'Argil, était
le fils de « Louis d'Argil — ou plutôt, sauf votre respect, d'Argy, » du vrai nom de certaine terre en Berri
— lequel Louis d'Argy avait épousé, « le 16 janvier
1615, » une tante de l'ex-pâtissier « de Monsieur le
cardinal de Richelieu » : « Jacquette Ragueneau », fille
de Pierre Ragueneau et de Marie Housset.. » Pour un
peu, comme dans *Monsieur de Pourceaugnac,* on dé-
clinerait toute la parenté ! Bref, ce Laurent Conseil,
sieur d'Argil, qu'on appelait parfois et tout court :
« Laurent », était à Lyon déjà, « le 2 février 1644, »
en bonne et fort nombreuse compagnie de comédiens,
y résidant ou non, et qui tous assistaient au baptême
d'un « fils de Thoussaint Le Rèbe, sieur de Hautefeuille, » quelquefois appelé lui-même et pour abré-
ger : « Thoussaint (1). » Ce Thoussaint Le Rèbe (ou

(1) *Inventaire des Archives* de Nîmes : S. FF, page 6 : « Permission donnée par les consuls au sieur *Thoussaint,* comédien, et à sa
troupe de jouer durant 15 jours, à la charge de payer 20 livres à l'hôpital » (le 11 août 1644).

Le Riche) avait alors sous ses ordres une troupe
des plus importantes de la province et qui faisait la
navette, entre Bordeaux et Lyon, comme celle de La
Pierre, en sens contraire et en une autre saison :
Thoussaint exploitait le Languedoc en été ; il avait
« Laurent » parmi ses artistes. Ainsi s'expliquerait le
grave point tant controversé de savoir auprès de quelle
troupe l'ex-pâtissier Ragueneau tout d'abord était
allé « chercher fortune au Languedoc. » Dans ses
Aventures, Dassoucy digne historien d'un si mémorable événement, a consacré un passage, une page, à
cette particularité de l'entrée de Ragueneau dans l'art
dramatique. « Maudissant le siècle, et pestant contre
l'ignorance du temps, » Ragueneau — ruiné dans la
pâtisserie trop à l'usage du Parnasse, et mis en prison pour dettes, pour mieux lui faire comprendre Molière, sans doute — Ragueneau sortit du Châtelet et
de Paris successivement. « Avec sa femme et ses enfants
« luy cinquième, comptant un petit asne tout chargé
d'Epigrammes, » il s'en alla « chercher fortune au Languedoc, où, ayant rencontré une troupe de comédiens
qui avaient besoin d'un homme pour faire un personnage de Suisse, il entra avec eux en qualité de valet de
carreau de la Comédie, où, quoy que son rolle ne fut
jamais tout au plus que de quatre vers, il s'en acquitta
si bien, qu'en moins d'un an qu'il fit ce mestier, il
acquit la réputation du plus méchant comédien du
monde ; de sorte que les comédiens, ne sachant à
quoy l'employer, le voulurent faire moucheur de
chandelles ; mais il ne voulut point accepter cette
condition comme répugnante à l'honneur et à la qualité de poëte ; depuis, ne pouvant résister à la force
de ses destins, je l'ay veu avec une autre troupe qu
mouchoit les chandelles fort proprement ». Et Das-

soucy ajoute en guise de moralité : « Voilà le destin des fous quand ils se font poètes, et le destin des poètes quand ils deviennent fous. » L'*Illustre Théâtre* fut cette « autre troupe » où Ragueneau entra après avoir fait si brillamment ses preuves tout d'abord dans celle de Thousaint Le Rèbe, en Languedoc. Ses preuves comme « moucheur de chandelles ? » Oh ! il ne faut pas trop prendre à la lettre les charges burlesques de Dassoucy. Le pauvre Ragueneau fut mieux que cela. Il se fixa bientôt à Lyon, et c'est à Lyon qu'on le retrouve, plus tard, « en une chambre et galerie » de la « maison » que le sieur Meissimi tient à louage, avec un jardin appartenant au sieur de Veau, « sise en cette ville, en Bellecour, rue Sainte-Hélayne » À Lyon « Cyprien Ragueneau, dit de L'Estang, » se qualifie de « fileur d'or. » Le temps n'est plus où il prenait orgueilleusement le titre de « pâtissier du cardinal de Richelieu, » mais Ragueneau n'est pas trop à plaindre, car il s'est gagné les sympathies et l'affection même d'une sorte de comte de Fiesque lyonnais, protecteur et bienfaiteur des artistes, dont le nom va revenir plusieurs fois dans l'histoire de Molière pour des actes d'obligeance et de générosité, savoir, Antoine Marcelin de Damas, baron de Digoine (ou Digoin). M. Eudore Soulié a cru retrouver, à Paris, dans les archives des notaires traces de relations — purement d'affaires — entre ce baron de Digoine et Madeleine Béjart ; mais il n'a pas saisi et arrêté les indications au passage, et la date de ces rapports demeure à fixer. On ne sera pas loin de la plus stricte exactitude, si on leur assigne la fin de l'année 1645. Il se pourrait même que Ragueneau eût contribué à amener le baron de Digoine à faire la connaissance de la célèbre comédienne — à cause de son vieil ami

Beys. A ce compte, Ch. Beys n'aurait eu à se reprocher que d'avoir inculqué à Ragueneau la lubie de se croire poëte. C'était déjà bien assez ! puisque la perdition de Ragueneau aurait été la conséquence de cette funeste habitude. Dassoucy en a fait le sujet d'une prosopée réjouissante. Après avoir rappelé qu'au temps de sa splendeur, Ragueneau, « aimé de tous les poëtes et chéri de tous les comédiens », avec six garçons dans sa boutique surveillant sans cesse auprès d'un feu continuel, dans un four achalandé, faisait la nique à tous les pâtissiers de Paris,—Dassoucy, interpellant Beys : « C'est vous, Beïs, qui lui inspirâtes la folie de faire des vers; vous Beïs, qui nous avez ravi le plus excellent pâtissier de Paris, pour en faire le plus méchant poëte de l'univers. C'est vous, barbare, qui répondrez un jour dans la vallée de Josaphat, non seulement de tout l'encre et de tout le papier qu'il a gâté dans ce bas territoire, mais encore de tous les pastez que (sans comprendre ceux que le Parnasse luy a escroquez) vous luy avez mangez à la gueule du four. Ouy, Beïs, vous rendrez compte un jour de ce pauvre innocent; car enfin, c'estoit le meilleur homme du monde, il faisoit crédit à tout le Parnasse; et quand on n'avoit point d'argent il estoit trop payé, trop satisfait et trop content, quand seulement d'un clin d'œil on daignoit applaudir à ses ouvrages. Je me souviens que, pour avoir seulement eu la patience d'écouter une de ses odes pindariques, il me fit crédit plus de trois mois sans me demander jamais un sol. » Ce qu'étaient les vers de Ragueneau — ceux de Beys lui-même pourraient en donner une idée plaisante, car c'est Beys, dit-on, qui les lui composait. Un sonnet fort curieux et signé Ragueneau figure comme pièce liminaire en tête des *Chevilles* (1) d'Adam Billaud, le poète menuisier de Nevers, dont Colletet a dit :

> Pour attacher des noms à la postérité
> Des lauriers du Parnasse il se fait des *Chevilles*.

Ragueneau se vantait, en vers très drôles à maître Adam, qui « travaille avecque plus de bruit » — de « composer, lui, avecque plus de feu ». Ce beau feu tomba. Fourneaux éteints, ruine achevée, Ragueneau avait pris à dos d'âne le hasardeux chemin de la comédie en province. C'est donc de Lyon qu'il aurait donné de ses premières nouvelles aux Parisiens par le baron de Digoine, son répondant : ceci avait besoin d'être dit à la décharge partielle de Beys.

Je laisse aux érudits de plus de loisir le soin de démêler l'identité de tous les comédiens qui, en l'année 1644 d'abord, et durant les années suivantes, se rencontrent à Lyon à l'époque du carnaval. Dans la longue liste qu'en a publiée déjà M. Brouchoud, j'ai constaté l'opportunité de quelques rectifications légères, mais utiles. *Brudot* pour *Baudot*, c'est peu ; mais si nous avions à lire *Colletet* pour *Collet*.... ? du *Cormier* pour du *Cornier* ? Cela vaudrait tout autant et plus.

> — Nous avons un Cormier fameux !

disait Saint-Amant ; et il y avait en effet à Paris, sur le Pont-Neuf, un opérateur fameux de ce nom de *Cormier*. Et quoi d'invraisemblable à ces rectifications possibles ? Du Cormier, opérateur, n'est-il pas là dans un voisinage qui l'attire tout naturellement ? J. Jacques de Gorla, « opérateur du roy » en la ville de Lyon, figure sur le même baptistaire, déjà men-

---

(1) 1644.

tionné, du 1ᵉʳ février 1644. « Mon père, est-il dit dans l'*Histoire de Bary* — le fameux opérateur dont Boulanger de Chalussay a insinué que Molière fut, à ses débuts, « l'avaleur de serpents, » à la parade, — « mon père était aux belles foires avec une *troupe d'acteurs et d'actrices si excellents et si bien faits qu'on ne pouvoit les voir sans admiration. Il avoit les plus belles femmes de l'Europe, et le plus magnifique théâtre qui fut jamais, soit pour les acteurs, soit pour les riches décorations qu'il avait apportées de Venise.* » L'opérateur de Gorla — dont la fille, Marquise ou *La Marquise*, ne devait pas déparer, dès cette époque et quoique très jeune, une si incomparable exhibition de beautés — je parle des actrices — J.-J. de Gorla, l'opérateur Lyonnais, le protégé du beau-frère de M. de Brion, M. de Marolles, l'ambassadeur « au pays des Grisons, » avait sa troupe aussi, comme Bary, qui du re te fit séjour à Lyon maintes fois, et non en rival et en concurrent, mais plutôt en compère. Comme on verrait plus clair dans l'histoire du théâtre à Lyon à cette époque, si tous ces noms qui ne disent rien et qui en font cependant soupçonner d'autres, et de plus intéressants et de plus caractéristiques, étaient véritablement les noms qu'ils défigurent peut-être ! Nous comprendrions bien mieux ces allées et venues de troupes entre Lyon et Paris, — et nous saurions dès lors que Molière au carnaval de 1646 avait plus de motifs qu'on n'en suppose d'aller rejoindre tant de camarades et d'amis. Nous comprendrions même jusqu'à l'allusion perfide qu'*Elomire Hypocondre* fait au « mangeur de vipères » de Bary, car on s'expliquerait que, dans une si magnifique troupe, l'*Illustre Théâtre*, arrivé à Lyon, et par une fusion momentanée, ne fût pas vraiment déplacé.

Nous aurions ainsi deux hypothèses pour une de
l'intérêt que pouvait avoir Molière à quitter Paris : le
moyen de s'entendre avec J.-J. de Gorla — dont la
fille fera plus tard partie de sa propre troupe, — et le
moyen de s'entendre avec le baron de Digoine pour
une série de représentations extraordinaires à l'Académie royale, près de la place Bellecour.

Qu'était-ce au fond que M. de Damas de Digoine,
sinon un gentilhomme comme « M. de Vitrac » —
l'ami de Dassoucy et de Molière à Montpellier — c'est-à-
dire un directeur d'académie, de manége, un « écuyer »
dans le sens le plus large et le plus élevé, quelque
chose comme un professeur de haute élégance et de
« science héroïque, » comme M. de La Colombière, mais
un professeur pratiquant ? Une académie comme celle
de M. Digoine n'est pas, il s'en faut, une sorte de
« maison de jeu, » comme d'aucuns se le sont imaginé
à propos des *Aventures* de Dassoucy. Voici ce que
Chappuzeau dira, dans dix ans, de celle de Bellecour :

« Il se trouve au quartier de *Bellecour*, une *Académie*, que la
beauté de son manége et les écoliers qui la remplissent, rendent
un des ornements de notre cité. Son écuyer est des mieux montés
et a fait dresser des écuries pour cinquante chevaux, qui méritent
bien la peine de les aller voir. C'est là que se font souvent des
courses de bagues, et que se proposent des prix par des mains trop
belles pour ne pas valoir l'adresse et le courage de l'illustre jeunesse qui y prétend. C'est là qu'avec celuy du cheval s'apprennent
tous les nobles exercices que doivent sçavoir les personnes de naissance, et l'on peut en un mot nommer cette académie l'Échole de
la gentillesse et de la vertu (1) ».

Cela nous ramène, comme vous le voyez, tout-à-
fait dans les terres de M. de La Colombière, ce dont
Ch. Beys a beau le railler.

Ses exemples fameux instruisent la jeunesse.

(1) *Lyon dans son lustre*, page 48.

C'avait été peut-être une erreur pour Molière de trop
verser dans les « illustrations » chevaleresques ; du
moins, à quelque chose, dans sa carrière dramatique,
cette erreur allait être bonne. Dès maintenant, à Lyon,
Molière était à même de prendre part aux fêtes de
l'Académie, et de s'y entendre ! Chez M. d'Epernon,
les notions de « science héroïque » allaient avoir
leur emploi immédiat. Mais dès à présent si vous vou-
lez vous représenter M. Digoine dans l'exercice de ses
fonctions, relisez cet extrait d'un livre de raison récemment signalé dans les *Mémoires de l'Académie
d'Aix* (1). Il s'agit de l'éducation de Jacques de Beau-
voir de Roure, cousin de ce comte de Roure, qui en sa
qualité de lieutenant-général du roi en Languedoc,
eut plusieurs fois Molière et l'*Illustre Théâtre* à son
« service », aux sessions des États qu'il présidait. —

« Mon père alla luy rendre (au comte de Roure), son devoir à
Montpellier (1656) et prit la peine de m'y mesner, pour me donner
à luy. Il en fut reçu avec beaucoup d'amitié. M. le comte me voulut près de luy et *me fit recommander* à M. *de* VITRAC qui tenoit
une Académie en cette ville. Mon père paya quatre louis à ce dernier, quatre louis par mois pour m'apprendre à monter à cheval
avec deux louis et demi par mois au maistre à danser, demi louis au
maistre d'armes et autant à celuy qui m'enseignoit les mathémati-
ques, arithmétique, géométrie, cosmographie, géographie. Je com-
mençois à bien me servir d'un cheval, au gré de M. de Vitrac, et
je faisois assez bien aux autres exercices. J'estois propre, on ne m'es-
pargnoit rien pour cela ; car j'avois un honneste homme près de
moy, pour me servir.

Rapprochez, tout chaud, ce passage de la scène où
le *Bourgeois gentilhomme* nous montre M. Jourdain,
livré à son « maître d'armes, » à son « maître à danser, » à son maître de musique, à son maître de philosophie, — et constatez que la comédie se ressent

(1) Année 1882, page 414.

peut-être « des lieux qu'a fréquentés l'auteur. » Ces lieux
et ces milieux, n'en doutez pas, « le gentil Molière » y a
passé. A Lyon, pourquoi pensez-vous que M. le baron
de Digoine eût affaire souvent aux troupes comiques,
sinon pour les fêtes qu'il donnait en son Académie ?
Il est mêlé à la vie des comédiens à Lyon, comme
M. de Vitrac y est mêlé à Montpellier. Quand Dassoucy à Montpellier sera en fâcheuse et dangereuse
posture, c'est M. de Vitrac qui le recueillera et se
constituera son répondant. Hier, Ragueneau a eu
grand besoin d'aide et d'appui : c'est le baron de Digoine qui pardevant notaire se rend sa caution, « et
à faute que ledit sieur de L'Estang ne payera pas le
susdit prix, promet ledit sieur baron payer audit sieur
Meissimi le susdit prix »(1). Mais j'ai assimilé le baron
de Digoine au comte de Fiesque : la ressemblance est
au moral — du côté de son amitié pour les artistes.
Il leur est attaché au delà de l'intérêt qu'il y trouve.
Les services qu'il leur rend ne lui sont pas seulement
utiles à lui-même, ils lui sont agréables. C'est le côté
sympathique de cette nature. — Et tenez compte de
ceci : M. de Digoine, par ses alliances est en situation
d'exercer une influence considérable en faveur des
comédiens, que l'arbitraire des autorités municipales
expose trop souvent à de cruelles tribulations. Par sa
tante Léonore de Damas, le baron de Digoine est le
propre cousin de Pierre de Séve, baron de Fleschères
(non *Feuchères*), lieutenant-général de la sénéchaussée et présidial de Lyon. Le « 8 mars 1654, » une
dame « Dugué femme de M. de Feuchères, » c'est-à-
dire « Fleschères, » figurera comme marraine d'un
enfant de René Berthelot et de Marquise Thérèse de

(1) Eudore Soulié (*Archives de la chambre des notaires de Lyon*,
minutes Guyon, 1653-54, f° 160.

Gorla. La parenté elle-même de M. de Digoine est donc amenée à sympathiser avec les comédiens. Sur ce terrain, d'ailleurs, nous ne tarderons pas à voir reparaître Chorier lui-même. La femme de Chorier est une cousine de ce Gaspard Moindre ou Meindre, auditeur de la police communale de Lyon, et proche parent de ce « Julien Meindre, » caution de Baratier pour un prêt de Madeleine Béjart en 1655, à Montpellier, où ledit Julien Meindre suit la troupe de Molière. Or, vous avez pu le constater par le baptistaire auquel je viens de faire allusion, le baron de Digoine et J. J. de Gorla, l'opérateur du roi, les deux extrêmes en apparence, se rejoignent — et Molière avec lui ou avec l'autre est encore entre les deux (1).

Du reste, à Lyon, la magistrature consulaire semblait à cette époque préoccupée de nouer les deux bouts des exigences publiques; et si, à certains égards, l'opérateur de J.-J. de Gorla était « le rieur » en titre de la ville, sous d'autres rapports plus élevés et touchant à l'éducation supérieure de la cité, en prenant même des airs de haute école de civisme et « d'honneur, » le gymnase du baron de Digoine n'était pas moins une sorte d'institution d'intérêt municipal, institution sinon subventionnée, du moins très encouragée et favorisée par l'édilité lyonnaise. « Les jeux publics et les divertissements honnêtes, dit Chappuzeau, ne doivent-ils pas entrer dans une belle administration, et n'est-il pas à propos que les peuples se relâchent parfois du travail qui les attache?... »

(1) Le 4 avril 1666, sur l'avis du « conseil du prince de Conti, » ou plutôt de sa succession, car le prince venait de mourir, un règlement pour solde de compte est fait collectivement aux sieurs « de Digoisn, Prunier (un nom de comédien) et Rousseau et Maillet » (deux noms relevés dans la parenté de Molière).

La municipalité de Lyon, par principes comme par
sympathies personnelles concourait donc aux réjouissances populaires. Cela créait à un artiste de réel
talent d'immédiates solidarités morales. L'artiste
adopté, dans de telles conditions, exerçait une sorte
de mandat officieux. Le succès équivalait à une investiture honorifique. Il y avait donc dans l'amitié
du baron de Digoine pour les comédiens comme le
sentiment d'un devoir à remplir par patriotisme de
clocher sous-entendu. Et pour nous qui nous inté-
ressons ici à Molière en particulier, quelles conclusions devons-nous tirer du choix possible de lui-même
et de sa troupe pour collaborer à l'œuvre du baron de
Digoine, sinon celle-ci, d'abord : que dès sa première sortie de Paris, même après ses revers, sa personnalité émerge de l'obscure et vulgaire foule, du
commun des comédiens anonymes, et qu'on va prendre l'habitude d'aller à lui avant et pardessus les autres? — Aussi importerait-il qu'il ne subsistât désormais et à jamais plus le moindre doute sur le séjour
de Molière à Lyon, au mois de janvier 1646. Il faudrait acquérir l'indiscutable certitude que la troupe
de « son Altesse Royale », dont il est question dans
les registres hospitaliers, est bien l'*Illustre Théâtre*, et
non — par confusion d' « Altesses » — la troupe ordinaire du duc de Savoie, elle aussi qualifiée de troupe
de « Son Altesse Royale, » surtout à Lyon, où elle se
formait et se reformait, et où elle faisait des appa-
ritions d'autant plus fréquentes que le duc et la duchesse de Savoie, suzerains de La Bresse et du Bugey,
l'entraînaient après eux, à travers Lyon, à chaque déplacement motivé par une visite ou une villégiature
dans ces provinces. Il n'y aurait positivement matière à équivoque et à objection que par le fait de

cette particularité — la seule, d'ailleurs, qu'il ne soit venu à la pensée de personne d'alléguer. Or, je me hâte d'ajouter que les comédiens de S. A. R. Mgr le duc de Savoie auraient déserté leur poste fort mal à propos, car ils devaient représenter, et représentèrent à Turin durant ce carnaval le ballet des *Tributs de la Mer*. Est-il admissible, encore une fois, qu'une nouvelle troupe à qui, aux dépens de l'*Illustre Théâtre* dépossédé de son privilège, le duc d'Orléans aurait accordé titre et pension de troupe « entretenue par Son Altesse Royale, » est-il admissible qu'une telle troupe s'éloignât de Paris en plein carnaval, à la veille même des grandes fêtes que le duc d'Orléans allait donner (11 février) au Luxembourg ? Son absence ne s'expliquerait pas et pour une double raison: d'abord n'est-ce pas en de pareilles circonstances que son Altesse a besoin de ses comédiens ordinaires, et ensuite n'est-ce pas aussi, pour une troupe nouvelle, qui a ses galons à conquérir, une occasion de se montrer pour se faire valoir ? Pour l'*Illustre Théâtre*, il n'était pas impossible encore que son service obligatoire auprès du duc d'Orléans n'eût pas à souffrir de sa présence à Lyon: il aurait suffi pour cela que Ch. Beys, toujours censément le chef aux yeux de la cour (1), groupât sous sa main quelques recrues et fît face aux nécessités. C'est probablement ainsi que se passèrent les choses. Jusqu'au 25 septembre 1646, Ch. Beys fit partie de l'*Illustre Théâtre*. Et ce n'est vraiment qu'à partir de cette même date que Molière, Made-

---

(1) Ch. Beys était en effet le seul poète célèbre alors de l'*Illustre Théâtre* — célèbre pour la cour, à cause de ses « vers de cour, » non, certes, à cause de ses pièces de théâtre telles que le *Jaloux sans sujet* (1636) et *Céline ou les frères rivaux* (1637), que j'ai passées sous silence.

leine Béjart et leurs camarades, par leur association avec Ch. Du Fresne, directeur de la troupe privilégiée du duc d'Epernon, devinrent les comédiens ordinaires du gouverneur de Guyenne et cessèrent effectivement d'être les pensionnaires en titre du duc d'Orléans. — Que fait Molière d'ici-là ?

Molière a-t-il achevé le carnaval à Lyon? Est-il allé jusqu'à Bordeaux par le Languedoc? A-t il regagné Paris pour y être à toute force, « le 11 février », dernier jour du carnaval et jour de grande fête au palais du Luxembourg? Ces trois hypothèses éventuellement justificatives de l'emploi de son temps méritent d'être examinées. — Quoique assez souvent les conseils de ville se réservassent au bénéfice des pauvres une des dernières représentations de la série qu'ils permettaient aux comédiens de jouer, en choisissant la pièce de leur répertoire qui avait eu le plus de succès, la date du 22 janvier n'impliquerait pas la fin presque immédiate du séjour de la troupe de « Son Altesse Royale » — de quelque Altesse qu'il s'agit, d'ailleurs. L'importance relativement extraordinaire de la recette, « 283 livres, 11 sols, » soit 1,500 à 1,800 francs de notre monnaie actuelle, atteste que la troupe devait avoir grand succès. A-t-il fallu moins qu'une « grande bande » parisienne pour réaliser un pareil chiffre? La troupe de Thoussaint Le Rébe, pourtant assez forte et assez estimée, n'est taxée, à Nîmes, qu'à « 20 livres » pour le droit des pauvres. A Bordeaux, les jurats imposent à Ch. Du Fresne une redevance de « 60 livres tenant lieu de la représentation qu'il aurait été obligé de donner pour lesdits pauvres. » Comparativement, le résultat est considérable, exceptionnel. Si l'*Illustre Théâtre* ne l'avait pas lui-même obtenu, quelle troupe, à son défaut, en était-elle capable? Peut-être faut-il induire aussi de l'élévation même de la recette que la troupe, étant en pleine vogue, n'était pas à la veille de quitter Lyon. Molière aurait donc très bien pu y rester jusqu'au milieu de février. — Mais ne pouvait-il pas, et ceci eût été la confirmation très approximative de la note de Trallage, ne pouvait-il pas quitter Lyon le lendemain, descendre le Rhône jusqu'à Avignon, et de là, par étapes ni trop rapides ni trop lentes, être à Bordeaux les 9, 10 et 11 février? De Lyon à Bordeaux le petit ordinaire mettait moins de quinze jours : on avait le temps, à la rigueur. Ici, reconnaissons-le, de Trallage aurait eu raison, — Mais Molière aurait eu tort, à moins d'aller à Bordeaux pour n'y pas voir le duc d'Épernon. En effet, le duc d'Épernon passa tout le mois de février à Agen ; et si vous tenez à connaître l'usage qu'il fit en outre de son mois de mars, ouvrez la *Gazette* de cette époque et vous le trouverez certainement à Paris (1) en avance sur son voyage du printemps, avec presque tous « les ducs, pairs et maréchaux de France. » Et pourtant, Jean-*Nicolas* de Trallage devait être à Bordeaux avec son frère Gabriel *Nicolas* de La Reynie, étudiant dans cette ville (2). C'est un souvenir de jeunesse qu'il nous a transmis. S'est-il trompé de mois et d'année? Il faudrait le croire, si les archives bordelaises étaient assez explorées et épuisées pour rendre toute surprise impossible. En l'état, les apparences n'indiquent pas que Molière ait « commencé de jouer à Bordeaux, » ni en Guyenne, en février 1646. C'est peut-être à regretter par ceux qui ont voulu recon-

(1) Le 28 février, les jurats de Bordeaux, vont saluer au passage le duc d'Epernon « s'en allant à la cour ».

(2) *Mémoire* de M. Sarcy, 1723.

naître dans le comédien « Destin » du *Roman Comique*
le portrait arrangé, mais quelque peu ressemblant, de
Molière en 1646 ; car il y aurait alors concordance de
dates, et même mieux, car il y aurait aussi concordance
de séjour possible entre l'*Illustre Théâtre* et Scarron
au Mans. Du mois de mars au mois de mai 1646, c'est
là et alors que le cadre et les premières silhouettes des
personnages de son œuvre se seraient offerts tout naturellement aux yeux de Scarron. Notez que « la troupe »
qui arrive au Mans vient de vers Bordeaux et n'y va
pas : elle monte vers Alençon et ne descend nullement
de Paris, comme l'aurait fait l'*Illustre Théâtre*, s'il
était passé dans le Maine au commencement de 1646,
pour l'exploitation définitive des provinces, sans espoir
ni esprit de retour dans la capitale. Il y aurait inver-
sion de mouvement, ce qui, j'en conviens, est un détail ;
mais il y aurait aussi moindre corrélation de dates.
Quant à l'argument qu'on a tiré (1) des infirmités de
Scarron pour lui ôter le moyen de visiter « les environs » du Mans afin de les décrire dans son *Roman
Comique*, durant le dernier séjour de mars à mai —
en vérité il faut n'y pas réfléchir pour s'en contenter.
Les infirmités qui n'empêchent pas un malade, fort
gai d'ailleurs, de faire le voyage de Paris au Mans,
lui interdiraient-elles absolument toute promenade
à loisir, en carrosse, dans les campagnes d'alentour ?
Pouvoir aller de Paris au Mans et en revenir, et ne
pas pouvoir faire un tour dans la banlieue du Mans,
sans qu'il y ait eu, d'ailleurs, recrudescence de maladie, — vous l'avouerez, c'est par trop faire de
Scarron ce qu'il vous plaît. Et si Scarron était allé
humer l'air dans le voisinage, au lieu de se calfeu-

---

(1) Voir *La troupe du Roman comique*, par M. H. Chardon.

trer dans une chambre — pour ne pas voir de comédiens ? Hâtez vous donc de lui permettre de sortir, de faire un tour dans le carrosse de quelque ami à droite et à gauche, hâtez-vous de lui permettre quelque petite escapade, de peur que vous n'ayez le regret d'apprendre qu'il se passe de toutes vos permissions ! — Je reviens à Molière. Eh ! bien, oui, si Molière était allé à Bordeaux, en février 1646, il aurait pu, en revenant à Paris, être dans toutes les conditions requises pour servir de modèle à Scarron peignant le comédien Destin. Mais Molière n'alla peut-être pas à à Bordeaux, et alors il est plus que probable qu'il ne passa pas au Mans au retour. — Peut-être Molière prit-il par le plus court et fit-il ce qu'il avait de mieux à faire. Peut-être Molière rentra-t-il à Paris, dès les premiers jours de carême, à marches non forcées, en suivant les indications de la carte routière à l'usage des comédiens qui parcouraient la Bourgogne à temps perdu ou gagné. D'abord, le commencement du chemin aurait pu être fait en amicale compagnie, — par exemple avec ce Laurent du *Pastre* déjà nommé, qui, sous l'unique nom de sa terre *Du Vieuget* était quelque peu auteur dramatique. Je n'irai pas jusqu'à soutenir que c'est lui-même qui se déguise sous le nom méconnaissable de *Laistre* dans le baptême du 1er février 1644, qu'on peut considérer comme une assemblée générale de toute la corporation comique à Lyon, tant il est accompagné de signatures de comédiens. Je n'irai pas jusque-là, non. Et pourtant, M. Du Vieuget restait plus souvent à Lyon qu'en sa terre près de Belley. Auteur dramatique ? Voir les *Aventures de Policandre et de Basolie*, tragédie par le sieur Du Vieuget, (Paris, Bierre Billaine, 1632. in-8°.) Ce n'est pas une gageure, vraiment, et je ne veux pas sous des noms absolument inconnus et biscornus — même à la suite du carnaval passé par Molière à Lyon — reconnaître, comme sous des masques, autant de visages sur lesquels s'appliquent des noms authentiques. Si *Laistre* n'est pas *Pastre*, je n'insisterai pas davantage. Mais voyez si la tentation de poursuivre ne gagnerait pas, comme une traînée de poudre, d'un nom à l'autre! Le 21 mars 1649, il y aura encore à Lyon des comédiens de « Son Altesse Royale, » — et cette fois il s'agira bien de la troupe de Turin— et dans le nombre, entre les noms où se retrouvera Georges Pinel de La Couture, on découvrira un Remy *Broutière* dit *des Rosiers*. Et au risque de me tromper encore et toujours, je ne sais pourquoi je pencherais à voir là Remi *Beaulieu*, sieur *Deroziers*, l'auteur du *Galimatias*, tragi-comédie (Paris, Quinet, 1639). Même nombre de lettres, même physionomie du nom — et pourquoi pas même personnage? Les signatures des registres paroissiaux sont fort mal aisées à déchiffrer, et je n'impute à reproche ni blâme une erreur de lecture en pareil embarras. Du moins aurai-je une excuse à signaler ces faux-semblants d'identité, car les noms des inconnus m'auront fait énumérer des gens de connaissance — et qui tous, comme leurs homonymes par à peu près et à l'envers, tous ont positivement séjourné à Lyon vers le même temps (1). — Poursuivons. C'est donc par la Bourgogne que Molière rentre à Paris, en troisième hypothèse. — A Dijon, il s'imprime à l'heure même une tragédie de Bénigne Grignette, avocat au Parle-

(1) Si je ne craignais d'abuser, j'aurais encore rapproché le *Peyhiel* du 1ᵉʳ février 1644, de *Pechier*, auteur de *La Comédie des Comédies* (Paris, 1630).

ment de la même ville : La *mort de Germanic-Cæsar* (1646). On l'a peut-être jouée en ce dernier carnaval, et quelle troupe a eu ce privilège ? Un « Dijonnais » qui se piquait d'être de son pays, « le sieur Gougenot, » inoubliable à Dijon, surtout pour des comédiens de passage, avait fourni à Scudéry le titre tout au moins de La *Comédie des Comédiens*. L'avonsnous rencontré aussi, sans y prendre garde, sous le fauxnez d'un nom mal orthographié ? Il se pourrait. C'est que, si certains noms de comédiens sont comme « les cailloux » du petit Poucet, qui permettent de retrouver la route qu'a pu suivre Molière, — d'autres noms fallacieux et qui devraient marquer la piste à suivre, ont disparu, toujours comme les grains de chênevis ou les miettes de pain du conte de fées. Comment les reconnaître et s'y reconnaître ? Mais revenons à Paris.

A dater du mois de mars ou un peu après, l'histoire de l'*Illustre Théâtre* va entrer dans une de ses plus curieuses périodes. « L'année 1646 est maintenant la seule qui reste tout à fait muette à l'égard de Molière, dit M. L. Moland, la seule qui ne fournise [aucune donnée, si mince soit-elle, à la biographie du poète(1)». Mais d'abord, les dates du privilège et de l'achevé d'imprimer de *Josaphat*, dédié au duc d'Épernon (31 août et 12 octobre 1646) et les dates identiques du privilège et de l'achevé d'imprimer du *Séjanus*, dédié à Magnus de La Gardie, ambassadeur extraordinaire de la reine de Suède (31 août et 12 octobre 1646), sont des indications à noter et à porter à l'actif de cette année 1646. — Nous avons pu nous convaincre que Molière n'avait pas joué devant le duc d'Épernon à Bordeaux. Dès le commencement de mars le duc d'É-

(2) Ouvrage cité, page 64.

pernon, qui du reste avait passé l'hiver à Agen, est
de retour à Paris, où il va demeurer jusqu'aux premiers jours d'août. Pour nous rendre compte de ses faits
et gestes quotidiens, nous avons un moyen d'informations et de contrôle un peu compliqué, mais d'une
efficacité irréprochable et certaine : la correspondance,
tant inédite que publiée et aussi complète que possible, de son administration. Jour par jour elle rensei-
gne sur ses actes et sur ses voyages. La *Gazette* du
3 mars autorise à supposer qu'il est à Paris : deux
lettre des jurats, des 26 mars et 11 avril, viennent
confirmer cette supposition. Le jeune et brillant duc
de Candalle y est aussi — et déjà, sa beauté, son élégance incomparable et son esprit font de lui

L'astre des galants de la cour.

L'hôtel d'Epernon ne va pas rester silencieux et fermé
en ces mois de mars, avril, mai, juin et juillet. Comme
l'an dernier, plus que l'an dernier peut-être, les réceptions et les concerts vont attirer la brillante société
parisienne. Benserade ne se demande pas cette fois
si la cour est rue Plastrière ou à Fontainebleau, mais
il ne pourrait s'y méprendre, « car tout le monde »
est chez le duc d'Epernon. N'est-ce pas à la reprise
de ces fêtes splendides que l'*Illustre Théâtre*, appelé
comme précédemment à y apporter son concours, a
pu, pour acquitter sa dette de reconnaissance, offrir
au duc d'Epernon l'hommage de la tragédie qu'on
« va représenter? » A la date où le privilège est accordé,
Josaphat aura été joué certainement. Il l'aura été même
avant le mois d'août, car le duc d'Epernon sera revenu
en Guyenne : là une « maladie » survenue « deux
jours après son arrivée » le mettra dans l'impossibilité
d'écrire de quelque temps à la reine. Ce n'est que le

24 août qu'il s'excusera de son long silence. C'est du commencement de mars à la fin de juillet que *Josaphat* dut être joué devant le duc d'Epernon; mais quelle circonstance particulière a-t-elle déterminé de préférence le choix d'une date pour la représentation ? Je ne saurais le dire avec une rigoureuse exactitude. Mais ici le champ est restreint et quelques recherches conçues suivant ce que j'appellerai la méthode de l'érudition trigonométrique, ne tarderont peut-être pas à aboutir. —Le *Josaphat*, de Magnon, ne fut-il pas donné au public également ? Il faut bien croire que l'*Illustre Théâtre* ne négligea pas d'en tirer parti. C'est en vue de jouer cette pièce et d'autres, et par nécessité d'avoir une salle, tout au moins durant quelques mois, que Molière réalisa sans doute l'installation qu'on lui a souvent attribuée au jeu de paume de la *Croix Blanche*, rue de Buci.

En 1646, cette salle de la *Croix Blanche* dépendait d'un immeuble appartenant au sieur Pierre Picot, « conseiller en la maison du duc d'Orléans. » Quelques années après, elle devenait la propriété de la duchesse de Schomberg, cette même demoiselle d'Hautefort, protectrice de Scarron et de Dassoucy, qui avait été la grande amie de Louis XIII. Il n'y avait peut-être aucun lien secret entre la situation réciproque du conseiller et des comédiens de Son Altesse Royale. Le hasard seul avait-il amené cette rencontre ? Apparemment, le conseiller avait ouï parler de l'*Illustre Théâtre*. Peut-être quelque document ultérieur éclaircira-t-il ce minuscule détail obscur. Il est vrai que, sur la location même de ce jeu de paume par Molière, tout est à découvrir. Une tradition est le seul témoignage qu'on ait pu jusqu'ici invoquer.—Dès la fin de juin, il semble que Molière ait eu à prévoir plus spécialement la nécessité d'avoir un théâtre à sa disposition personnelle. — A la fin de juin, la *Gazette* publia l'entrefilet suivant : « Les cinq navires de guerre qui doivent accompagner le comte Magnus de La Garde (*sic*), fils du grand connétable de ce royaume et ambassadeur extraordinaire de la Reine de Suède vers leurs Majestés très chrétiennes, sont arrivés à Gottembourg, où cet ambassadeur va s'embarquer, accompagné du prince Adolphe, du comte Jacob son frère, et de trente gentilshommes, outre son train qui est de deux cents personnes. » Et la prochaine arrivée du comte Magnus de La Gardie devint une des vives préoccupations des Parisiens Il y avait de quoi. Jamais ambassade extraordinaire n'avait été annoncée avec plus de solennité, ni précécée de correspondances plus susceptibles de frapper les esprits. La *Gazette* apprenait que, le 24 juin, des fêtes, avec banquet et bal, avaient eu lieu en Suède à l'occasion du départ de M. le comte de La Gardie. Elle racontait notamment que la reine avait fait cadeau à son ambassadeur d'une « épée enrichie de diamants estimée 20 mille écus, » soit 300,000 francs de notre monnaie. Et quels rapports entre cette ambassade et Molière ? Aucun en apparence ; plusieurs en réalité. — Cérisante, de Saumur, était, comme on dirait à présent, le fondé de pouvoirs de l'ambassade de Suède depuis le départ de Grotius, précédent ambassadeur. C'était le moment de la grande faveur des artistes et des poètes français à la cour de Christine : Sébastien Bourdon y était depuis deux ans. Le nouvel ambassadeur, y eût-il été un étranger, aurait pu, sinon par Sébastien Bourdon, du moins par Cérisante, s'orienter dans le choix des artistes qu'il aurait occasion d'employer à ses réceptions. Mais le comte Magnus de La Gardie était

français par son père Jacobus de la Gardie, fils de
Pontus, originaire de Villarlong, près Caunes, à
quelques lieues de Carcassonne, où les descendants
de la branche de La Gardie sont encore fixés (1).
Avant, pendant et après son ambassade, ses correspondances d'affection, d'amitié ou d'intérêt avec nombre de Français ne discontinuent pas. Le prince de
Conti, le maréchal de Schomberg, le duc d'Epernon,
entre autres personnages, échangèrent des lettres avec
Magnus de La Gardie pour sollicitations obligeantes
de sa part. Ainsi, afin de bien préciser les termes de
ses rapports avec le duc d'Epernon, on lit dans une
lettre du 18 septembre 1647, écrite de Stockholm et
adressée à « l'abbé de Foix », (le duc d'Epernon était
comte de Foix) : « Je fus fort resjouy d'apprendre,
par la lettre que M. de La Rive me rendit de votre
part à son arrivée dans ce pays, *les bons offices que
mon fils vous rendit lorsqu'il était ambassadeur en
France* ». Pour toutes sortes de raisons publiques et
privées, cette ambassade était un grand événement;
et Molière pressentait qu'il y aurait à en tirer parti.
Comment? Par un souhait de bienvenue présenté à
propos avant toute autre troupe rivale. C'est ce qu'il
fit, en effet. Le « 30 août » le comte Magnus de La
Gardie arrive à Saint Denis — et le lendemain le
poète ordinaire de l'*Illustre Théâtre*, Jean Magnon,
obtient le privilège du roi pour *Séjanus*, tragédie,
dédiée « *A M. le comte Magnus Gabriel de La Gardie,
ambassadeur extraordinaire de Suède en France* ».
Quel bénéfice en pouvait retirer l'*Illustre Théâtre*?
Tout au moins celui qui échut aux très nombreuses

(1) Cette branche est représentée par M. de Fournès-Fabrezan, au
château de Pouzzols, dans l'arrondissement de Narbonne.

personnes qui éprouvèrent la générosité fastueuse de
l'ambassadeur. Mais l'intérêt particulier de Molière
ressortira de l'ensemble des faits rapportés par la
Gazette.

La *Gazette* du 12 septembre 1646 nous apprend
que Magnus de La Gardie « ayant demeuré huit jours
à Saint-Denis pour attendre son train et le mettre en
meilleur ordre qu'il n'avoit pu être en un si long et
si pénible voyage qu'est celui du royaume de Suède
en cette ville, partit du lieu de Saint-Denis, le 6 de
ce mois, pour faire ici son entrée, où il arriva sur les
4 heures du soir avec sa suite composée de 180 personnes, outre plusieurs seigneurs et gentilshommes
suédois en partie venus avec lui et en partie estant
ici depuis quelque temps ». Il fut reçu au nom du roi
par le maréchal de Schomberg, son ami particulier
du reste. Une foule énorme, malgré la pluie, s'était
portée sur le passage de l'ambassadeur, qui monta dans
le carrosse du roi pour être conduit à l'Hôtel Ven-
dosme, « où lui et les siens sont magnifiquement traités
aux dépens du roi ». La *Gazette* ajoute que « la voix
et le contentement du peuple ne contribua pas moins
à leur réception » que tout le reste. — Le 11 septembre, soirée splendide chez le duc d'Orléans ; le 13 ,
fête chez la reine. Du 13 au 20, le roi invite l'ambassadeur à Fontainebleau et lui « donne presque tous
les jours le divertissement de la chasse et de *la Comédie* ». Le 23, réception chez le cardinal Mazarin
musique des 24 violons. — Le 24, mariage du maréchal de Schomberg avec Mme de Hautefort, à Saint-
Sulpice. — Le 26, au retour de la chasse et DE LA
COMÉDIE FRANÇAISE, le roi donne le bal dans le grand
cabinet de la reine. La Comédie française s'est jouée
comme d'ordinaire dans l'après midi, mais ailleurs

que dans le palais même. — Le 3 octobre, audience
de congé. « Le même pour, l'ambassadeur extraordinaire de Suède estant party d'ici fut coucher à Essonne en la maison du sieur Hesselin, maistre de la
chambre aux deniers qui le traita splendidement. »
Le 14, le même Esselin, ou plutôt Hesselin, traite
non moins splendidement l'ambassadeur « dans sa
belle maison de l'Isle, auquel il donne ensuite le divertissement de plusieurs sortes de musiques, d'un
fort beau balet (1) et d'un bal qui fut ferminé par un
feu d'artifice sur la rivière »... Et les fêtes, banquets,
bals, ballets, concerts, comédies — *comédies françaises* — ne discontinuent pas jusqu'à la fin de novembre. Le 1er décembre la *Gazette* enregistre le départ de Magnus de La Gardie qui n'a « pas moins
laissé de satisfaction par sa magnificence et par ses
autres belles parties qu'il en remporte de cette cour :
où il a esté régalé de la part du Roy d'un cordon de
diamants peu après son audience de congé, et depuis
de la part de la reine d'une montre avec le portrait de
sa Majesté, qui lui fut présentée sur une gantière ou
vase d'or, le tout enrichi de diamants de fort grands
prix. » Voici un sonnet de Dassoucy qui donnera
une idée de la « satisfaction » causée par la *magnificence* de l'ambassadeur. C'est à lui que ce discours
s'adresse :

> Tout ce que l'étranger a produit à la France
> De plus beau, de plus grand et de plus glorieux
> Ne scauroit egaller la superbe excellence
> Du pompeux appareil qui paroist à nos yeux.
>
> Qui ne dira, voyant ta splendide opulence
> *Et les riches présents que tu fais en tous lieux,*
> Que pour nous éblouir de ta magnificence
> L'Inde ne t'ayt presté ses trésors précieux

(1) *Le Ballet des demandeurs de vin ?*

> Le peuple qui te loue et la cour qui t'estime
> Contraints de publier ta vertu magnanime
> Disent qu'ils n'ont rien veu de plus brillant que toy,
>
> Et que parmy l'esclat du train qui t'environne
> Tu mériterais mieux de porter la couronne
> Que de représenter la personne d'un Roy.

Donc, l'*Illustre Théâtre*, qui savait à qui il allait avoir affaire, prend les devant et fait les plus flatteuses avances. Dassoucy vient à la rescousse — et il y trouve amplement son compte, car il déborde d'enthousiasme lyrique. Telles sont du reste les ineffaçables souvenirs qu'a laissés le comte Magnus de La Gardie, que quelques années après, Scudéry, qui a pu apprécier sa générosité royale, préférera refuser un riche présent de Christine de Suède plutôt que d'effacer de son poème d'*Alaric* les vers consacrés à l'ancien ambassadeur tombé en disgrâce. Durant cette période, Scudéry approcha tout à la fois et souvent Magnus de La Gardie et l'*Illustre Théâtre*. Je dirai pourquoi et dans quelles conditions singulières. Mais il importe de récapituler, d'après les indications qui viennent d'être fournies, les « visites » probables auxquelles Molière et ses camarades furent sans doute appelés par ou pour l'ambassadeur suédois. L'acceptation de la dédicace de *Séjanus*, d'après tous les usages, comportait des suites pécuniaires ; et l'on vient d'acquérir la certitude que Magnus de La Gardie était l'ami des artistes et des poètes jusqu'à la bourse — inclusivement. Du 13 au 20 septembre, et après, le 26 du même mois, la « comédie françoise » à laquelle assiste la cour au retour de la chasse et avant le bal, est-elle donnée par une autre troupe que l'*Illustre Théâtre* ? Molière était déjà en pied à Fontainebleau. A la double réception d'Hesselin à Paris et à Essonne quel est l'organisateur des ballets représentés? Si ce n'est pas Molière, qui donc y eut-il là de mieux en situation d'y exceller — en l'évinçant? Vous remarquerez ici une récidive assez curieuse. En octobre 1646, Hesselin reçoit et traite splendidement à Essonne l'ambassadeur de Suède, et c'est probablement Molière qui fait les frais de la fête en poésie, musique ou danse; en septembre 1656, la reine Christine elle-même est reçue et fêtée à Essonne par le même Hesselin, et cette fois, sûrement, « Molière » est chargé des divertissements en l'honneur de la royale hôtesse.... Je vous vois venir, et je vous entends me dire que le Molière de 1656 n'est pas le même que notre Molière, mais bien le Louis Molier de l'hôtel de Soissons. Eh! bien, j'ai lu tout ce qu'on a écrit à ce sujet — et quand il aura été à peu près établi que Molière, le nôtre, le vrai, le seul, n'était pas, ne pouvait pas être à Essonne en septembre 1656, nous examinerons s'il y a bien loin d'Essonne à Angers, « aux terres de M. de Brissac », où Chapelle devait se rendre et où Dassoucy savait trop bien comme on y était reçu pour en détourner Molière. M. Bazin a cru avoir tout dit en objectant que Molière était « dans une troupe de campagne. » Mais de son temps, on en était à savoir si Molière revint jamais à Paris de 1646 à 1658. On sait qu'il y revint. Et quant à d'autres ballets où Louis Molier, le musicien, quoique écrit « Molière », est censé exclure d'office le poète, c'est encore là une petite série de problèmes à reprendre et à résoudre. Attendons d'y être, d'ailleurs.

Au séjour du comte Magnus de La Gardie à Paris se rattache un des plus curieux épisodes de la vie de Madeleine Béjart. C'est l'aventure de Georges de Scudéry qui, avec son ordinaire infatuation, avait pris prétexte des succès de la célèbre actrice pour essayer d'ajouter Madeleine Béjart à la liste un peu imaginaire de ses triomphes amoureux.

> Et poëte et guerrier,
> Il aura du laurier.

disait-il de lui-même. Entourée, recherchée, fêtée dans les salons aristocratiques, surtout depuis que le duc d'Épernon et plus récemment l'ambassadeur extraordinaire de Suède l'avaient produite dans leurs réceptions brillantes, Madeleine Béjart parut soudain à Georges de Scudery une conquête digne de son ambition galante. Il se croyait un séducteur irrésistible. Il y avait eu, chez lui, un fonds de jalousie vaniteuse dans la mauvaise querelle faite à Corneille à propos du *Cid*. Il aimait à occuper le monde de sa personne et de ses œuvres; et c'était lui faire du tort que d'amener tout Paris à avoir pour Rodrigue les yeux de Chimène. Juste au moment où tout Paris avait les yeux sur la Béjart, il lui parut tout naturel de revendiquer une large part de cette attention par l'exclusive possession et la mise en charte privée de celle qui en était l'objet. Madeleine Béjart passait pour une Chimène à une infinité de Rodrigues et elle avait pour tous et chacun, pour « tout Paris, » les regards qu'on avait pour elle. La vanité de Georges de Scudéry devait le pousser à l'accaparement de ses coquetteries et de ses bonnes grâces. Les faveurs de la Béjart lui paraissaient précieuses, puisqu'elles étaient enviées. Et poëte et guerrier, il rêva les lauriers d'une préférence absolue. Trop habitué à ne douter de rien pour douter d'un résultat flatteur à son gré, il s'engagea dans cette affaire sans ménager à son amour-propre les moyens d'une retraite honorable; et le dé-

pit de sa vanité exagéra les défauts et les vices de celle
qu'un excès de confiance et de suffisance lui avait fait
louer et encenser platement. — Mais pour qu'on sache
bien la valeur de cette tentative romanesque et surtout
pour qu'on soit édifié sur la portée des arguments
qu'une certaine érudition ne manquera pas d'y puiser
pour établir les mauvaises vie et mœurs de Madeleine Béjart, marquons bien les détails de l'entreprise
et le caractère du personnage. — Georges de Scudéry,
à qui J.-B. L'Hermite, que rien n'embarrassait,
composa une généalogie napolitaine des plus stupé-
fiantes (1), était, de par cet héraldiste, fils d'un gentilhomme qui — ô Jean Gilles de Sotenville ! — eut
la gloire « de porter le mousquet au premier siége, »
c'est-à-dire « au grand siège de Montauban ». Il avait
été nommé, en 1643, gouverneur de Notre-Dame-
de-la-Garde,

> Gouvernement commode et beau,
> Où l'on ne voit, pour toute garde,
> Qu'un suisse avec sa hallebarde
> Peint sur la porte du château.

Toutes disproportions gardées, Georges de Scudéry
s'en croyait un des puissants de l'État. Moins tenu à la
résidence dans son castel fantastique qu'un prélat
dans son diocèse, Scudéry, après avoir quelque temps
renoncé au théâtre, à ses pompes et à ses œuvres, y
avait repris goût, — et ni la Pascal, ni la Picart, ni la
Baudasson, ni autres beautés galantes de la scène,
ne lui plaisaient désormais à l'égal de l'admirable
comédienne qui dans « le rôle de *Sophonisbe* » s'était
montrée « si touchante et si passionnée, qu'après lui

(1) Voir *Naples Française*, par J.-B. L'Hermite, 1663, page 385.
L'ouvrage — comme tant d'autres — est dédié au duc de Saint-
Aignan, d'origine napolitaine aussi.

avoir donné de l'admiration elle lui donna de l'amour. » Un recueil Du Pelletier (1652) nous a conservé le long exposé des sentiment et compliments dont M. Georges de Scudéry crut alors devoir honorer Madeleine Béjart. « Elle étoit belle, elle étoit galante, elle avoit beaucoup d'esprit ; elle chantoit bien ; elle dansoit bien ; elle jouoit de toutes sortes d'instruments ; elle écrivait en vers et en prose ; et sa conversation estoit fort divertissante. Elle estoit » — et je vous en avais prévenu — « elle estoit de plus une des meilleures actrices de son siècle ; et son récit avoit tant de charme qu'elle inspiroit véritablement toutes les feintes passions qu'on luy voyait représenter sur le théâtre. » Du haut de sa grandeur, Georges de Scudéry, fils d'un gentilhomme qui avait « assisté en personne au grand siége de Montauban, » Georges de Scudéry crut qu'il n'y avait qu'à se baisser pour la prendre, cette Béjart. Pour la forme, et d'ailleurs parce qu'un poëte devait peut-être commencer par faire admirer ses vers avant de faire aimer sa personne, M. de Scudéry roucoula quelques stances langoureusement entortillées, où l'on voit entre autres choses, que

> Sophonisbe, trompeuse et belle,
> Meurt et ne meurt point du poison ;
> Mais celui que l'on reçoit d'elle,
> En nous laissant le jour, nous ôte la raison...

Le reste est à l'avenant. En femme d'esprit, Madeleine Béjart, par politesse, trouva ces vers « fort agréables. » L'humeur irritable de tout poëte lui commandait trop d'être aimable pour s'en départir avec le plus vaniteux et le plus susceptible de tous les poëtes. Georges de Scudéry, flatté de « ses louanges, » en conçut les plus folles espérances. « Le voilà donc aussi

assidu à la Comédie que s'il eust esté de la troupe; et
aussi souvent sur ce Théâtre que s'il eust esté une de
ses décorations. A chaque vers que Béjart recitoit, il
se pasmoit d admiration et de joye; il se recrioit à tous
les beaux endroits de son rosle; il en avoit le corps agité
comme l'esprit; et cette amour comique lui donnoit
des convulsions, comme certaines maladies en donnent
à ceux qui en sont tourmentés. Il excitait les acclamations du peuple par son exemple; il le faisoit crier
malgré qu'il en eust, en criant luy-meme le premier;
et l'on entendoit dire partout, après luy, *cela est bon,
cela est excellent, cela est divin.* » Georges de Scudéry ne se possède plus, et il n'y a pas d'excentricité
qu'il ne fasse pour manifester son enthousiasme dé-
bordant et désordonné. Mais cet affolement baroque
ne dura pas; et quand il fallut en venir au but pour-
suivi au prix de toutes ces sottises, la douche froide
d'une indifférence significative calma soudain le trop
inflammable poète et guerrier en quête du laurier et
du myrte. Le charme en fut rompu. Alors, comme
si les écailles tombaient des yeux du soupirant écon-
duit, Georges de Scudéry s'aperçut qu'il n'y avait pas
lieu à se tant passionner; qu'une comédienne dont
presque toutes les heures du jour sont prises, le matin
par l'étude des rôles, le soir par les représentations, et
presque toutes les heures de nuit consacrées aux visites de « maison en maison, » une telle comédienne
n'était pas une maîtresse désirable. Jamais la fable
du renard et des raisins n'eut application plus complète. Les charmes de la Béjart étaient-ils trop verts,
ou trop mûrs? Il est certain que Scudéry, désenchanté
soudain, prit un air dégoûté et affecta de ne les trouver plus bons que pour les goujats. « *Car lui voyant
quinze ou vingt amants externes et deux ou trois de*

la troupe, encore plus amoureux en prose qu'ils ne
l'avoient paru en vers, et tous ces gens-là vivre avec
une certaine familiarité peu respectueuse, que la profession de Béjart lui faisait souffrir, l'esprit délicat
de Scudéry qui n'aime nullement la foule ni le désordre se rebuta de l'une et l'autre, et son cœur se re-
trouva en liberté ». La chute en est jolie, n'est-ce
pas? — Cette Béjart, elle est à tout le monde, on se
donne tout de même un mal énorme pour l'obtenir
— et on n'en veut plus à force de ne l'avoir pas ! Et
voilà comment M. Georges de Scudéry ne prit pas
plus la Béjart que Jean de Sotenville n'avait pris Montauban. Mais certains érudits n'en diront pas moins
qu'il pouvait se vanter de l'avoir assiégée et dédai-
gnée; et ils continueront à ne pas s'étonner que cette
femme ainsi livrée à tous les mépris des sots qu'elle
a évincés et qui, alors, ne la trouvent plus bonne à
prendre — soit encore, pour le seul Molière, bonne
à garder. « Quinze ou vingt amants externes » et
« deux ou trois de la troupe, » tous ensemble ! et
après le dernier de ces amants, qui pourrait bien être
le dernier des hommes, Molière à son tour, qui n'est
que Molière ! Et c'est avec de si écœurantes rapsodies
qu'on écrit l'histoire de Madeleine Béjart ; et c'est avec
l'histoire ainsi écrite de Madeleine Béjart qu'on écrit
l'histoire de Molière, qui joue là le beau rôle d'un
gérant responsable de ces turpitudes auxquelles son
amie, sa camarade est mêlée, car il en percevra les
profits à la fin ! Non ! la pensée ne vient à aucun de
ces érudits que le fils de Jean Poquelin et de Marie
Cressé pouvait bien avoir le sens moral et le goût, en
fait de galanteries, aussi difficiles qu'un Scudéry ou
tout autre Sotenville en bonne fortune au rabais !
Plutôt que de jeter leur langue aux chiens — ils y

jettent cette malheureuse calomniée, qui n'est tout au
plus bonne que pour les chiens — et Molière! M. de
Scudéry fut un galant homme en cette affaire, c'est
bien entendu, et il ne s'en tira pas comme un triple
sot ! Oh! non !

> Et poëte et guerrier
> Il aura du laurier.

du laurier quand même, du laurier toujours, voire à
un autre titre encore que guerrier et poëte!... Mais
il est du moins acquis aux débats que l'amour de
Scudéry équivaut pour Madeleine Béjart à un certi-
ficat de distinction quelconque, à l'heure où il fit attention à elle. Qu'à cette date corresponde l'étiage de
l'honneur de l'actrice, dans la pensée de certains érudits, n'importe! mais certainement sa réputation d'artiste est en croissance, et ceci est à retenir de cette misérable aventure. Madeleine Béjart a monté en grade
et son talent de tragédienne et de comédienne domine
le théâtre contemporain. C'est alors que Magnus de
La Gardie, à son départ, restitue en quelque sorte au
duc d'Epernon cette troupe de l'*Illustre Théâtre*,
qu'il s'attachera désormais ; c'est alors que Molière
entre à la cour de Guyenne et Beys à la cour de
France, et que chacun des fondateurs de l'*Illustre
Théâtre*, j'entends chacun des fidèles, reçoit l'honneur d'une manière de récompense pour avoir été à
la peine. Car, remarquez cette liquidation à Paris de
l'*Illustre Théâtre* : les sociétaires qui s'en retirent
font une fin qui est encore un hommage à la valeur,
et à la considération de la société, et ils n'en paraissent pas des « gueux, » pas plus à la fin qu'au début.

Beys était en tête, Clérin, Molière et Joseph Béjart
étaient les trois directeurs, avec Madeleine en vedette
et hors de concurrence. Voyez ce qu'ils deviennent à

la fin de 1646, quand l'*Illustre Théâtre* se dissout à
Paris et se reconstitue pour aller vivre en province,
Madeleine, Joseph et leur sœur Geneviève, leurautre
frère Louis et leur mère Marie Hervé restent unis à
Molière pour la recomposition de la nouvelle troupe,
que nous appellerons encore l'*Illustre Théâtre* pour
simplifier. Où va Germain Clérin ? Parent d'une actrice du Marais, qui était encore sur les planches en
1670, on a supposé qu'il dut aller la rejoindre. Mais
dans les archives de Cadillac, résidence du duc d'E-
pernon, je retrouve, dès cette même année 1646, un
baptême de Pierre, fils de « *Villars*, avocat en la cour,
et de Marie *Tartas*, » et ces noms étant des noms de
théâtre (1), je n'accepterais que sous bénéfice d'inventaire l'assertion qui éloignerait Clérin, dit *de Villars*
de « la cour » du duc d'Epernon. Assez communément des emplois et des fonctions honorifiques étaient
donnés chez les grands seigneurs à des artistes distingués en retraite. Le cas particulier de Clérin reste
à examiner. Pour Charles Beys, dont Scarron dira,

> Oui, des Beis et des Malherbes
> Doivent mettre leurs vers au jour,

pour Charles Beys, c'est Louis XIV qui lui fait un
sort glorieux en lui confiant la charge d'historiogra-
phe en vers de Louis XIII, par la lettre qu'on va l re,
« escrite à Fontainebleau le 25ᵉ jour de septembre
1646, » — c'est-à-dire au moment même des représentations de « la comédie françoise », soit de l'*Illustre,
Théâtre* à la cour, en l'honneur de Magnus de La
Gardie. L'ambassadeur de Suède qui obligea tant de
Français alors, en souvenir de son origine française,
ne fut peut-être pas étranger à la faveur qui échut à

---

(1) Tartas est le nom d'un danseur qui figure dans le ballet de
Xercès (1660).

Beys. Le roi semblait ne pouvoir lui rien refuser, tant il avait à cœur de lui complaire. Voici la lettre royale :

« Dans le généreux désir que j'ay d'imiter la vie du feu roy mon très honoré seigneur et père, et d'avoir un abrégé de ses actions pour servir de règle à la conduite des miennes, *Le sieur Valdor*, chalcographe, a si heureusement secondé mon intention qu'à la peinture qu'il a faite des glorieux exploits de ce grand prince et de ses vertus, il ne manque qu'un poème héroïque pour exprimer ce qu'elle semble vouloir dire. Et pour me satisfaire et comme vous avez la réputation d'exceller en pièces que vous avez produites, que vous estes capable de cet employ, — Je vous fais cette lettre avec l'advis de la reyne régente, madame ma Mère, pour vous exhorter d'entreprendre l'explication de ce que signifie chacune des tables de cet abrégé, outre que le choix que je fais de vous pour cet effect, pourra exciter votre courage à respondre dignement à la bonne opinion que j'ay de votre capacité : L'honneur que vous aurez de contribuer vôtre éloquence pour immortaliser la mémoire *de votre roy vous doit obliger de préférer cette entreprise à toute autre* et desperer qu'en satisfaisant promptement à mon attente je prendray plaisir à vous donner des marques de ma bienveillance. C'est ce que j'avois à vous dire sur ce sujet. Cependant je prie Dieu qu'il vous ait, M. Beys, en sa sainte garde.

« Escrit à *Fontainebleau ce 25ᵉ jour de septembre* 1646. —*Signé* : LOUIS. »

Que dites-vous de cette lettre ? Assurément, elle n'est pas un brevet de génie pour le destinataire ; mais n'est-il pas manifeste que Ch. Beys est un poète considérable et considéré à la cour ? N'est-il pas évident que Ch. Beys entre au service de la cour comme un auteur honorable et honoré, et qu'il n'y entre point par l'escalier de service ? C'est pour le soustraire à toutes autres occupations et préoccupations que Louis XIV le réclame avec une sollicitude — comment ne pas le relever ? — qu'il n'eut ni pour le grand Corneille ni, plus tard, pour Molière lui-même ? Louis XIV n'écrivit pas souvent de ce style aux grands poètes de son temps, si même il leur écrivit jamais plus. Connaissez-vous un éloge autographe de Molière par Louis XIV ? Par comparaison et si l'on songe à la réserve royale à l'égard des sommités du génie français au XVIIe siècle, l'honneur extraordinaire fait à Charles Beys dépasse la juste mesure de sa valeur et de sa renommée, tout au moins du point de vue où nous sommes. La postérité a peine à comprendre de tels compliments envers un poète dont elle ne se souvient plus que pour avoir collaboré à l'*Illustre Théâtre*, et encore plus comme acteur et lecteur que comme poète dramatique. L'étonnement n'est que plus naturel quand on voit le cas que font de Beys quelques contemporains de ses amis. Il est vrai que les réductions burlesques de certains portraits par la charge ne sont pas des documents authentiques, et par exemple, quand Loret insinue, en des vers où Bacchus rime à Phébus, que Ch. Beys roulait sous la table après boire, à titre de correctif immédiat il faut recourir à la lettre où Louis XIV met le même Ch. Beys au pinacle pour savoir chanter. — Il va sans dire que la seule personnalité de Ch. Beys ne porte pas d'elle-même à des considérations générales sur les rapports de Louis XIV, tout jeune encore, avec les hommes de lettres jouissant alors de quelque célébrité : c'est à cause de Molière que Ch. Beys nous intéresse. C'est en Beys que se résument et se marquent les sympathies indivises dont l'*Illustre Théâtre* était entouré à la fin de l'année 1646. Ch. Beys fut désigné au choix et à l'ancienneté. Mais supposez que Molière eût attiré sur ses débuts l'attention protectrice de Louis XIV, supposez qu'en lieu et place de Ch. Beys, Molière eût été chargé des poèmes descriptifs de *Louis-le-Juste combattant*, et cela à la suite de quelque pièce de circonstance comme il était bien capable d'en faire, certes !

supposez que Molière reste à la cour et ne va plus
promener à travers les provinces l'indépendante hu
meur de son génie en formation — et demandez-vous
si nous aurions eu ce magnifique, cet incomparable
déploiement de verve, de force et d'originalité comique qui éclatent dans ses œuvres, demandez vous si
nous aurions eu Molière ! Grave problème ! — Corneille va de Rouen à Paris, et il est Romain. Racine
va de la Ferté-Milon à Paris, et il est Grec. Molière
est Gaulois, et pour n'être pas Italien il va de Paris à
Bordeaux et à Lyon — par Béziers. A-t-il compris
que, comme au temps des guerres contre l'invasion
romaine, c'est en province que se livrerait le bon com-
bat ? A-t-il pressenti que nouveau Vercingétorix — et
cette fois Vercingétorix victorieux—la lutte ne lui était
possible, et possible le triomphe, que loin de Paris ?
Peut-être ! Que dis-je ? C'est « assurément » qu'il faut
répondre à une telle question. L'exemple de Scarron,
si sa propre expérience n'y suffisait pas, l'exemple de
son véritable précurseur Gaulois était là pour lui dic-
ter sa conduite. Scarron étouffe et suffoque à Paris.
Demain, je veux dire sous peu, Scarron, qui est Gaulois, parlera de fuir « en Amérique ».

Relisons —aussi bien est-il temps d'élargir l'étroite
atmosphère des particularités minutieuses — relisons
la lettre que, dans cinq à six ans (février 1652), Scarron, le Gaulois Scarron, découragé, désespéré, dans
un accès de misanthropie digne d'Alceste, écrira à
Sarasin, « son ami le plus spirituel de l'Europe : »

« Mon chien de destin m'emmène dans deux mois aux Indes
« Occidentales ; ou plutôt, j'y suis poussé par une sorte de GENS
« FÂCHEUX *qui se sont depuis peu élevés dans Paris, et qui se font
« appeler* POUSSEURS DE BEAUX SENTIMENTS. On ne demande plus
« parmi eux si on est HONNÊTE HOMME, on demande si on pousse

« les beaux sentiments. Quantité de personnes de bon sens entre-
« prendraient de les pousser, mais on leur a dit que les plus *pointus*
« d'entre eux se vantent d'être approuvés d'une grande princesse
« dont l'esprit égale la qualité, et qu'ils sont assez vains pour s'au-
« toriser de son nom à chaque beau sentiment qu'ils poussent, ce
« QUI EMPÊCHE QU'IL NE SE FORME UN PARTI CONTRE EUX AUSSI
« BIEN QUE CONTRE LE MAZARIN … Adieu….. Je renonce aux
« vers burlesques, aux romans comiques et AUX COMÉDIES, pour *aller*
« *dans un pays* où il n'y aura ni Mazarins, ni FAUX BÉATS, ni FILOUS
« DE DÉVOTION, ni inquisition, ni hiver qui m'assassine, ni fluxion
« qui m'estropie, ni guerre qui me fasse mourir de faim…. »

Ici, Scarron le Gaulois Scarron, oui, il tourne à
l'Alceste ! Il veut s'exiler d'indignation ! Précieux, Fâcheux, Faux-Dévots, Imposteurs, ces mêmes ridicules,
ces mêmes vicieux que la muse comique de Molière va
dévouer à l'inexorable justice de la satire, ce même
monde rend la vie insupportable à Scarron lui-même ! Et le joyeux Scarron, lui-même, en devient misanthrope !... Eh ! bien, à la lire comme elle mérite
d'être lue, cette lettre, est-ce qu'on n'y trouve pas le
thème, le sujet, le fonds et jusqu'au titre des plus fameuses comédies de Molière ? Est-ce que cette lettre
n'a pas le caractère d'une transmission de haine contre la sottise, la méchanceté, l'hypocrisie ? N'est-elle
pas comme le testament intellectuel du satirique
vaincu, mais dont la dernière pensée ouvre un sillon
de feu dans l'imagination puissante de l'héritier que
le sort suscite déjà pour accomplir l'œuvre qu'il n'a
pu qu'entrevoir et concevoir ? Jamais, nulle part, ni
dans ses nouvelles, ni dans ses comédies, où Molière
a puisé à mains pleines par droit de succession spirituelle, non, nulle part, jamais, Scarron n'avait
plus expressément fait éclater sa personnalité de précurseur immédiat de Molière, que dans cette lettre !
— La profession de foi de celui qui abandonne la

tâche devient le manifeste intégral de celui qui la reprend — pour l'achever !

Pensions, canonicats, offices de cour, Scarron a eu tout cela ou l'aura, comme Beys, plus que Beys. En a-t-il vécu ? Il en est mort. Le collier doré a fini par l'étrangler. Molière a vu la trace cruelle de la chaîne à son cou. « Vous ne courez donc pas? » semblait-il lui dire. Et Molière prit la fuite, et Molière se mit à courir à travers les provinces.

Il a été longtemps de mode, pour la critique historique de notre théâtre au XVIIᵉ siècle, de faire remonter tantôt à Louis XIV, tantôt à Boileau, l'inspiration des grandes comédies de Molière. Selon les uns, Boileau aurait incité Molière à aborder les comédies de caractères après les comédies d'intrigues, comme si Molière avait attendu d'être à Paris et de connaître le législateur du Parnasse pour comprendre le rôle de l'auteur comique dans la société de son temps ! Selon les autres, c'est Louis XIV qui aurait en quelque sorte confié à Molière la « mission » de corriger les mœurs contemporaines, pour la plus grande gloire de la monarchie, sinon pour l'amélioration de l'espèce humaine. L'histoire des pièces de Molière est enjolivée de légendes, pour le moins autant que l'histoire de sa vie. L'idée de transformer Molière en une manière de fonctionnaire de la pensée royale est séduisante peut-être; mais où, quand et comment s'est positivement avérée cette investiture qui aurait fait de notre grand comique national un censeur public, patenté par la monarchie? Où, quand et comment a-t-on découvert que l'initiative des œuvres de Molière ne venait pas de lui-même et que c'est au cadre de désirs de Louis XIV qu'il s'était docilement appliqué à conformer ses productions? La tradition classique, cette

nourrice sèche de la critique littéraire en France,
s'est évertuée à voir dans Boileau l'arbitre et le directeur des talents de son siècle ; et on a pris l'habitude
d'envoyer Molière lui-même à son école. L'université,
chez nous, a la manie de la discipline rétrospective.
Mais où, quand et comment a t-on appris formelle-
ment que Molière, à son retour de province, avait eu
besoin de demander à quelqu'un, si grand fût-il,
conseil pour la direction de son esprit et la pratique
de son art ? « Je n'ai que faire d'éplucher Térence ! »
tel sera le premier mot de Molière au lendemain de
son arrivée à Paris, au lendemain des *Précieuses*.
— Il faut espérer que bientôt les progrès de la critique historique rétabliront la vérité si étrangement
faussée et que les véritables origines de la comédie
de Molière seront dégagées des fables absurdes dont
on les a, si mal à propos, perverties. Je ne veux pour
preuve, aujourd'hui, de la fausseté flagrante de ces
thèses, que les antécédents d'inspiration déterminante qui nous sont révélés par cette lettre de Scarron
qu'on vient de lire. Évidemment, cette lettre, que tout
le monde a pu voir dans l'ouvrage de M. Cousin sur
La Société française au XVIIe siècle, mais dont on
n'avait pas encore pris la peine de saisir la portée
inattendue, cette lettre qui donne d'avance la formule
de l'œuvre de Molière, à Molière lui-même, quelque
strictement empreinte qu'elle soit des sentiments personnels de son auteur, représente et traduit aussi une
impression générale du dehors ; et c'est tout un parti,
tout le parti gaulois, qui parle et proteste en la personne
et par la voix de Scarron. Cette lettre est, par là, plus
qu'un détail isolé, plus qu'une simple curiosité acci-
dentelle. Elle est une pièce à conviction de l'état des
esprits en France sont la tyrannique domination de

cette préciosité détestable contre laquelle aucune fronde n'est possible alors, de l'aveu du plus frondeur des écrivains. Du même coup, Scarron a donc, de la sorte, tracé le plan de campagne de Molière contre la double imposture du style précieux et de la dévotion, des mots et des mœurs, et marqué, par son aveu d'impuissance même, la prodigieuse difficulté de la guerre que Molière allait entreprendre hardiment. L'éternel honneur de Molière sera d'avoir formé, ou plutôt réformé, « un parti » contre la préciosité, au lendemain de la défaite de Scarron! Eh! ne méconnaissons pas, ne nions pas aveuglément l'éclatante manifestation des vérités historiques! C'est en province, avec le concours de la province, malgré Paris et contre Paris même, que Molière va commencer et poursuive cette libération morale et littéraire du territoire gaulois, jusqu'à ce que Paris, en se rangeant de son côté, consacre sa victoire!....

Oui, et j'y reviens, et la suite le prouvera éloquemment, oui, ce fut un bonheur alors pour Molière jeune et débutant de n'être pas attaché à la cour comme un simple Beys et d'échapper à la protection de Louis XIV. L'insuccès de l'*Illustre Théâtre* à Paris allait lui assurer fortune et gloire par la province et pour la province d'abord, pour Paris, ville et cour, ensuite, — et pour la postérité finalement. Au moment où il prend le parti de quitter Paris, parce que la faveur naissante et même croissante des grands ne la tire pas assez vite et bien de la gêne, et où les applaudissements populaires lui font trop défaut, — à cette heure, Molière existe-t-il comme auteur ? Il est poète, certes! mais où est son œuvre? Connaît-on de Molière à cette éoque — non pas une comédie achevée, mais une ébauche de comédie? Connaît-on

de Molière, alors, seulement et sûrement une farce ?
Molière auteur comique va se former et se révéler en
province. Paris le laisse partir les mains vides, il reviendra les mains pleines d'écus et d'œuvres, et surtout la tête pleine d'idées ! Tous les trésors de son génie rapportés du Midi ne seront pas frappés au coin
des immortelles médailles ; mais il aura la monnaie de
ses pièces — en un double sens, — mais il aura de
l'or en barre. La province est la mine : Paris ne sera
que l'hôtel des monnaies, où se frappent au titre les
lingots précieux. Eh ! considérez que Molière ren-
trera à Paris avec l'*Étourdi* et *le Dépit amoureux*,
les deux « mieux écrites » de toutes ses œuvres si l'on
en croit Victor Hugo (1), mais certainement, à l'autre
pôle de la critique romantique, certainement deux
œuvres où « il y a déjà, » selon le très juste mot de
M. Nisard, « un écrivain de génie (2). » — Rassurez-
vous, d'ailleurs, si vous croyez que Molière va retrouver l'influence de plus en plus fâcheuse de l'hôtel
de Rambouillet dans toutes les villes provinciales. A
côté et à l'encontre de Cathos et de Madelon, il y a les
obstinés, les intraitables sectateurs du vieil esprit, de la
vieille gaîté gauloise, il y a de rudes Gorgibus qui ont
ouï parler du temps d'Henri IV et qui lui prêteront
main forte au besoin ; main forte, c'est le mot. Exemple. A Marseille est une « demoiselle belle et jeune
qui, dans ses conversations ordinaires cite souvent
Trimégiste, Zoroastre et autres semblables messieurs.
Elle entend l'espagnol, l'italien, le latin et même le
grec » — et pour l'amour du grec, vous pensez qu'on
l'embrasse ? Ah ! non ! « *et*, ajoute M^(lle) de Scudéry

(1) V. *Les artistes juges et parties*, par M. Stapfer.
(2) *Histoire de la littérature française.*

dans une lettre (1), *et l'injustice qu'on lui fait ici est si grande, que je n'oserai la voir souvent de peur de me charger de la haine publique.* » En province, on entend la plaisanterie autrement qu'à l'hôtel de Rambouillet. Et nous verrons, à Béziers, dans certaine *Response à M. de Balzac* (1643), par cet autre Gorgibus, le pasteur de Croï, cité par Bayle, nous verrons appliquer aux précieux de mots et de style la bastonnade en littérature, et pas de main morte aussi ! Rassurez-vous si vous croyez encore que la province et Molière ne vont savoir que faire l'un de l'autre ! C'est presque toute l'œuvre, presque l'œuvre entière de Molière qui va s'inspirer là et se préparer là même le *Misanthrope*, même le *Tartuffe*, je vous en réponds ! Et c'est d'abord l'œuvre de Mlle de Scudéry qui va être prise, là, à rebrousser poil. Dans le *Cyrus*, pour intéresser tout le public lettré de France en piquant la curiosité locale, Mlle de Scudéry rassemble des traits empruntés à toutes les villes du royaume. Molière en fera la contrepartie et sur les lieux mêmes. Qu'il se présente en justicier vengeur du bon sens — et avec le choix des moyens et de l'heure, ce n'est plus un groupe d'oisifs et de désœuvrés qu'il aura pour auditeurs de ses satires, c'est, de ville en ville, toutes les populations du Midi qui l'acclameront dans sa courageuse campagne d'éducation sociale. Tout un peuple, dès que Molière se fera connaître et reconnaître, tout un peuple va l'accepter, l'adopter, l'applaudir à outrance. Au besoin, Molière parlera la langue de ce peuple, et mieux encore que par le pittoresque attrait de ce langage, il captivera et saisira l'attention passionnée des foules par la mise à la scène de types

(1) Marseille, 13 décembre 1644.

comiques vivants et vrais et qu'animeront à la fois
l'originalité créatrice de sa verve et le souffle immense
de la vie réelle ! Ah ! pauvre Scarron ! mon pauvre
poète gaulois écloppé, claudiquant et cul-de-jatte,
non ! ce n'est pas en Amérique qu'il faut aller. Le
Pérou de la comédie française n'est pas là, il est de
Bordeaux à Lyon par le Languedoc — par ce Languedoc où Rabelais a commencé à être Rabelais, et
où Molière va faire de même !

Le temps et l'espace me manquent, à la fin de ce
premier volume, pour relever une à une les circonstances secondaires du départ de Molière quittant
Paris à la fin de 1646. L'*Illustre Théâtre*, à distance,
semble encore une fois abandonner la capitale presque au lendemain du départ du duc de Guise et du
comte de Modène, car, en effet, en octobre, le comte
de Modène s'est mis en route pour Rome et Naples
par Lyon, Grenoble et Turin, tandis que le duc de
Guise s'embarque à Marseille. Des poésies de Tristan
L'Hermite ont encore célébré divers épisodes de cette
expédition motivée par la révolte napolitaine que fo-
menta Mazaniello. Mais qu'importe que l'*Illustre
Théâtre* aille en province à l'heure où Guise et Modène vont à Naples ? Certains pensent que Molière et ses
nouveaux camarades ont commencé leur tournée par
Rouen. Qu'importe ? Nulle trace ne s'y retrouve. Ils
ont pu de la Normandie passer en Bretagne, où le
marquis de Molac, à qui la *Science héroïque* de la
Colombière est dédiée et à qui Tristan L'Hermite
adressa naguère un beau sonnet, le marquis de Molac
gouverneur de Dinan, Quimper et autres places, les
accueillerait, certes ! — et leur ferait trouver moins
long le détour pris pour se rendre en Guyenne par
un chemin non encore exploré par la troupe. Vont-

ils au contraire à Bordeaux par le Maine ? Qui peut ou l'affirmer ou le nier avec certitude ? D'aucuns ont radicalement pris sous leur bonnet de contester que Molière, en effet, ait « jamais » ni alors ni plus tard, passé au Mans (1) ; mais ils oublient de s'en expliquer de façon plus péremptoire. L'autorité de leur propre opinion leur suffit à eux-mêmes, et ils ne daignent pas s'apercevoir qu'il en est peut-être différemment pour autrui. Nous aurons, nous, l'occasion de nous expliquer sur de telles affirmations quand l'itinéraire des excursions moliéresques, de 1647 à 1658, ramènera la controverse sur la question des identités individuelles dans le *Roman comique*. Nous verrons alors, notamment, si en 1646, et plus tard, et «jamais,» Mademoiselle Béjart n'eut aucune ressemblance physique ou morale avec Mlle L'Etoile, qui paraissait « plus fille de condition que comédienne de campagne. » Et en cas de récusation de Madeleine Béjart, nous verrons encore — avec précisions de dates et de types — si Mlle L'Etoile ne pouvait pas être encore, et dans la même troupe de Molière, cette poétique, virginale et ravissante figure de « Mlle Menou, » parente des L'Hermitte de Vauzelles, dont une aïeule signait « comtesse de Menou, dame de Vauzelles » ; cette « Mlle de Menou » dont le père, originaire de Sologne, avait été lui aussi, en 1616, directeur ou du moins caution d'un directeur de l'hôtel de Bourgogne, sous son vrai nom de Mathieu Roger (de Menou) de Champluisant (ou *Champlivault*, ou *Champlisant, ad libitum !)* et, en cette qualité de caution, emprisonné au Grand Châtelet, lui aussi, comme Molière. Ce Mathieu Roger (de Menou) de Champluisant était le frère de Roger de Menou de Cham-

(1) *Reuve des Deux Mondes*, 1er décembre 1884.

pluisant qui vers 1622 avait épousé « Edme L'Huil-
lier, d'une famille illustre dans la robe, » — et c'est
pourquoi, « Mlle Menon, » l'actrice qu'on verra
paraître dans la distribution des rôles d'*Andromède*,
sera assez de la famille de Chapelle pour que Chapelle, ami intime de Molière, parle d'elle en vers
d'une exquise délicatesse, en vers tendres, émus et
gracieux, et tels que Chapelle, sceptique et cynique,
n'en fit jamais plus à ce point empreints de sentiment
véritable et de sincère et chaste effusion de cœur,
Chapelle en devint élégiaque ce jour là, sous le charme de cette jeune fille, destinée à traverser comme
une apparition sereine et pure la jeunesse orageuse
de Molière amoureux ! Nous verrons, quand nous
en serons là — car le cadre étroit et mesquin de l'inva-
riable et surannée biographie de Molière craquera en
bien des endroits, sinon de partout — nous verrons
si Molière ne passa « jamais » dans le Maine et au
Mans ! et nous verrons, avec cela, bien d'autres choses encore ! A présent, ce que je tiens à dire avant tout
c'est que, parti, ou par Le Mans, ou par Rouen, ou
par Lyon, pour se rendre à Bordeaux, à la cour du
du duc d'Epernon, où le comédien Ch. Du Fresne
l'attend pour une fusion de troupes, l'*Illustre Théâtre* prend certainement le chemin du Midi. C'est là que
nous le rencontrerons, dès la première fois qu'un document authentique nous donnera de ses nouvelles.
C'est là que nous l'étudierons désormais dans un milieu admirablement propice à la fécondation de ses
facultés poétiques, et aux sélections en tous sens, littéraires, morales, pittoresques et vivantes, de son prodigieux génie !

Ce Midi, où tant d'autres avant lui ont acquis fortune et renommée — tel ce Dupré,

> Amy de tous les beaux esprits,

qui mène une vie de grand seigneur, « partageant sa finance » et « jusqu'à ses habits »

> A bien des gens de conséquence,

et qui a « chevaux, grasse pitance » et tout un train somptueux d'un prince en voyage ; — ce Midi, que Molière a déjà traversé, entrevu comme dans un rêve de sa jeunesse, son imagination ne le lui montre-t-elle pas avec d'éblouissantes perspectives, inondé de soleil, vibrant et brillant de gaîté, tout éclatant de fêtes joyeuses, et prêt à saluer de ses enthousiastes transports, où s'exhale par excitation une sorte de fraternité gauloise, tout prêt, dis-je, à saluer et acclamer ces troupes qui vont et viennent et dont il ne se lasse pas d'être amusé! Quel contraste entre ce pays lumineux et ces noires et froides brumes parisiennes où il vient d'être si douloureusement foulé et refoulé, où, d'esprit et de cœur, la libre fierté de ses vingt ans a eu tant à souffrir, tant et tant qu'il en a peut-être, sans qu'on l'ai su, ri jusqu'aux larmes et pleuré jusqu'aux rire! Dans l'obscurité de sa prison du Grand Châtelet, n'est-ce pas la vision rayonnante du Midi qui a dissipé les idées noires de son cerveau, et rallumé, renflammé — brûlé d'un coup de soleil par réflexion — son âme de poète, son âme de feu un instant refroidie, et désormais, et plus que jamais, résolue à s'offrir en holocauste à la Gloire?

Molière va, revient dans le Midi, au double appel de Rabelais, qui y fit son apprentissage d'admirable rieur, et à l'appel de sa propre destinée. D'enthousiasme et d'instinct, il y va, il y revient — pour y rester, afin que l'influence en pénètre sa vie et son œuvre. Et nous marquerons dans son œuvre et sa vie les traces, les empreintes qui s'y accusent à l'œil attentif, et jus-

qu'aux taches de rousseur qui ont poussé, là, son front
de grand Prédestiné — loin du Roi Soleil ! — Allez-y
avec lui, venez-y avec nous, à sa suite, vous tous qui
l'aimez ! C'est là que Molière sera Molière. C'est là
que le plus Gaulois des poètes du grand siècle et de
tous les siècles en sera le plus Français aussi — sans
cesser d'être Parisien ! Oui, c'est là qu'il sera lui-
même, et Gaulois, et Français — et Parisien surtout,
à ce point qu'il ira droit de la petite cour de Pézenas
à la grande cour de Versailles !

Eh ! que la mésaventure de Racine ne vous mette
pas en défiance. Au contraire. Racine et Molière, cela
fait deux. Il vous en souvient : Racine aussi eut à faire
son voyage, son séjour en Languedoc. Mais Racine
ne croyait pas au Midi, et il y fut un étranger. Il y
eut des yeux pour ne pas voir, des oreilles pour ne
pas entendre. Le 21 novembre 1661, il écrivait à La
Fontaine : « Nous fûmes deux jours sur le Rhône.
Nous couchâmes à Vienne et à Valence. J'avais
commencé, dès Lyon, de ne plus guère entendre le
langage du pays, et à n'être plus intelligible moi-
même. Mais c'est encore pis dans ce pays. Je vous
jure que j'ai autant besoin d'un interprète qu'un
Moscovite en aurait besoin dans Paris. Néanmoins
je commence à m'apercevoir que c'est un langage mêlé d'espagnol et d'italien, et comme j'entends assez
bien ces deux langues, j'y ai quelquefois recours pour
entendre les autres et pour me faire entendre. » On
ne se figure pas Molière ainsi séparé des populations
méridionales parmi lesquelles il va vivre. Le succès
est au prix d'une compréhension mutuelle. Il com-
prend et il sera compris. Passe pour un Athénien du
Nord comme Racine, de se méprendre sur la pittoresque et poétique originalité de la langue provençale ! Passe pour Racine, de ne pas soupçonner même
toutes les affinités de race, de climat et de mœurs qui

rattachent à travers les siècles la Provence à la Grèce!
Racine s'en reviendra du Midi comme il y est venu,
sans s'être douté que sur le vieux tronc gallo-romain,
par un heureux mélange de sèves, par un merveilleux
effet de greffes par approche, s'épanouit en œuvres éclatantes,
sous un ciel d'Ionie, une incomparable littérature,
plusieurs fois séculaire! Mais Molière, lui, est
un vrai Gaulois. Il se sent chez lui dès son arrivée.
Et la foule ne s'y trompera pas, de son côté! Ils s'entendront.
Pour eux, pour elle et pour lui, devant l'éloquente
réalité des communications de cœur à cœur,
d'esprit à esprit, l'influence étrangère, l'intervention
de l'Espagne et de l'Italie, va se dissiper peu à peu
comme une vaine fiction! Molière sera du pays, Molière
est de la famille des Méridionaux qui vont l'applaudir
et l'admirer. — Du reste, il en est de ce Midi
où Molière va nous introduire après lui—et lui-même
y avait été introduit par un roi de France — il en est
du Midi en son double sens littéraire et moral, et
quand il s'agit d'y recueillir quelque chose de bon et
d'y mordre, comme des olives de Racine et des oranges
du chevalier Paul. Racine à peine débarqué et
en toute naïveté d'ignorance s'empresse de vouloir
manger, tel quel, sans préparation, le fruit noir de
l'olivier qui pend aux arbres — et il en pousse un cri
de douleur, et il le rejette en faisant la grimace, la
bouche amèrement enfiellée d'un suc corrosif comme
un poison. Le chevalier Paul, pour recevoir dignement
Louis XIV à Antibes, fait confire, sur les arbres
mêmes, les belles oranges dorées, pour qu'elles soient
plus flatteuses au palais du souverain. Trop mûrs ou
trop verts sont les fruits du Midi, à qui ne sait pas
ou ne veut pas les cueillir à propos! Molière, lui,
s'entendait aux bonnes cueillettes. Venez le voir faire,
venez y goûter! Qui l'aime, le suive dans le Midi!

FIN DU TOME PREMIER.

TABLE

DU TOME PREMIER

DU MÊME AUTEUR.

A LA MÊME LIBRAIRIE

— Les Vibrations poétiques, 1 vol. in-12.
— Molière et les Allemands, broch. in-8.

PROCHAINEMENT

— Sonnets sonnants, 1 vol. in-18.
— Molière inconnu. Sa Vie. Tome II (1647-1658).
—   Son Œuvre. Tomes I et II.